행복 전환 연습

행복 전환 연습

The Happiness Trap

러스 해리스 지음
김미옥 옮김

마인드빌딩

일러두기

- 모든 통계 수치와 자료는 원서가 발간된 2007년의 내용을 수정 없이 따랐습니다.
- 국립국어원의 표준어규정 및 외래어 표기법을 따랐으나, 일부 인명은 실제 발음을 따랐습니다.

The Happiness Trap: How to Stop Struggling and Start Living
By Russ Harris

40년간 사랑과 지원과 영감과 용기를 아낌없이

보내주신 부모님께,

그리고 사랑과 지혜와 관대함으로

내 삶을 풍요롭게 만들어주고

감히 생각지도 못한 방식으로 내 마음을 열어준

나의 아내 카멀에게

이 책을 바칩니다.

행복에는 엄청난 아이러니가 숨어 있다. 행복happiness은 우연hap이나 사건happening을 의미하는 어근에서 파생된 단어다. 우연한 사건에 대한 신기함, 놀라움, 감사라는 의미와 일맥상통한다. 아이러니하게도 사람들은 불행한 느낌을 피하기 위해서 행복을 추구하고, 행복에 집착한다. 안타깝게도 오히려 이런 노력 때문에 삶이 따분하고 답답하고 재미없어질 수 있다.

행복은 단순히 기분 좋은 느낌의 문제가 아니다. 만약 그렇다면 약물 남용자들이 세상에서 가장 행복한 사람들일 것이다. 실제로 기분 좋은 느낌을 추구한다는 것은 그다지 좋은 일이 아니다. 약물 사용자들이 마약 주사를 맞는 것을 고정fix한다고 일컫는 것도 우연이 아니다. 그들은 화학적인 작용을 통해서 뭔가를 계속 그대로 유지시키려고 하기 때문이다. 그러나 행복은 마치 박제된 나비처럼 가볍게 다루지 않으면 죽어버린다. 약물 남용자만의 문제가 아니다. 대부분의 사람은 행복이란 정서적 결과를 얻기 위해 행복과 정반대되는 행동을 하고, 그에 따른 필연적 결과로 불유쾌하고 불만족스러운 기분을 느끼곤 한다. 충분히 지혜로워지기까지, 우리는 누구나 행복에 고정되기 위해 노력한다.

이 책은 수용 전념 치료Acceptance and Commitment Therapy, ACT에 기반을 두고 있다. ACT는 행복과 삶의 만족 문제를 다루는 참신하고 획기적인(그리고 경험적으로 검증된) 심리치료 기법이다. ACT는 행복을 추구하기 위한 기법을 가르치는 것이 아니다. 자신의 생각과 싸우고 회피하느라 지금 이 순간의 삶을 잃어버리는 고달픈 상황에서 벗어나는 방법을 가르치는 것이다. 러스 해리스 박사Dr. Russ Harris는 매우 신중하고 독창적이고 이해하기 쉽게 이 방식을 설명하고 있다. 서른세 개의 짤막한 장들로 구성된 이 책에서 그는 우리가 어떤 식으로 행복의 함정에 빠져드는지를 설명하고, 마음 챙김과 수용, 인지적 해제, 가치를 통해 행복의 함정에서 벗어나는 방법을 체계적으로 탐구하고 있다.

이 책이 전하는 반가운 메시지는 지금 이 순간을 즐기기 위해 더 이상 기다릴 이유가 없다는 것이다. 지금이라도 우리는 이런 기다림을 끝낼 수 있다. 종이로 된 우리에 갇힌 사자처럼 현대인들은 대부분 마음의 감옥에 자신을 가두고 있다. 이 감옥이 진짜 장벽이 아님에도 불구하고, 인간의 마음은 꼼짝없이 여기에 갇혀버리는 것이다. 하지만 여기 새로운 해법이 있다. 깜깜한 밤중에 등대가 뱃길을 밝히듯 해리스 박사와 함께라면 고달픈 여정도 걱정할 것 없다.

지금 이 순간, 여행을 즐겨라. 우리에게 좋은 등대가 있으니.

스티븐 C. 헤이즈 박사(ACT 창시자, 네바다대학 심리학과 교수)

차례

3 … 가치

프롤로그

해피 엔딩을 바란다는 것

한번 가정해 보자. 행복을 추구하는 것에 관해 그동안 우리가 믿어왔던 것들이 대부분 정확하지도 않고 잘못됐고 심지어 거짓이었다면? 더구나 그런 잘못된 믿음으로 인해 우리 삶이 더욱 비참해졌다면? 행복을 추구하는 노력 자체가 사실은 행복을 가로막는 장애물이었다면 어떻겠는가? 또한 모든 답을 알고 있는 것처럼 보이는 심리학자와 정신과 의사, 정신적 지주를 비롯해서 우리가 아는 대부분의 사람이 다 마찬가지였다는 사실이 밝혀진다면 어떻겠는가?

그저 여러분의 관심을 끌어보려고 이런 질문을 던지는 게 아니다. 이 책은 우리 모두가 강력한 심리적 함정에 갇혀 있다고 주장하는 유력한 학설에 기초하고 있다. 우리는 행복을 찾는 데 별반 도움이 되지 않는 이런 부정확한 믿음이 자신의 삶을 지배하도록 놔두고 있다. 이런 생각이 널리 받아들여지고 있는 것은 단지 모두 그것이 진실이라고 알고 있기 때문이다. 외관상으로는 이런 믿음이 말이 되는 것처럼 보인다. 우리가 지금까지 읽은 대부분의 자기 계발서에서 줄곧 이런 식의 믿음을 만나게 되는 것도 이 때문이다. 하지만 이런 잘못된 믿음이 악순환의 원인이자 원동력이다. 이런 악순환 속에서는 행복을 구하려고 애를 쓰면 쓸수록 더욱 괴롭기만 하다. 게다가 이런 심리적 함정은 교묘하게 잘 가려져 있어서, 그것이 우리를 사로잡고 조종하고 있다는 단서를 찾아내기가 어렵다.

여기까지는 나쁜 소식이다.

다행스러운 점은 희망이 있다는 것이다. 우리는 행복의 함정을 알아보는 방법을 배울 수 있고, 더욱 중요한 것은 행복의 함정에서 빠져나오거나 벗어나는 방법도 배울 수 있다. 이 책을 통해 우리는 행복의 함정에서 빠져나오는 데 필요한 모든 기술과 지식을 얻을 수 있다. 첨단 인간 심리학의 획기적인 발전에 근거를 두고 있는 기술과 지식이다. 바로 수용 전념 치료 ACT로, 인식의 변화를 유도하는 매우 효과적인 모델이다.

ACT('act'라는 단어와 발음이 같다)는 미국에서 심리학자 스티븐 헤이즈Steven Hayes가 고안한 방법으로, 켈리 윌슨Kelly Wilson과 커크 스트로샬Kirk Strosahl 등 동료 연구진들이 더욱 발전시켰다. ACT는 우울증과 정서 불안부터 만성적인 질병과 약물 중독에 이르기까지 광범위한 영역의 치료에 놀라울 정도로 효과적이다. 한 연구에 따르면, 심리학자 패티 바흐Patty Bach와 스티븐 헤이즈는 만성 정신분열증을 앓고 있는 환자에게 ACT를 적용했는데, ACT를 단 4시간 받은 것만으로 환자의 재입원율을 반으로 줄일 수 있었다! ACT는 또한 금연이나 직장 스트레스 줄이기 등과 같이 많은 사람이 겪게 되는 다소 덜 심각한 문제에도 아주 효과적인 것으로 밝혀졌다. 다른 대부분의 치료법과 달리 ACT는 과학적 연구에 바탕을 두고 있는데, 이 때문에 전 세계 심리학자들 사이에 빠르게 확산되고 있다.

여러분이 풍요롭고 의미 있고 만족스러운 삶을 살아가도록 도움을 주고, 살아가는 동안 불가피하게 만나게 되는 고통을 효과적으로 다룰 수 있도록 돕는 것이 ACT의 목적이다. 이 목적을 위해 ACT는 여섯 가지의 효과적인 원칙을 사용하는데, 이 원칙들은 대부분의 자기 계발서에서 소개하는(소위 상식적인) 방식들과는 차원이 다르다.

행복은 정상적인 상태일까?

오늘날 우리는 더 나은 의료 서비스와 더 좋은 음식과 주거 환경, 더 나은 공중위생과 더 많은 돈, 개선된 복지 정책과 교육 기회와 정의, 여행, 오락, 직업의 기회를 누릴 수 있게 되었다. 실제로 현대의 중류층은 그다지 오래지 않은 과거에 살았던 귀족들보다 더 나은 삶을 살고 있지만, 인간의 불행은 여전히 도처에 널려 있다.

서점에 가보면 심리학과 자기 계발 분야가 전에 없이 큰 비중을 차지하고 있다. 이를테면 우울증, 불안, 신경성 거식증, 과식, 분노 다루기, 이혼, 성적인 문제, 약물 중독, 알코올 중독, 낮은 자존감, 고독, 슬픔, 도박 같은 제목의 책들이 넘쳐나고 있다. 또 TV와 라디오, 잡지, 신문에서는 거의 날마다 전문가들이 더 나은 삶을 살아가는 방법을 충고하고 있다. 심리학자와 정신의학자, 결혼과 가정 상담자, 사회운동가 그리고 인생 코치의 수가 해마다 수도 없이 증가하는 이유가 이 때문이기도 하다. 하지만 이 문제에 대해 생각해 보자. 그 모든 도움과 충고, 지혜에도 불구하고 인간의 고통이 사라지기는커녕 오히려 급속도로 증가하고 있다! 이런 현상은 잘못된 것이 아닐까?

놀랍게도 통계적으로 매년 성인의 30퍼센트 정도가 정신 장애로 고통받고 있다. 세계보건기구는 우울증이 발병률과 치료 비용, 노동력 손실 면에서 전체 질병 중 4위를 기록하고 있다고 보고했으며 2020년까지는 2대 질병에 들 것으로 추산하고 있다. 성인 열 명 중 한 명은 일주일에 한 번 이상 임상 우울증을 겪고 있으며, 다섯 명 중 한 명은 생애 중 어느 시기에 우울증을 겪는다. 더 나아가서, 성인 네 명 중 한 명은 생애 한 번은 약물이나 알코올 중독으로 고통받는다.

이 모든 통계보다 더 놀랍고 정신이 번쩍 드는 것은 두 명 중 한 명은 생애 중 어느 시기에 심각하게 자살을 고려하고, 2주 혹은 그 이상 동안 자살 충동에 시달린다는 사실이다. 더욱 놀라운 것은 열 명 중 한 명은 실제로 자살을 시도한다는 사실이다.

이 수치에 대해 잠시 생각해 보자. 그리고 친구와 가족, 동료 등 우리가 삶에서 만나는 사람들을 생각해 보자. 이 수치는 무엇을 의미하는가? 우리가 아는 사람들 중 절반가량이 비참한 생각에 사로잡혀 생애 중 어느 시기에 자살을 심각하게 고려하고 있으며, 열 명 중 한 명은 자살을 시도한다는 것이다! 과거 2세기 동안 인간의 평균 수명은 두 배 이상 늘어났다. 하지만 삶의 풍요로움과 기쁨과 성취감을 두 배로 누리게 되었는가? 이런 통계에서 분명히 알 수 있는 것은 행복은 결코 정상 상태가 아니라는 사실이다.

행복해지기가 왜 이리 어려울까?

이 질문에 대답하기 위해 시대를 거슬러 올라가 볼 필요가 있다. 호모 사피엔스가 지구상에 처음 모습을 나타낸 이후, 분석하고 계획하며 창조하고 의사를 소통하는 놀라운 능력을 가진 현대인의 정신은 수십만 년 동안 눈부시게 진화했다. 하지만 스스로 마음을 기분 좋게 할 수 있도록 진화하지는 못했기 때문에 우리는 농담을 하고 음악을 작곡하고 달콤한 말로 사랑을 고백하는 것이다. 인간의 마음은 도처에 위험이 도사리고 있는 이 세상에서 우리가 생존하는 데 도움이 되는 방향으로 진화했다. 당신이 인류 초기의 수렵 채집민이라고 상상해 보자. 살아남고 종족을 번식하기 위해 가장 필요한 것이 무엇일까?

가장 중요한 네 가지는 음식과 물, 집, 성이다. 그러나 당신이 죽어버린다면 이 네 가지는 아무 의미가 없다. 그래서 원시 인류는 자신을 해칠지도 모르는 대상을 경계하고 피하는 것을 가장 신경썼다. 근본적으로 원시인들의 마음은 살아남아야 한다는 생존 욕구로 꽉 차 있었으며, 이런 생각이 매우 유익한 것으로 증명되었다. 우리 조상들은 위험을 더 잘 예측하고 피할수록 더 오래 살아남아 자손을 더 많이 남길 수 있었던 것이다.

수세대를 거쳐 오면서 인간의 마음은 점차 능숙하게 위험을 예견하고 피할 수 있게 되었다. 그 이후 수십만 년 동안 진화를 거듭해 온 지금, 현대인들의 마음은 여전히 위험을 경계하고 있다. 마음은 우리가 겪게 되는 모든 것을 평가하고 판단한다. 이것이 좋은가, 나쁜가? 안전한가, 위험한가? 해로운가, 이로운가? 하지만 오늘날 우리가 걱정하는 것은 검치호랑이나 200킬로그램짜리 늑대에 관한 것이 아니다. 그 대신에 직장을 잃게 되지나 않을까, 남들로부터 거절당하지 않을까, 속도 위반에 걸리지는 않을까, 청구서 금액을 지불할 수 있을까, 공공연히 창피를 당하지나 않을까, 사랑하는 사람들을 화나게 하지는 않을까, 암에 걸리지는 않을까 같은 수많은 일상적인 걱정거리가 있다. 결과적으로 우리는 거의 일어나지도 않을 많은 일을 걱정하느라 엄청난 시간을 허비하고 있다.

초기 인류가 생존하는 데 있어서 중요한 또 한 가지는 집단에 소속되는 것이다. 자기 종족으로부터 내쫓긴다면 머지않아 늑대의 밥이 될 테니까 말이다. 그러면 집단으로부터 거부당하지 않으려면 어떻게 해야 할까? 종족의 다른 구성원들과 비교해 볼 때 나는 여기에 적합한가? 나는 올바른 행동을 하고 있는가? 충분히 기여하고 있는가? 다른 구성원들만큼 유능한가? 남들로부터 거부당할 만한 행동을 하고 있지는 않은가?

어디선가 들어본 듯한 말이 아닌가? 현대인의 마음은 늘 거부당할까 봐 신경을 쓰면서 타인들과 자신을 비교하고 있다. 남들이 자신을 좋아해 줄 것인지 걱정하느라 많은 에너지를 허비하고 있는 것은 조금도 이상한 일이 아니다! 항상 자기 계발에 신경을 쓰고, 어떤 기준에 맞추지 못할 때는 낙담하게 되는 것도 놀랄 일이 아닌 것이다. 수십만 년 전에는 비교 대상이라야 가까운 종족 내의 식구들 몇 명뿐이었다. 그러나 지금은 신문, 잡지를 보거나 TV와 라디오를 틀기만 하면, 곧바로 자기보다 더 똑똑하고 부자이며 키 크고 건강하고 강하고 영향력 있고 유명하며 성공한 사람, 존경받는 사람들을 수두룩하게 만나게 된다. 10대 학생들을 우울하게 만드는 가장 빠른 방법은 무엇일까? 그들에게 패션 잡지를 보여줘 보라. 방송용 화장을 하고 콜라겐 주사를 맞고 포토샵까지 한 모델들과 비교할 때 자신이 열등하고 전혀 매력적이지 않다고 느끼게 되는 건 당연하다. 대부분의 사람이 마찬가지다. 진화를 거듭해 온 인간의 마음은 이제 훨씬 복잡해져서 우리의 이상형에 대한 환상을 가지게 하고 실제의 자신을 불가능한 기준과 비교하기도 한다. 결과적으로 어떻게 될까? 어쩔 수 없이 우리는 늘 모자란다는 느낌을 가질 수밖에 없다!

야망을 가진 석기시대 원시인들에게 있어서 일반적인 성공 원칙은 많을수록 좋다는 것이다. 더 정교한 무기를 더 많이 가질수록 더 많은 사냥감을 얻을 수 있다. 식량이 귀한 시대를 살아가는 그들은 음식 창고가 꽉 찰수록 더 많은 기회를 가지게 된다. 울타리가 견고할수록 기후와 맹수들을 피해 더욱 안전하게 지낼 수 있다. 자손들이 많이 태어날수록 그들 중 성인으로 살아남을 수 있는 자손의 수가 더 많아지는 것이다.

누구나 알다시피 현대인의 마음은 계속해서 더 많은 것, 더 많은 돈, 더 높은 신분, 더 많은 사랑, 더 나은 직업, 만족, 새로운 차, 더 젊어 보이는 육체, 더 젊어 보이는 배우자, 더 큰 집을 기대하고 있다. 우리 인간이란 존재는 성공을 하면, 즉 돈을 많이 벌거나 새 차를 사거나 더 나은 직업을 가지게 되면 잠시 동안은 만족해한다. 그러나 조만간(대부분은 곧바로) 그 이상의 것을 원한다.

마음이 이런 식으로 진화한 까닭에 우리는 자신을 비교하고 평가하고 비판하며, 갖지 못한 것에 신경 쓰면서 가진 것에 만족하지 못하고, 거의 일어나지도 않을 끔찍한 시나리오를 상상하느라 심리적으로 고통받을 수밖에 없다. 그러니 행복해지기가 쉽지 않다는 것은 조금도 놀라운 일이 아니다.

'행복'이란 대체 무엇일까

우리는 누구나 행복하기를 바란다. 행복을 갈망하고 행복을 얻으려고 애를 쓴다. 달라이 라마도 "삶의 궁극적인 목표는 행복을 추구하는 것"이라고 말했다. 하지만 우리가 잡으려 해도 잡히지 않는 이 행복이란 도대체 무엇일까?

행복이라는 단어는 매우 다른 두 가지 의미를 지니고 있다. 일반적으로 행복은 느낌에 관한 말이며, 기쁘고 즐겁고 만족스러운 감정을 일컫는다. 우리는 누구나 행복한 느낌을 좋아한다. 그러니 우리가 행복을 추구하는 것은 당연한 일이다. 하지만 다른 감정과 마찬가지로 행복한 느낌은 지속되지 않는다. 행복을 움켜쥐려고 아무리 애를 써도 매번 빠져나가 버린다. 알다시피 이런 감각을 추구하는 삶은 대개 불만족으로 끝나게 된다. 즐거운 느낌을 추구할수록 우울증과 정서 불안으로 고통받기 쉬워지는 것이다.

행복의 또 한 가지 의미는 풍요롭고 의미 있고 만족스러운 삶을 뜻하는 것이다. 우리가 진정으로 중요하게 생각하는 일을 할 때, 자신이 가치 있고 의미 있게 생각하는 방향으로 행동할 때, 살아가면서 지키고자 하는 바를 분명히 밝히고 그에 따라 행동할 때, 우리의 삶은 비로소 풍요롭고 의미 있고 만족스러운 것이 된다. 이것은 스쳐 지나가는 덧없는 느낌이 아니라 삶을 온전히 살았다는 진솔한 느낌이다. 이 같은 삶은 분명 다양한 즐거운 느낌도 주지만 때로는 슬픔과 두려움, 분노와 같은 유쾌하지 않은 감정도 준다. 만족스러운 삶을 산다면 우리는 온갖 희로애락의 감정을 느끼게 될 것이다.

지금쯤 짐작이 가겠지만, 이 책에서는 행복의 첫 번째 의미보다 두 번째 의미를 중점적으로 다루고자 한다. 물론 행복한 느낌은 매우 즐거운 것이고, 행복한 느낌이 들 때 우리는 최대한 그 느낌을 즐겨야 한다. 하지만 만약 그런 느낌을 항상 갖고자 한다면 실패하는 것이 당연하다.

현실적으로 삶에는 고통이 포함되어 있으며, 그것을 피할 도리가 없다. 인간인 까닭에 우리는 누구나 언젠가는 노쇠하여 병들고 죽게 될 운명을 피할 수 없다. 조만간 우리는 거절과 이별, 죽음을 통해 소중한 관계를 잃어버리게 되어 있다. 또 잇따라 위기와 실망, 실패와 대면하게 될 것이다. 말하자면 우리는 누구나 고통스러운 생각과 감정을 경험하면서 살아가게 되어 있다는 뜻이다.

그나마 다행스러운 점은 피할 수 없는 고통을 잘 다루는 법을 배울 수 있다는 것이다. 고통이 깃들 방을 만들 수 있고, 고통을 딛고 일어설 수 있으며, 나아가 가치 있는 삶을 일구는 법을 배울 수 있다. 이 책을 통해 여러분은 어떻게 해야 하는지를 알게 될 것이다. 이 과정은 세 부분으로 구성되어 있다.

1부에서는 우리가 어떤 식으로 행복의 함정을 만들고 함정에 빠져드는지 알게 될 것이다. 이 부분은 가장 중요한 첫 단계인 만큼 절대로 건너뛰어서는 안 된다. 행복의 함정이 어떻게 작용하는지를 모르면 함정에서 빠져나올 수가 없기 때문이다.

2부에서는 고통스러운 생각과 감정을 없애거나 피하려고 애쓰기보다는 그런 생각과 감정과의 관계를 근본적으로 어떻게 변화시킬 수 있는지에 대해 배우게 될 것이다. 고통스러운 생각과 감정을 새로운 각도에서 경험하는 방법을 배우게 될 것이다. 다시 말해서, 쓸데없는 생각과 감정으로부터 덜 영향 받고, 궁극적으로 그런 것들이 삶에 미치는 영향을 최소화시키는 방식으로 경험하는 방법을 배우게 될 것이다.

마지막으로 3부에서는 행복한 생각과 감정을 좇는 대신, 풍요롭고 의미 있는 삶을 일구는 법을 배우게 될 것이다. 이렇게 함으로써 진정으로 만족스럽고 즐겁고 보람찬 삶을 누리게 될 것이다.

미지의 세계 - 여행자를 위한 탐구 안내서

이 책은 미지의 세계를 여행하는 것과 흡사하다. 많은 부분이 낯설고 새로울 것이다. 익숙하긴 해도 다른 부분도 있을 것이다. 때로는 도전이나 위험에 직면하기도 할 것이고, 흥분되고 즐거울 때도 있을 것이다. 천천히 여행을 즐기도록 하라. 급하게 나아가지 말고 충분히 음미해 보라. 재미있거나 생소한 것을 발견하면 일단 멈추어라. 가능한 한 깊이 탐험해 보고 최대한 많은 것을 배워라. 살만한 가치가 있는 삶을 일구는 것은 매우 중요한 일이다. 그러니 서두르지 말고 삶을 음미하도록 하라.

1

함정

The Happiness Trap

01

동화

모든 동화의 마지막 줄은 어떻게 끝나는가?

"…그리하여 그들은 오래오래 행복하게 살았습니다."

해피엔딩으로 끝나는 건 동화만이 아니다. 할리우드 영화는 또 어떤가? 선이 악을 이기고 사랑이 모든 것을 극복하고 영웅이 악당을 물리치는 식으로 통쾌한 결말을 내지 않던가? 대중 소설과 TV 프로그램들도 마찬가지다. 우리가 해피엔딩을 좋아하는 것은 인생은 반드시 해피엔딩으로 끝나야 한다고, 기쁨과 즐거움이 넘치고 바랄 나위 없이 평화롭고 만족스러운 삶을 오래오래 행복하게 살아야 한다고 강요하는 사회 분위기 때문이다. 하지만 현실적으로 이 말에 수긍이 가는가? 삶의 경험과 맞닿아 있는가? 이것이 바로 행복 함정의 기본 설계도를 구성하는 네 가지 주요 신화 중 하나다. 행복 함정의 신화들을 하나하나 살펴보자.

신화 1 행복은 모든 인간 존재의 자연 상태다

우리 문화는 인간에 대해 있는 그대로 행복한 존재라고 주장한다. 하지만 이 책의 앞에서 인용한 통계는 이와 다르다. 성인 열 명 중 한 사람은 자살을 기도하고, 다섯 명 중 한 사람은 우울증을 경험한다는 사실을 기억하라. 게다가 생애 중 어느 시기에 정신 장애를 경험할 확률은 무려 30퍼센트나 된다! 행복할 확률이 높다고 할 수 있겠는가?

게다가 고독과 이혼, 섹스 트러블, 업무 스트레스, 중년의 위기, 인간관계의 문제, 가정폭력, 사회적 고립, 따돌림, 편견, 낮은 자존감, 만성적 분노, 삶의 목적이나 의미 상실 등 정신 장애로 분류되지 않는 수많은 문제로 야기되는 온갖 불행을 더하면 실제로 진정한 행복이란 얼마나 드문 것인가 하는 생각이 든다. 안타깝게도 수많은 사람이 자신을 제외한 모든 사람은 행복하다고 생각하면서 살아가고 있다. 알다시피 이런 생각이 우리를 더욱 불행하게 만드는 것이다.

신화 2 행복하지 않다면 결여되어 있는 것이다

신화 1의 논리적 귀결로, 우리 사회는 정신적 고통을 비정상적인 것으로 생각한다. 정신적 고통은 나약함과 질병, 뭔가 불완전하고 결여되어 있는 마음의 산물로 여겨지고 있다. 말하자면 우리는 불가피하게 괴로운 생각과 감정을 경험할 때 흔히 나약하고 어리석은 사람이라고 자책하곤 한다. 이런 마음의 작용을 두고 건강 전문가들은 거리낌 없이 우울증과 같은 병명을 붙여주는데, 이런 병명은 단지 우리가 얼마나 결여되어 있는지를 확인시켜 주는 것에 불과하다.

수용 전념 치료Acceptance and Commitment Therapy, ACT는 완전히 다른 생각에서 출발하고 있다. 건강한 인간이라면 사고 과정에서 자연히 정신적 고통을 경험하게 되어 있다고 제안하고 있다. 우리가 모자라서가 아니라 마음이 본연의 임무를 수행하고 있다는 것이다. 인간의 마음은 바로 그렇게 하도록 진화해 왔으니까 말이다. 다행히도 ACT를 통해 우리는 삶을 획기적으로 바꾸어놓는 방식으로 있는 그대로를 수용하는 방법을 배울 수 있다.

신화 3 더 나은 삶을 살려면 부정적인 감정을 제거해야 한다

현대인들은 유쾌한 사회, 미친 듯이 행복을 추구하는 문화에서 살고 있다. 게다가 현대 사회는 우리에게 부정적인 감정을 몰아내고, 대신 긍정적인 감정을 많이 가지도록 권장하고 있지 않은가? 그럴듯한 생각이고 언뜻 들으면 말이 되는 것 같다. 누가 부정적인 감정을 바라겠는가? 하지만 속지 마라. 문제는 우리가 흔히 인생에서 가장 소중히 여기는 것들로 인해 기분이 좋아지기도 하고 나빠지기도 하는 등 온갖 희로애락의 감정을 경험한다는 사실이다. 가령 오래된 친밀한 관계에서 우리는 사랑과 기쁨 같은 감정을 경험하지만 동시에 불가피하게 실망과 좌절을 경험하기도 한다. 완벽한 배우자란 없다. 언젠가는 서로의 이해가 충돌하게 마련이니까 말이다.

우리가 세우는 온갖 의미 있는 계획들 역시 마찬가지다. 야심 찬 계획은 흥분과 열정을 일으키는 동시에 흔히 스트레스와 공포, 불안을 일으키는 원인이 된다. 따라서 신화3을 그대로 믿다가는 낭패를 보게 된다. 다소 유쾌하지 않은 감정을 감수할 태세가 되어 있지 않다면 더 나은 삶을 일굴 가능성은 아주 희박하기 때문이다. 하지만 이 책의 2부에서 이런 불쾌한 감정을 전혀 다르게 처리하는 법, 즉 자신을 덜 괴롭히는 방식으로 이런 감정을 경험하는 법을 배워보기로 하자.

신화 4 자신의 생각과 감정을 통제할 수 있어야 한다

우리는 우리가 생각하는 것보다 훨씬 더 자신의 생각과 감정을 통제하지 못한다. 전혀 통제력이 없다는 것이 아니라 전문가들이 주장하는 것보다 훨씬 통제력이 적다는 말이다. 하지만 행동에 대해서는 사실 엄청난 통제력을 가지고 있다. 행동을 통제하는 것은 풍요롭고 의미 있고 만족스러운 삶을 일구는 행위를 받아들임으로써 가능하다(ACT를 머리글자 A.C.T.가 아닌 act라는 단어로 말하는 것도 이 때문이다).

대다수의 자기 계발 프로그램이 신화4에 동의하고 있다. 자기 계발 프로그램들은 대체로 부정적 사고를 인지하고 좀 더 긍정적 사고로 바꾸라고 가르친다. 어떤 프로그램에서는 "무슨 일이 일어나든 나로서는 참으로 다행스럽고 기쁘다"거나, "나는 강하고 유능해서 무슨 일이든 해낼 수 있다"는 식으로 긍정적인 말을 반복하도록 격려하고 있다. 또 어떤 프로그램에서는 자신이 원하는 것을 마음속에 그려보라고 한다. 즉, 여러분이 원하는 자신의 모습을 생생하게 떠올려 보라고 권유하고 있다. 여하튼 모든 자기 계발 프로그램의 기조는 이런 것이다: "부정적인 생각이나 이미지가 떠오르거든, 그 대신 긍정적인 생각이나 이미지로 대체하도록 끊임없이 노력하라. 그러면 행복해질 것이다." 삶이 그리도 단순한 거라면 얼마나 좋겠는가!

장담하건대, 여러분은 이미 수없이 여러 번 좀 더 긍정적인 생각을 하려고 노력했을 것이고, 그럼에도 여전히 부정적인 생각이 계속해서 떠오르곤 했을 것이다. 앞에서 보았듯이 태곳적부터 인간의 마음은 그렇게 하도록 진화해 왔다. 따라서 한두 번 긍정적인 생각이나 긍정적인 말을 한다고 해서 많은 변화를 기대하기는 어렵다. 이 방법이 전혀 효과가 없다는 말이 아니다. 대체로 일시적으로 기분이 나아지게 하기는 하지만 부정적인 생각을 싹 사라지게 할 수는 없을 거라는 말이다.

분노, 공포, 슬픔, 불안, 죄책감 등 부정적인 감정도 마찬가지다. 부정적인 감정을 제거하기 위해 수많은 심리학적 기법이 동원되고 있다. 하지만 우리는 부정적인 감정이 사라진다고 해도 되풀이될 거라는 사실을 너무나 잘 알고 있다. 부정적인 감정은 거듭 사라졌다가 다시 일어나기를 반복하는 것이다. 아마도 지구상 대부분의 사람이 그렇듯, 당신은 이미 나쁜 감정 대신에 좋은 감정을 가지려고 많은 시간과 노력을 기울였을 것이다. 또한 지나치게 괴로운 감정이 아니라면 어느 정도 떨쳐낼 수 있다는 사실을 알아차렸을 것이다. 하지만 괴로움이 클수록 감정에 대한 자제력이 점차 줄어든다는 사실도 알게 되었을 것이다. 안타깝게도 신화4에 대한 믿음이 지나치게 널리 확산되어 있어서 자신의 생각과 감정을 통제하기 어려울 때 우리는 열등감을 느끼기 쉽다.

이 네 가지 설득력 있는 신화는 행복 함정의 기본 설계도를 제공하고 있다. 이 네 가지 신화로 인해 우리는 인간의 본성에 대항해서 발버둥치는, 승산 없는 싸움을 시작하게 되는 것이다. 이 싸움이야말로 함정을 만드는 것이다. 여기에 대해서는 다음 장에서 상세하게 다루기로 하고, 우선 왜 이런 신화들이 우리 문화에 그토록 깊숙이 침투해 있는지를 살펴보기로 하자.

통제의 환상

마음은 인간이라는 종에 엄청난 혜택을 주었다. 우리 인간이 계획을 세우고 물건을 발명하고 행동을 조절하고 문제를 분석하고 지식을 공유하고 경험으로부터 배우고 새로운 미래를 상상할 수 있는 것은 모두 마음 덕분이다. 몸에 걸친 옷가지나 발에 신고 있는 신발, 손목에 차고 있는 시계, 깔고 앉은 의자, 머리 위를 가린 지붕, 손에 든 책 등 어느 것 하나 인간의 독창적인 생각이 아니었으면 존재할 수 없었을 것이다. 우리 인간이 주변의 세계를 형성하고 그 세계가 우리가 바라는 모습이 되도록 할 수 있었던 것은, 즉 우리에게 몸을 숨길 집과 온기, 음식과 물, 보호와 위생 및 약을 제공할 수 있는 세계를 만들 수 있었던 것은 모두 인간이 생각을 하기 때문이다. 인간이 환경을 통제하는 이 놀라운 능력이 우리에게 다른 세계도 통제할 수 있을 거라는 기대를 갖게 하는 것이다.

물질세계에서는 통제 전략이 대체로 잘 먹혀 들어간다. 뭔가 싫어서 피하거나 없애버리고 싶으면 그렇게 하면 된다. 문밖에 늑대가 버티고 있는가? 해치워 버려라! 녀석에게 돌멩이를 던지거나 총을 쏘면 된다. 눈이 오는가? 아니면 비나 우박이 쏟아지는가? 대자연을 거역할 수는 없지만 동굴에 숨거나 오두막을 지어 피할 수는 있다. 바싹 마른 불모의 땅인가? 관개를 하고 퇴비를 주어 가꾸거나 아니면 다른 장소로 가버리면 된다.

하지만 인간의 내면세계에서는 어떠한가? 이를테면 생각과 기억, 감정, 욕구, 심상과 신체적 기분 말이다. 우리가 싫어하는 것들을 그냥 피하거나 제거할 수 있을까? 외부세계에서 쉽사리 할 수 있는 것이라면, 당연히 내면세계에서도 그래야 하지 않을까?

간단한 실험을 해보자. 이 단락을 읽으면서 아이스크림을 생각하지 않으려고 해보라. 아이스크림의 색깔이나 질감, 맛을 생각하지 마라. 무더운 여름날에 아이스크림이 얼마나 맛있는지 생각하지 마라. 아이스크림이 녹을 때 얼마나 달콤한지 생각하지 마라. 아이스크림이 손가락에 줄줄 흘러내리지 않도록 하려면 어떻게 가장자리를 핥아먹어야 하는지에 대해 생각하지 마라.

어떻게 됐는가?

바로 그거다! 아이스크림에 대한 생각을 멈출 수가 없다는 것이다.

간단한 실험을 하나 더 해보자. 지난주에 일어난 일을 한 가지 떠올려 보라. 어떤 기억이라도 좋다. 누군가와 대화를 나누었거나 영화를 보았거나 식사를 한 기억이 날 것이다. 기억을 떠올렸는가? 좋다. 이제 그 기억을 제거하려고 해보라. 기억에서 완전히 지워버려라. 다시 생각나는 일이 없도록, 다시는 떠오르지 않도록 싹 지워버려라.

어떻게 되었는가? 성공했다고 생각이 들거든, 다시 확인해 보고 아직도 그 일을 기억할 수 있는지 보라.

이제 입속에 생각을 집중하라. 혀의 느낌을 음미해 보라. 이와 잇몸, 양 볼과 입천장을 혀로 쓰다듬어 보라. 이제 그런 감각을 지워버리도록 해보라. 마치 치과의사에게 노보카인(국부 마취약의 상표명) 주사를 맞은 것처럼 입속을 완전히 마비시키려고 해보라. 그 감각을 잊을 수 있는가?

이제 가상의 시나리오에 대해 잠시 생각해 보라. 누군가 장전한 총을 당신의 머리에 겨누면서 "겁내지 마라. 조금이라도 불안해하는 기미가 보이면 당신에게 총을 쏘겠다"고 협박한다고 가정해 보

라. 이런 상황에서 불안을 느끼지 않을 도리가 있을까? (물론 침착한 듯 연기할 수는 있겠지만, 진심으로 냉정을 유지할 수 있을까?)

자, 이제 마지막 실험이 남았다. 다음의 별을 응시한 다음, 60초 동안 생각하지 않을 수 있는지 보라. 해야 할 일은 그뿐이다. 60초 동안 머릿속에 떠오르는 모든 생각을 차단하라. 특히 별에 대한 생각을 멈추도록 하라!

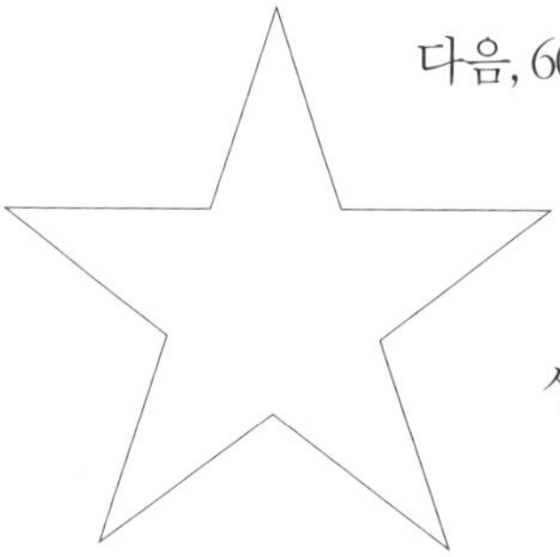

다행히 이제 당신은 그런 생각과 감정, 신체적 감각과 기억들을 통제하는 일이 그다지 쉽지 않다는 사실을 알게 되었다. 이런 것들을 통제하지 못한다는 말이 아니다. 생각보다 훨씬 덜 통제한다는 말이다. 사실 이런 것들이 그토록 통제하기 쉬운 것이라면, 누구나 지속적으로 천국의 기쁨을 누리지 않겠는가? 물론 항상 그런 상태로 산다고 자처하는 자기 수양의 대가들도 있다. 흔히 그런 사람들은 필사적으로 삶의 해답을 구하는 수많은 사람의 추앙을 받고 있으며, 그들의 책은 밀리언셀러가 되어 그들은 엄청난 부자가 된다. 어쩌면 이 책을 읽고 있는 여러분도 이미 그런 길을 따라갔다가 몹시 실망한 적이 있을지도 모른다.

어떻게 통제를 배우는가

어릴 때부터 우리는 자신의 감정을 통제할 수 있어야 한다고 배운다. 성장하면서 우리는 "울지 마라. 울면 혼내줄 테다", "그렇게 비관하지 말고 밝은 면을 보아라", "울상 짓지 마라", "넌 이제 다 컸어. 다 큰 애는 울지 않아", "낙심하지 마라", "걱정 마라. 두려워할 필요 없다"와 같은 표현을 수없이 들어왔다.

이와 같은 말로 어른들은 우리에게 감정을 통제할 수 있어야 한다고 되풀이해서 가르쳤다. 그리고 어른들은 확실히 자신을 통제하고 있는 것처럼 보였다. 하지만 닫힌 문 뒤에서 무슨 일이 일어나고 있었을까? 십중팔구 그런 어른들 대다수가 고통스러운 감정을 그다지 잘 처리하지 못했을 것이다. 그들은 지나친 음주를 하거나 마약을 복용하거나 매일 밤 울다가 잠이 들 수도 있고, 외도를 하거나 일중독이 되거나 위궤양이 서서히 진행되는 동안 조용히 고통받을 수도 있다. 감정을 어떻게 처리했든 간에 어른들은 자신들이 겪어온 것들을 어린 우리에게 말하지 않았다.

또 어른들이 감정을 통제하지 못하는 광경을 목격하는 일이 흔하지는 않지만 그런 경우에도, 그들은 결코 "괜찮아, 눈물이 나는 건 내가 슬픔이라는 것을 느끼고 있기 때문이야. 이건 자연스러운 감정이고, 이런 감정을 효과적으로 처리하는 법을 너도 배울 수 있을 거야"라고 말하지 않았다. 하지만 그다지 놀랄 건 없다. 어른들이 감정을 처리하는 방식을 보여줄 수 없었던 것은 그들도 어떻게 감정을 처리해야 하는지를 알지 못했기 때문이다.

감정을 통제할 수 있어야 한다는 생각은 확실히 학교에 다니는 동안 강화되었다. 가령 학교에서 우는 아이들은 '울보'라는 놀림을 받고, 특히 남자아이가 그럴 경우에는 "계집애 같다"는 조롱을 받는다. 그리고 더 나이가 들어서는 아마 "극복해", "살다 보면 별일 다 겪는 거지", "걱정 마", "너무 신경 쓰지 마", "소심하게 굴지 마", "기운 내"와 같은 말을 들었을 것이다.

이런 말들은 스위치를 딸깍 켜듯이 자신의 의지대로 감정을 켰다 껐다 할 수 있어야 한다는 뜻을 내포하고 있다. 이러한 신화가 그다지도 저항하기 어려운 이유는 무엇일까? 왜냐하면 표면적으로는 우리 주변 사람들이 행복해 보이기 때문이다. 사람들은 자신의 생각과 감정을 통제하고 있는 듯 보인다. 하지만 여기서 중요한 것은 보인다는 말이다. 사실 대부분의 사람은 자신의 생각과 감정을 통제하려고 버둥거리는 것에 대해 솔직하게 드러내지 않는다. 사람들은 허세를 부리고, 감정을 드러내지 않는다. 말하자면 광대처럼 속으로 울고 있는 것이다. 우리가 보는 것은 화사한 얼굴 분장과 쾌활한 어릿광대일 뿐이다. 심리치료를 받는 고객들은 흔히 이런 말을 한다. "만약 내 친구/가족/동료가 지금 내 말을 듣는다면 믿지 못할 것이다. 모두들 내가 너무나 강하고 자신감 넘치고 행복하고 독립적인 사람이라고 생각하고 있다."

30세의 호텔 데스크 직원인 페니는 첫 아이를 출산한 후 6개월이 되었을 때에 나를 만나러 왔다. 그녀는 지친 기색이 역력해 보였으며, 육아 기술에 대해 몹시 불안하고 자신 없어했다. 스스로 무능하고 미숙한 느낌이 들 때면 그녀는 모든 책임으로부터 벗어나고만 싶었다. 지치고 괴로운 생각이 들 때는 아이를 가진 것이 커다란 실수가 아닐까 하는 생각이 들었다. 무엇보다도 그녀는 자기가 그런 생각을 하는 것 자체에 대해 죄책감을 느꼈다! 주기적으로 아기 엄마들 모임에 참석하면서도 페니는 자신의 문제에 대해서는 비밀을 유지했다. 다른 엄마들은 너무나도 자신만만해 보여서, 그녀가 감정을 털어놓으면 모두들 자기를 경멸할 것 같았다. 마침내 페니가 용기를 내어 자신의 경험을 다른 여자들과 공유하자, 그녀의 고백이 다른 사람들의 입을 열게 했다. 다른 아기 엄마들도 모두 어느 정도 같은 감정을 느끼고 있었지만, 비난받거나 거부당할까 두려워 모두들 진실한 감정을 숨기고 허세를 부리고 있었던 거다. 서로가 자신을 드러내고 기탄없이 이야기를 하면서 좌중에는 놀랄 만한 안도감과 유대감이 자리 잡았다.

일반화하자면, 대체로 남자들은 여자들에 비해 자신의 깊은 관심을 인정하기를 훨씬 어려워한다. 남자는 절제해야 한다고, 즉 자신의 감정을 억누르고 숨겨야 한다고 배웠기 때문이다. 말하자면 '다 큰 애는 울지 않는다'는 것이다. 반대로 여자들은 어려서부터 감정을 공유하고 서로 이야기하도록 배운다. 그럼에도 불구하고 많은 여자들이 나약하고 어리석은 사람으로 보일까 봐 두려워, 울적하거나 불안하거나 등 감정을 잘 처리하지 못하는 이야기를 가장 가까운 친구들에게도 하기를 꺼린다.

그렇다면 문제는 우리가 이 모든 통제 신화에 얼마나 많은 영향을 받아왔는가 하는 것이다. 다음의 설문지가 문제를 푸는 데 도움이 될 것이다.

생각과 감정 통제에 관한 설문지

이 설문지는 스티븐 헤이즈Steven Hayes, 프랭크 본드Frank Bond 등이 개발한 설문지를 약간 고친 것이다. 부정적인 생각과 감정이라는 말은 분노, 우울, 불안 등 온갖 고통스러운 감정과 교란시키는 이미지, 가혹한 자기 판단 등 괴로운 생각을 의미할 때 사용된다. 다음 각 쌍의 문장에 대해 여러분이 느끼는 감정으로 가장 적합한 것을 선택하라. 여러분이 선택한 대답이 항상 100퍼센트 진실일 필요는 없다. 그냥 여러분의 일반적 태도를 더 잘 나타내는 것처럼 보이는 답을 고르면 된다.

1a 성공적인 삶을 살기 위해 내 감정을 잘 통제해야 한다.
1b 성공적인 삶을 살기 위해 내 감정을 잘 통제할 필요가 없다.

2a 걱정은 나쁘다.
2b 걱정은 좋지도 나쁘지도 않다. 걱정은 단지 불유쾌한 감정일 뿐이다.

3a 부정적인 생각과 감정을 통제하고 제거하지 못하면 해롭다.
3b 부정적인 생각과 감정이 불쾌할 수는 있지만 해롭지는 않다.

4a 나 자신의 격한 감정이 스스로 두려울 때가 있다.
4b 아무리 격한 감정이라도 나 자신의 감정이 두렵지 않다.

5a 중요한 일을 해내기 위해서는 모든 불신을 제거해야 한다.
5b 불신이 존재하더라도 나는 중요한 일을 해낼 수 있다.

6a 부정적인 생각과 감정이 일어나면, 가능한 한 빨리 그런 감정을 줄이거나 제거하는 것이 중요하다.

6b 부정적인 생각과 감정을 줄이거나 제거하려는 노력이 종종 문제를 야기하기도 한다. 그냥 내버려 두면 그런 감정은 자연스러운 삶의 한 부분이 될 것이다.

7a 부정적인 생각과 감정을 처리하는 가장 좋은 방법은 감정을 분석하는 것이다. 그런 다음 감정을 제거하기 위해 지식을 활용하는 것이다.

7b 부정적인 생각과 감정을 처리하는 가장 좋은 방법은 감정의 존재를 인정하는 것이다. 그런 다음 분석하거나 판단하지 않고 내버려 두는 것이다.

8a 나는 부정적인 생각과 감정을 피하거나 줄이거나 제거하는 능력을 향상시킴으로써 행복하고 건강해질 것이다.

8b 나는 부정적인 생각과 감정이 저절로 생겼다가 사라지도록 내버려 둠으로써 행복하고 건강해질 것이다.

9a 부정적인 감정으로 인한 행동을 억누르거나 제거하지 못한다면 인간적으로 실패했거나 나약하다는 증거이다.

9b 부정적인 감정으로 인한 행동을 통제하거나 제거해야 한다는 것 자체가 문제다.

10a 부정적인 생각과 감정은 정신적으로 건강하지 못하거나 문제가 있다는 증거이다.

10b 부정적인 생각과 감정을 가진다는 것은 내가 인간이라는 의미이다.

11a 자신의 삶을 통제하는 사람들은 대체로 감정을 통제할 수 있다.

11b 자신의 삶을 통제하는 사람들은 감정을 통제하려고 노력할 필요

가 없다.

(12a) 불안을 느끼는 것은 좋은 일이 아니다. 그래서 나는 불안을 피하려고 애쓴다.

12b 불안을 좋아하는 것은 아니지만 불안을 느끼는 것도 괜찮다.

(13a) 부정적인 생각과 감정은 내 삶에 뭔가 문제가 있다는 증거이다.

13b 부정적인 생각과 감정은 누구나 피할 수 없는 삶의 일부이다.

(14a) 뭔가 중요하고 어려운 일을 해내기 전에 기분이 좋다.

14b 불안하고 억압된 기분을 느끼기는 하지만 그런 때에도 뭔가 중요하고 어려운 일을 해낼 수 있다.

(15a) 내가 싫어하는 생각과 감정에 대해 생각하지 않음으로써 그런 것을 억제하려고 한다.

15b 내가 싫어하는 생각과 감정을 억제하려고 하지 않는다. 그냥 저절로 생겼다가 사라지도록 내버려 둔다.

여러분이 선택한 a와 b의 수를 세어서 설문지의 점수를 계산해 보라(점수를 기록해 두도록 하라. 이 책의 끝부분에서 다시 이 설문지에 대답하도록 요구할 것이다).

a를 여러 번 선택한 사람일수록 살아가면서 통제 문제에 시달릴 가능성이 크다. 왜 그런 걸까? 이것이 다음 장의 주제다.

02

악순환

미셸의 눈에서는 눈물이 끊임없이 흘러내렸다. 그녀는 스스로에게 묻고 있다.

"뭐가 잘못된 걸까? 멋진 남편과 착한 아이들이 있고 좋은 직업을 가졌는데, 게다가 날씬하고 건강하기까지 한데… 근사한 집도 있고 형편도 넉넉해서 좋은 동네에 살잖아. 그런데 왜 나는 행복하지 않은 거지?"

좋은 질문이다. 미셸은 삶에서 이루고 싶은 모든 것을 가진 것처럼 보이는데 뭐가 잘못된 걸까? 미셸은 이 장의 뒷부분에서 다시 만나기로 하고, 지금은 여러분의 삶에 무슨 일이 일어나고 있는지를 살펴보기로 하자.

여러분의 문제는 무엇인가

여러분은 이 책을 읽고 있다. 그렇다면 당신의 인생이 지금보다 더 잘 풀릴 여지가 있다. 어쩌면 당신은 지금 인간관계가 어렵거나 외롭거나 비탄에 빠져 있을지도 모르겠다. 어쩌면 자신의 직업이 끔찍하게 싫거나 실직한 처지인지도 모르겠다. 사랑하는 누군가가 죽었거나 멀리 떠나버렸거나 당신을 차버렸을지도 모르겠다. 어쩌면 여러분은 중년의 위기를 겪고 있는지도 모른다. 또는 낮은 자존감이나 자신감의 상실, 능력 부족을 느끼고 있는지도 모른다. 또 약물이나 알코올, 혹은 다른 것에 중독되어 있을지도 모른다. 경제적 문제 혹은 법적 문제에 봉착해서 진퇴양난에 빠져 자신이 무엇을 원하는지 알지 못할 수도 있다. 어쩌면 우울해하거나 불안을 느낄 수도 있고, 그저 사는 게 따분하거나 삶이 무의미하게 느껴질 수도 있다.

문제가 무엇이든 간에 모든 문제는 불쾌한 생각과 감정을 야기하기 마련이므로, 아마도 당신은 불쾌한 생각과 감정을 회피하거나 없애려고 많은 시간을 허비해 가며 노력했을 것이다. 하지만 나쁜 생각과 감정을 제거하려는 시도가 실제로는 삶의 질을 떨어뜨리고 있지는 않은가? ACT에서 우리가 이야기하고자 하는 것이 바로 이것이다. “해결이 바로 문제다!”

왜 해결이 문제가 되는가

가려울 때 당신은 어떻게 하는가? 긁을 것이다. 가려운 데를 긁으면 가려움증이 사라진다. 문제가 해결된 것이다. 보통의 경우, 이 방법이 매우 만족스럽기 때문에 거기에 대해 생각조차 하지 않는다. 하지만 흔한 피부병인 습진이 생겼다고 가정해 보자. 피부가 매우 가려워서 자연히 가려운 데를 긁게 된다. 하지만 그 부위의 피부 세포는 이미 염증으로 인해 매우 민감해져 있다. 그 부위를 긁으면 히스타민이라는 화학물질이 나오는데, 히스타민은 피부에 매우 자극적이다. 이 물질이 피부 염증을 더욱 악화시키고, 전보다 가려움증을 더욱 심해지게 만든다. 긁을수록 습진이 악화되어 더욱 가려워지는 것이다.

건강한 피부의 경우, 긁는 것은 가려움증을 없애기 위해 좋은 방법이다. 하지만 지속적인 가려움증이 있는 피부의 경우에는 긁는 것이 해롭다. 이 같은 해결은 문제의 일부가 된다. 이런 것을 흔히 악순환이라고 한다. 인간의 감정에 있어서도 악순환은 흔하다. 여기 몇 가지 예가 있다.

- 조지프는 거부당하는 것을 두려워한다. 그래서 그는 사교 모임에 참석하는 일에 지나치게 불안을 느끼고 있다. 불안감을 느끼고 싶지 않기 때문에 그는 사교 모임에 참석할 기회를 가능하면 피하려고 한다. 조지프는 파티에 참석해 달라는 초대를 받아들이지 않는다. 친구들과 우정을 쌓으려고도 하지 않

는다. 그는 혼자 살고 있으며 매일 저녁 집에 머물러 있다. 어쩌다가 사교적 모임에 참석할 경우, 평소에 연습이 안 되어 있으니 더더욱 그는 불안을 느낀다. 게다가 친구도 없이 사회에서 소외되어 혼자 산다는 것 때문에 그는 완전히 거부당하고 있다는 느낌을 갖게 되는데, 그가 두려워하는 게 바로 이런 느낌이다.

- 이본 역시 사교 모임에 대해 불안을 느낀다. 그녀는 술을 잔뜩 마시고 불안에서 벗어나려고 한다. 다시 말해 술에 의지해서 불안을 떨치려는 것이다. 하지만 그녀는 다음날 숙취로 힘들어하고 술값으로 써버린 돈을 아까워하며 또 술에 취해서 자신이 저지른 황당한 일들을 걱정한다. 물론 술에 취하면 잠시 동안은 불안에서 벗어날 수 있겠지만, 그 대가로 상당 기간에 걸쳐 불쾌한 감정에 빠지게 된다. 만약 이본이 술을 마실 수 없는 모임에 간다면 의지할 술이 없기 때문에 불안은 최고조에 이를 것이다.
- 다니엘은 자신이 비만이라는 사실을 매우 싫어한다. 그래서 기분 전환을 위해 초콜릿을 먹는다. 그렇게 하면 잠시 동안은 기분이 나아지지만 방금 섭취한 칼로리와 그것으로 인해 몸무게가 얼마나 더 늘었을까를 생각하면 전보다 더 비참한 기분이 된다.
- 몸매가 망가진 아메드는 날씬해지고 싶어한다. 운동을 시작했지만 몸이 안 따라주니 힘이 들고 불편하다. 불편한 것을

싫어하는 그는 운동하기를 그만둔다. 이렇게 해서 그의 체형은 더욱 망가진다.

- 앤드루와 그의 아내 실바나는 팽팽한 긴장 상태에 놓여 있다. 실바나는 오랜 시간 일하는 남편이 그녀와 시간을 많이 보내지 못하는 것이 화가 난다. 앤드루는 집안에서 긴장감이 감도는 것을 좋아하지 않는데 그런 상황을 피하려고 직장에서 더 늦게까지 일한다. 하지만 그럴수록 실바나의 불만은 더욱 쌓이고 부부간의 긴장은 점점 더 고조된다.

이제까지 불쾌한 감정을 피하거나 없애려고 애쓰는 여러 경우를 보았다. 이런 것을 통제 전략이라 부르는데, 왜냐하면 우리의 감정을 직접적으로 제어하려고 하기 때문이다. 다음 표에서 가장 일반적인 통제 전략 몇 가지를 볼 수 있다. 통제 전략을 크게 두 가지로 나누어보면, 투쟁 전략과 도피 전략이 있다. 투쟁 전략은 불쾌한 생각이나 감정과 싸우거나 그런 것들을 억압하려고 애쓰는 전략이고, 도피 전략은 불쾌한 생각이나 감정으로부터 달아나거나 숨어버리는 전략이다.

통제의 문제

이런 방법을 사용해서 생각과 감정을 통제하려고 할 때 무엇이 문제인가? 이 점만 주의하면 문제는 없다.

| 일반적인 통제 전략 |

도피 전략	투쟁 전략
숨기/회피하기 불쾌한 생각이나 감정을 불러일으킬 수 있는 행동이나 상황으로부터 달아나거나 숨어버린다. 이를테면 불안감이 드는 것을 사전에 막으려고 사람들과 어울리는 자리를 피한다. **기분 전환** 다른 일에 집중함으로써 자신의 생각이나 감정으로부터 주의를 딴 데로 돌린다. 이를테면 불안한 감정을 느끼기 때문에 담배를 피우거나 아이스크림을 먹거나 쇼핑을 간다. 아니면 직장에서 어떤 중요한 문제에 관해 걱정거리가 있으면 마음을 딴 데로 돌리려고 밤을 새워 TV를 본다. **의식에서 지우기/마비** 일반적으로 약물이나 알코올을 이용해서 불쾌한 생각을 잊거나 스스로를 마비시킴으로써 자신의 생각이나 감정으로부터 벗어나려고 한다. 단순히 면벽수행을 하거나 잠에 푹 빠짐으로써 나쁜 생각이나 감정을 잊는 사람들도 있다.	**억압** 불쾌한 생각이나 감정을 직접적으로 억압하려고 한다. 불쾌한 생각을 마음에서부터 강제로 쫓아내거나 감정을 마음 깊숙한 곳에 밀어 넣는다. **논쟁** 자신의 생각이나 감정을 논리적으로 증명하려고 마음속에서 논쟁을 벌인다. 이를테면 마음 한쪽에서 "너는 실패자야"라고 한다면 당신은 "그건 아니야. 내가 직장에서 이루어놓은 것들을 보라고"라며 반박할 것이다. 또는 현실에 맞서서 "이건 아니야!"라고 항의할 수도 있다. **책임지기** 자신의 생각이나 감정을 책임지려고 한다. 이를테면 스스로에게 "기운을 내" 혹은 "꾹 참자", "힘내!"라고 하거나, 부정적인 생각을 긍정적인 생각으로 바꾸거나, 실제로는 행복하지 않은데도 자신에게 억지 행복을 강요하려고 한다. **자기 학대하기** 자기를 학대함으로써 스스로 다르게 느낀다. 자신을 '멍청이'나 '바보' 따위로 부르기도 한다. 아니면 "눈 뜨고 못 봐주겠군! 이 정도는 처리할 수 있잖아. 왜 그리도 겁쟁이냐? 이 정도는 알아야지" 같은 말로 스스로를 비난하거나 비평하기도 한다.

- 적당히 사용한다.
- 효과가 있는 상황에서만 사용한다.
- 가치를 두는 일을 하는 데 방해가 되지 않을 정도로만 사용한다.

당신이 지나치게 괴로워하거나 화를 내지 않는다면, 다시 말해서 흔히 겪는 일상적 스트레스를 잘 다룰 수 있다면 생각과 감정을 통제하려고 하는 신중한 시도는 문제가 되지 않을 것이다. 어떤 상황에서는 기분 전환을 하는 것이 불쾌한 기분을 처리하는 좋은 방법이 될 수도 있다. 만약 상대방과 말다툼을 하게 되어서 마음이 상하고 화가 났다면 흥분이 가라앉을 때까지 잠시 산책을 하거나 책에 푹 파묻혀서 정신을 딴 데 두는 것도 좋은 방법이 될 수 있다. 때로는 멍하게 있는 것도 좋은 방법이다. 가령 스트레스를 받고 있거나 힘겨운 하루 일과로 녹초가 되었을 때 소파에 누워 잠깐 수면을 취하는 것이 원기 회복에는 그만이다.

하지만 통제 수단을 사용할 때, 다음과 같은 경우는 문제가 된다.

- 과도하게 사용할 때
- 효과가 없는 상황에서 사용할 때
- 정말로 가치를 두는 일을 하는 데 방해가 될 때

통제를 과도하게 사용하는 것

정도의 차이는 있지만, 우리는 누구나 통제 전략을 사용한다. 시시때때로 불쑥 떠오르는 쓸데없는 생각과 감정에 시달리지 않을 수 있다면 얼마나 좋을까? 앞에서 보았듯, 통제 전략은 적당히만 사용한다면 문제 될 것이 없다. 예를 들어, 나는 때때로 불안이 엄습해 오면 초콜릿이나 비스킷을 먹는다. 이것은 다른 일에 집중함으로써 불쾌한 감정을 피하려고 하는, 말 그대로 기분 전환 방식이다. 하지만 이 방식을 과도하게 사용하지는 않기 때문에 삶에서 또 다른 문제가 야기되지는 않는다. 나는 바람직한 체중을 유지하고 있으며 당뇨병도 없다. 하지만 20대 초반에는 상황이 달랐다. 당시에 나는 불안을 회피하려고 케이크와 초콜릿을 엄청나게 먹어댔다. 정말 기분이 안 좋은 날엔 팀탐을 다섯 통이나 먹어치웠다. 그 결과 과체중이 되었고 고혈압 증세까지 나타났다. 똑같은 통제 전략이지만 너무 과도하게 사용했고, 확실히 심각한 결과를 가져온 것이었다.

곧 있을 시험이 너무나 걱정된다면 TV를 봄으로써 불안감을 없애려고 할 수도 있다. 그런데 TV를 잠깐씩만 본다면 문제 될 것이 없지만, 저녁 내내 TV를 본다면 시험 공부는 진도가 나가지 않을 것이다. 그렇게 하다 보면 공부는 더욱더 뒷전이 되고 불안감은 더욱 심해질 것이다. 그러므로 불안 통제 기제로서의 기분 전환이 결국 효과가 없게 되는 것이다. 이런 식으로 불안에 대처하면, 공부와 같은 실질적으로 유익한 일을 하지 못하게 된다는 사실은 말할 필요도 없다.

술이나 약물로 불쾌한 생각을 잊는 것도 마찬가지다. 적당히 음주를 하거나 이따금 신경안정제를 복용한다고 해서 심각한 만성적인 문제를 야기하지는 않는다. 하지만 이런 통제 기제에 의존하게 된다면, 훨씬 더 고통스러운 감정과 갖가지의 부작용이 뒤따르는 중독으로 이어지기 쉽다.

이런 통제 전략들이 상당 부분에서 서로 겹친다는 사실에 주목하라. 공부하지 않고 TV를 보는 것은 기분 전환만이 아니라 숨기/회피하기(공부로부터 숨거나 회피하기) 전략도 된다. TV 시청을 하는 것은 또한 의식에서 지우기로 사용되기도 한다. 진짜로 재미있어서 보는 것도 아니면서 마치는 시간까지 몇 시간이고 멍하니 TV 앞에 앉아 있는 사람들도 있다.

효과가 없는 상황에서 통제 기제를 사용하려고 노력하기

당신이 누군가를 깊이 사랑했는데 그 사람을 잃게 되었다고 가정해 보자. 사별이든 버림받았든 별거든 당신은 고통을 느끼게 될 것이다. 이런 고통을 소위 슬픔이라고 하는데, 슬픔은 사랑하는 사람이든 직업이든 신체의 수족이든 자신에게 중요한 것을 상실한 데 대한 자연스러운 감정 반응이다. 이런 감정을 피하거나 없애려고 해도 슬픔은 남아 있다. 그러다가 일단 슬픔을 받아들이고 나면 세월이 약이 된다.

안타깝게도 많은 사람이 슬픔을 받아들이려 하지 않는다. 온전히 슬픔을 느끼기보다는 다른 일을 하려 든다. 일에 파묻혀 지내거나 술을 진탕 마시거나 반작용으로 새로운 관계에 뛰어들거나 처방받은 약에 취해 멍하게 지낸다. 하지만 아무리 슬픔을 몰아내려고 해도 슬픔은 마음속 깊이 자리 잡고 있다가 결국엔 다시 돌아온다. 마치 물 속에서 축구공을 잡고 있는 것과 같다. 아무리 물 밑에서 공을 잡고 있으려고 해도 공은 한사코 표면으로 떠오른다. 결국 팔에 힘을 빼면 잡고 있던 손아귀가 풀리게 되고 공은 곧장 물 위로 솟아오를 것이다.

비극적인 자동차 사고로 남편과 자식을 떠나보내야만 했을 때, 도나의 나이는 겨우 25세였다. 말할 것도 없이 그녀는 엄청난 상실감에 빠졌다. 슬픔과 분노, 외로움, 절망이 뒤섞인 고통스러운 감정이 폭발했다. 하지만 도나는 그런 고통스러운 감정을 받아들일 수가 없었고 괴로움을 잊기 위해 술을 마셨다. 술에 취하면 잠시 동안은 고통에서 벗어날 수 있었지만 맨정신으로 돌아오면 다시 격렬한 슬픔이 밀려왔다. 그러면 그녀는 고통을 잊으려고 더 많이 마셨다. 도나가 나를 찾아온 것은 이런 식으로 6개월을 보낸 뒤였다. 그 무렵 그녀는 하루에 와인 두 병씩을 마셨고, 신경 안정제와 수면제까지 복용했다. 그녀를 회복시키는 데 있어서 가장 중요한 요소는 고통으로부터 달아나는 것을 그만두고자 하는 스스로의 의지였다. 그녀가 자신의 감정에 솔직해질 수 있을 때, 그리고 자신의 감정을 자연스러운 슬픔의 과정으로 맞이할 때 비로소 그녀는 끔찍한 상실과 화해할 수 있게 되는 것이다. 이렇게 함으로써 도나는 온전히 사랑하는 사람들을 위해 슬퍼할 수 있고, 자신의 에너지를 새로운 삶을 설계하는 방향으로 돌릴 수 있게 되는 것이다. 도나가 어떻게 그 일을 잘 수행해 냈는지에 대해서는 이 책의 뒷부분에서 보기로 하자.

통제 전략이 가치를 두는 일을 하는 데 방해가 될 때

당신이 인생에서 가장 소중하게 생각하는 것은 무엇인가? 건강? 가족? 친구? 종교? 운동? 자연? 인생에서 더 중요하고 의미 있는 일에 적극적으로 에너지와 시간을 투자할 때 더 풍요롭고 만족스러운 삶을 누리게 될 것이라는 사실은 전혀 놀라운 일이 아니다. 그러나 싫은 감정을 회피하려고 애쓰는 나머지 진정으로 가치를 두는 일을 하는 데 방해가 되는 경우가 많다.

가령 당신이 전문 배우이고 그 일을 사랑한다고 가정해 보자. 그런데 어느 날 무대에 올라가야 할 바로 그 순간에 느닷없이 격렬한 좌절감에 빠져 무대에 서기를 스스로 거부한다(이것을 소위 무대 공포증이라고 부른다). 무대에 서기를 거부하는 행위는 일시적으로 두려움을 감소시켜 줄 수는 있지만 그 때문에 진정으로 가치를 두는 일을 하지 못하게 되는 것이다.

또 당신이 지금 막 이혼했다고 가정해 보자. 슬픔과 두려움, 분노, 이 모든 것은 이혼에 따르는 당연한 반응이다. 하지만 이런 나쁜 감정에 사로잡혀 있기는 싫다. 그래서 당신은 정크 푸드를 먹어대거나 술독에 빠져 있거나 줄담배를 피워대면서 기분을 바꾸어보려고 애를 쓴다. 하지만 이렇게 했을 때 당신의 건강은 어떻게 되겠는가? 자신의 건강에 무신경한 사람은 없다. 하지만 많은 사람들이 자신의 신체에 직접적으로 해가 되는 통제 전략을 쓰기도 한다.

실제로 얼마나 통제할 수 있는가

우리가 자신의 생각과 감정을 통제할 수 있는 정도는 대체로 생각과 감정이 얼마나 격렬한가에 달려 있다. 이를테면 감정이 덜 격렬할수록 더 잘 통제할 수 있다. 가령 전형적이고 일상적인 스트레스를 받고 있는 경우에는 단순한 이완 기법만으로도 즉시 기분이 나아질 것이다. 하지만 우리의 생각이나 감정이 괴로울수록 이를 통제하려는 시도는 덜 효과적일 것이다. 만약 당신이 겁에 질려 있다면 인간이 알고 있는 어떠한 이완 기법도 당신을 진정시킬 수가 없을 것이다.

피하고자 하는 일이 그다지 중요하지 않은 경우에는 자신의 생각이나 감정을 더욱 잘 통제할 수 있다. 가령 지저분한 차고 청소나 세차 같은 자질구레한 일들을 피하고 싶다면 어렵지 않게 그 일을 마음에서 떨쳐버릴 수 있을 것이다. 왜냐하면 크게 봐서 대수롭지 않은 일이기 때문이다. 그 일을 하지 않는다 해도 여전히 내일 아침 태양은 떠오르고 살아 숨 쉬는 데 지장이 없다. 문제가 되는 것은 차고나 차가 여전히 더럽다는 것뿐이다. 그러나 갑자기 팔에 의심스러운 커다란 검은 점이 있는 것을 발견했다고 가정해 보자. 당신은 병원에 가기를 꺼린다. 쉽게 그 생각을 떨쳐버릴 수 있겠는가? 물론 영화를 보거나 TV 시청을 하거나 인터넷 서핑을 함으로써 당분간 그 일을 생각하지 않을 수도 있다. 하지만 조치를 취하지 않으면 심각한 결과를 초래할 가능성이 있기 때문에 결국 그 점에 대해 다시 생각하게 될 것이다.

이처럼 우리가 피하려고 하는 일들이 대체로 대수롭지 않은 일이고 부정적인 생각과 감정이 대부분 그다지 격렬한 것이 아니기 때문에 대체로 통제 전략이 우리의 기분을 좋게 해준다. 적어도 잠시 동안은 말이다. 불행히도 이 때문에 우리는 그릇된 자신감을 갖게 되는데, 말하자면 자신이 실제로 통제하는 것보다 더 많이 통제할 수 있다고 생각하게 되는 것이다. 게다가 통제에 대한 이와 같은 그릇된 인식은 앞 장에서 다룬 통제 신화에 의해 더욱 악화될 뿐이다.

통제 전략이 행복의 함정과 무슨 관계가 있는가

행복의 함정은 쓸모없는 통제 전략에 기반을 두고 있다. 행복을 느끼기 위해 우리는 자신의 감정을 통제하려고 한다. 하지만 이런 통제 전략에는 다음과 같은 세 가지 심각한 대가가 따른다.

1. 통제 전략은 시간과 에너지를 필요로 하고, 장기적으로 거의 효과가 없다.
2. 애써 떨쳐버리고자 했던 생각과 감정이 되살아나기 때문에 스스로 어리석고 모자라는 나약한 인간으로 생각되기도 한다.
3. 불쾌한 감정을 단시간에 감소시켜 주는 다양한 통제 전략은 장기적으로는 실제로 삶의 질을 떨어뜨린다.

이런 바람직하지 못한 결과는 더욱 불쾌한 감정으로 연결되고, 불쾌한 감정을 통제하기 위해 또 다른 시도를 하게 된다. 악순환의 고리이다. 심리학자들은 통제 전략의 부적당하고 과도한 사용을 전문용어로 경험적 회피라고 한다. 경험적 회피란 그렇게 하는 것이 해롭고 무익하고 쓸모없고 파괴적인 경우에도 쓸데없는 생각과 감정을 계속해서 바꾸거나 회피하거나 떨쳐버리려고 하는 경향을 의미한다. 경험적 회피는 우울증과 불안, 약물과 알코올 중독, 과식 등 다양한 문제를 야기하는 중요한 원인이다. 요컨대 바로 여기에 행복의 함정이 있다. 우리는 행복을 찾기 위해 나쁜 감정을 회피하거나 떨쳐버리려고 한다. 하지만 그렇게 하려고 애를 쓰면 쓸수록 나쁜 감정이 더 많이 생겨난다. 단순히 책에서 읽은 대로 믿기보다는 스스로 이런 사실을 이해하고 자신의 경험을 믿는 것이 중요하다. 그러니 이 점을 명심하고, 다음 문장을 완성해 보도록 하라: "내가 벗어나고자 하는 생각과 감정은 …이다."

일단 대답을 찾았다면, 회피하거나 바꾸거나 떨쳐버리고자 하는 모든 불쾌한 생각과 감정을 종이에 적어보도록 하라. 신중했든 건성이었든 간에 당신이 사용했던 모든 통제 전략을 기억해 보라. 대답을 윤색하거나 다듬으려고 하지 마라. 이 작업의 목적은 불쾌한 감정이 생겼을 때 상황을 회피하거나 약물이나 술을 이용하거나 처방약을 복용하거나 스스로를 비난하거나 응징하거나 거부하거나 타인을 비난하거나 자기 최면을 걸거나 자기 계발서를 읽거나 임상치료사를 찾아가거나 긍정적인 강화를 하거나 지연하거나 기도하거나 친구들에게 털어놓거나 일기를 써보거나 담배를 피우거나 과식 혹은 절식을 하거나 잠을 많이 혹은 적게 자거나 중요한 변화나 결정을 미루거나 일, 사회생활, 취미, 운동 등에 매달리거나 "곧 지나갈 거야"라고 자위하는 등 가능한 많은 실례를 찾아내는 것이다.

다 썼으면 각 항목을 보고 다음과 같이 자신에게 물어보라.

1. 그렇게 해서 결국 고통스러운 생각을 떨쳐버리게 되었는가?
2. 시간과 에너지, 돈, 건강, 활력 등 그것을 위해 치른 대가는 무엇인가?
3. 그렇게 함으로써 풍요롭고 의미 있고 만족스러운 삶에 접근하게 되었는가?

이 질문에 답하는 과정에서 다음 네 가지를 발견하게 되었을 것이다.

1. 불쾌한 생각과 감정을 피하거나 변화시키거나 없애기 위해 상당한 시간과 노력을 들였다.
2. 시도한 대부분의 통제 전략이 결국 고통스러운 생각과 감정을 없애주지 못했다.
3. 대부분의 통제 전략은 대가를 치르게 했다.
4. 대부분의 통제 전략이 실제로는 당신이 살고자 하는 이상적인 삶에서 더 멀어지게 했다.

다소 어리둥절하고 혼란스럽지 않은가? 만약 그렇다면… 좋다! 이것은 실제로 중요한 변화로, 깊이 뿌리박힌 수많은 믿음에 도전하는 것이다. 강렬한 반응이 나오는 것이 당연하다.

물론 당신의 통제 전략이 많은 대가를 치르지 않았거나 당신이 원하는 삶에 더 접근하도록 했다면, 물론 그것은 문제가 되지 않을 뿐더러 거기에 주목할 필요도 없다. ACT에서는 장기적으로 삶의 질을 떨어뜨리는 통제 전략만을 대상으로 하고 있다.

잠깐만, "자선을 하거나 일을 열심히 하거나 친구를 돌보는 것 등에 관해서는 왜 언급하지 않는가?"라고 반문하는 사람들도 있을 것이다. 남들에게 베푸는 것은 자기 자신을 행복하게 해주지 않는가? 좋은 지적이다. 무슨 일을 하는가만 중요한 것이 아니라는 사실을 명심하라. 그 일을 하는 동기도 마찬가지로 중요하다. 만약 이기적이라는 생각을 피하려고 자선을 행하거나, 자격지심 때문에 일에 파묻히거나, 거절당할까 봐 친구에게 잘해준다면, 그런 행동에서는 그다지 만족을 느끼지 못할 가능성이 많다. 왜냐하면 근본적인 동기가 불쾌한 생각과 감정을 피하기 위한 것이기 때문이다. 이런 동기는 남에게 베푸는 일의 즐거움과 활력을 감소시킨다. 가령 스트레스를 받거나 따분하거나 불행해서 기름지고 맛난 음식을 과식했던 경험을 돌이켜 보라. 그다지 만족스럽지 않았을 것이다. 그러나 나쁜 감정을 떨쳐버리기 위해서가 아니라 단순히 맛을 음미하고 즐기면서 음식을 먹어본 적이 있는가? 장담하건대, 그때가 훨씬 만족스러웠을 것이다.

의미 있는 일을 찾거나 그 일을 훌륭히 수행해 내거나 친구나 가족들과 좋은 관계를 유지하거나 산과 들로 나가거나 취미 생활을 하거나 클럽에 가입하거나 자선 활동을 하거나 새로운 기술을 배우거나 동호회 활동을 하는 등 갖가지 상황에서 삶을 향상시킬 수 있는 방법에 대한 유익한 충고를 얻을 수 있다. 당신에게 정말 중요하고 의미가 있어서 하는 경우라면 이런 활동들은 매우 만족스러울 것이다. 하지만 만약 단순히 불쾌한 기분을 떨쳐버릴 목적으로 이런 활동을 한다면, 그다지 만족스럽지 않을 것이다. 뭔가 싫은 것으로부터 달아나고 있는 동안에는 삶을 진정으로 이해하기 어렵기 때문이다.

인생에서 원하는 것 모두를 가지고 있지만 여전히 행복하지 않은 미셸을 기억하는가? 스스로 가치 없는 인간이라는 생각이 그녀의 삶을 지배하고 있었다. 그녀는 죄의식과 불안, 좌절, 실망과 같은 감정과 더불어 "나는 형편없는 아내야", "나는 왜 이리도 모자랄까?", "아무도 나를 좋아하지 않는걸" 같은 생각으로 괴로워하고 있다.

미셸은 이런 쓸데없는 생각과 감정을 떨쳐버리려고 일에 몰두한다. 그녀는 자기 분야에서 두각을 나타내기 위해 자신을 몰아붙이고 동료들을 기쁘게 해주려고 종종 야근도 불사한다. 그녀는 남편과 아이들을 맹목적으로 사랑하고 그들의 온갖 변덕을 다 받아준다. 그녀는 만나는 모든 사람을 자신보다 우선적으로 생각하고 언제나 그들을 기쁘게 하려고 애를 쓴다. 이렇게 하느라고 미셸이 치러야 하는 대가는 엄청나다. 하지만 과연 이렇게 한다고 해서 그녀의 불쾌한 생각과 감정이 말끔히 사라질까? 계속해서 그녀가 자신을 마지막으로 놓고 남들에게 인정받기 위해 열심히 일한다면, 스스로 무가치한 인간이라는 생각만 더욱 굳히게 될 뿐이다. 미셸은 그야말로 행복의 함정에 빠져 있는 꼴이다.

어떻게 행복의 함정에서 탈출하는가

첫 단계는 자각 수준을 높이는 것이다. 불쾌한 생각과 감정을 피하거나 변화시키거나 없애기 위해 날마다 하고 있는 아주 사소한 일도 깨닫도록 하라. 그리고 이런 통제 전략을 사용하고 있는 자신을 발견했을 때, 그 결과에 주목하라.

매일 일기를 쓰고 잠시 반성하는 시간을 가져라. 스스로 함정에 빠져 있다는 사실을 빨리 자각할수록 함정에서 더 빨리 빠져나올 수 있다. 이 말은 나쁜 감정을 참고 견디라거나 고달프고 비참한 인생을 감수하라는 의미는 물론 아니다. 이 책의 2부에서는 반갑지 않은 생각과 감정을 다루는 전혀 다른 방법을 배우게 될 것이다.

당신은 반갑지 않은 생각과 감정을 무력화시켜 그런 것들로 인해 상처받지 않고 일어서는 방법을 깨닫게 될 것이다. 또한 반갑지 않은 생각과 감정에 억눌리지 않고 일어서는 법을 배우게 될 것이다. 또 그런 것들과 지루한 싸움을 계속하기보다는 차라리 그냥 내버려 두는 법과 불쾌한 생각과 감정을 새로운 각도에서 보는 법을 배우게 될 것이다. 이렇게 되면 그런 것들은 더 이상 예전의 무서운 망령이 아니다.

하지만 너무 서두르지 마라. 읽기를 멈추고 며칠 시간을 가지도록 하라. 자신의 통제 기제를 알아차리고 어떻게 작용하는지를 눈여겨보라. 함정을 있는 그대로 보는 법을 배우고, 다음에 어떤 변화가 올 것인지 기대해 보자.

2

변화

03

ACT의 6대 원칙

수용 전념 이론은 6대 원칙에 기반을 두고 있다. 이 6대 원칙은 상승 작용을 해서 (a) 고통스러운 생각과 감정을 효과적으로 다루고 (b) 풍요롭고 의미 있고 만족스러운 삶을 창조하는 두 가지 중요한 목적을 달성하는 데 도움이 된다. 이 책의 2부에서는 주로 첫 번째 목적, 즉 내면의 심리적 세계를 변화시키는 것을 다루고 있다. 3부에서는 두 번째 목적, 즉 가치 있는 삶을 일구는 것을 다루고 있다. 이 책 전반에 걸쳐 ACT의 6대 원칙을 하나하나 짚어나가겠지만, 우선 간단히 살펴보자.

원칙 1 : 해제

해제는 자신의 생각에 새로운 방식으로 결부시킴으로써 충격과 영향을 덜 받도록 하는 것을 의미한다. 고통스럽고 불쾌한 생각을 해제하는 법을 배우면, 그런 것들로 인해 두렵거나 성가시거나 스트레스 받는 일이 줄어들 것이다. 자기 제한적 믿음이나 가혹한 자아비판 같은 쓸데없는 생각을 해제하는 법을 배우면, 그런 것들로 인해 행동에 영향을 받는 일이 줄어들 것이다.

원칙 2 : 확장

확장은 불쾌한 감정과 감각, 충동 등을 억누르거나 밀어내려고 하는 대신 그런 것들이 깃들 수 있는 공간을 만들어준다는 의미이다. 마음을 열고 이런 감정을 받아들임으로써 그런 것들이 당신 주변을 맴돌면서 귀찮게 하지 않고 훨씬 성가시지 않게 빨리 지나간다는 사실을 알게 될 것이다(이 원칙에 대한 ACT 기법의 용어는 수용이다. 수용이란 단어는 여러 가지 뜻을 가지고 있고 오해의 소지가 있기 때문에 바꾸어 썼다).

원칙 3 : 연결

연결은 지금 하고 있는 일에 집중하고 전념하면서 현재의 순간을 사는 것을 의미한다. 과거를 곱씹거나 미래를 걱정하는 대신 지금 이 순간, 바로 여기서 일어나는 일에 깊이 연결된다(이 원칙에 대한 ACT 기법의 용어는 지금 이 순간과의 연결이다. 이 책에서는 이 용어를 쉽게 전달하기 위해서 바꾸어 썼다).

원칙 4 : 관찰하는 자아

관찰하는 자아는 인간 의식의 중요한 양상인데, 서구 심리학에서는 대체로 간과되어 온 부분이다. 이 부분에 접근하는 방법을 배우게 되면 불쾌한 생각과 감정과의 관계를 더욱 변화시킬 수 있게 될 것이다.

원칙 5 : 가치

자신의 가치를 명확히 알고 그 가치에 맞는 삶을 사는 것은 의미 있는 삶을 일구는 데 있어서 가장 중요한 단계이다. 가치는 자신이 진정으로 중요하게 여기는 것을 반영하고 있다. 당신이 어떤 사람이 되고 싶은지, 무엇이 가장 중요하고 의미 있는 것인지, 살아가는 동안 지키고자 하는 원칙은 무엇인지를 말하는 것이다. 가치는 삶의 방향을 제시해 주는 나침반이며 중요한 변화를 이끌어낼 수 있도록 고무하는 동기이다.

원칙 6 : 전념하는 행동

풍요롭고 의미 있는 삶은 행동을 통해서 일구어진다. 아무 행동이나 하는 것을 의미하는 것이 아니라, 이런 일은 자신의 가치에 의해 고무되고 인도되는 감동적인 행동을 통해 일어난다. 특히 아무리 실패하고 난처한 상황에 처하더라도 거듭해서 행하는 헌신적인 행동을 통해 일어난다. 그래서 헌신적인 행동은 헌신적이고 감동적이며 가치 있는 행동의 준말이다.

ACT의 6대 원칙이 여러 가지 긍정적인 방식으로 여러분의 삶을 변화시킬 수 있기는 하지만 이것이 십계명은 아니라는 점을 명심하도록 하라. 이 원칙들을 반드시 따를 필요는 없다. 여러분이 이 원칙을 선택한다면 거기 전념할 수는 있다. 그러니 가벼운 마음으로 시도해 보고 시험해 보도록 하라. 실생활에 적용해 보고 이 원칙들이 자신에게 어떻게 작용하는지 살펴보도록 하라. 단지 내가 그렇게 말하기 때문에 효과적일 것이라고 믿지는 마라. 실제로 적용해 보고 자신의 경험을 믿도록 하라.

이 책을 읽는 동안 내가 줄곧 되풀이해서 강조하는 키포인트가 있다는 점을 명심하라. 이 책을 단순히 읽기만 해서는 삶을 변화시킬 수 없고, 오직 실천해야 한다는 것이다. 이것은 마치 인도 여행 가이드북을 읽는 것과 같다. 책을 다 읽으면 방문하고 싶은 곳에 대한 여러 가지 상식이 쌓이게 된다. 하지만 여전히 인도에 가본 것은 아니다. 진짜로 인도를 경험하기 위해서는 그곳에 가봐야 한다. 마찬가지로 이 책을 읽고 그 내용을 생각해 본 것뿐이라면 결국 풍요롭고 의미 있고 만족스러운 삶을 일구는 방법에 대한 지식만 가지게 될 뿐이다. 하지만 실제로 그런 삶을 사는 것은 아니지 않은가? 실제로 더 나은 삶을 살기 위해서는 여기에 있는 연습과 제안을 따라 해야 할 필요가 있을 것이다. 자, 이제 시작할 마음이 마구 솟구치는가? 그러면 계속해서 읽어보자.

04

대단한 이야기꾼

오늘 아침에 나는 신선한 레몬 한 개를 손에 쥐고 있었다. 나는 레몬의 작은 홈들을 하나하나 느끼면서 손가락으로 노란 껍질을 쓰다듬어 보았다. 그리고 레몬을 코에 대고 향긋한 냄새를 들이마신 뒤에 도마에 얹어놓고 반으로 잘랐다. 그중 한 조각을 집어 입을 벌리고는 손가락 끝으로 신선한 레몬즙 한 방울을 짰다.

레몬 이야기를 읽으면서 당신에게 어떤 일이 일어났는가? 아마도 레몬의 모양과 색깔을 보았을 것이다. 어쩌면 레몬 껍질의 질감을 느꼈을지도 모르겠다. 신선한 레몬향을 맡았을 수도 있다. 심지어는 입 안에 침이 고이기도 했을 것이다. 그러나 당신 앞에는 레몬은 없고, 오직 레몬에 관한 단어만 있을 뿐이다. 단어가 당신의 머릿속에 들어갔을 때, 실제로 레몬을 본 것과 거의 똑같은 반응을 보였다.

무서운 공포 소설을 읽을 때도 마찬가지이다. 당신 앞에 있는 것이라곤 단어들뿐이다. 하지만 일단 그 단어들이 마음속에 들어가기만 하면 재미있는 일이 벌어진다. 등장인물들을 볼 수도 있고 들을 수도 있으며, 그들의 강렬한 감정을 경험할 수도 있다. 단어들이 위험한 상황에 처한 인물을 묘사할 때면 당신은 마치 어떤 사람이 실제로 위험에 빠진 것처럼 반응한다. 근육이 이완되고 심장 박동 속도가 증가되며 아드레날린이 상승된다(그러니 공포 소설이라고 부르는 것이 아닌가). 하지만 당신이 실제로 마주하고 있는 것은 종이 위의 검은 점들에 불과하다. 단어란 얼마나 매혹적인가! 하지만 그게 대체 무엇이란 말인가?

언어와 생각

인간은 언어에 많이 의존하고 있다. 인간을 제외한 동물들은 소통하기 위해 신체적 제스처와 신호와 얼굴 표정, 갖가지 소리를 이용한다. 인간도 그렇기는 하지만 우리 인간은 언어를 사용하는 유일한 동물이기도 하다. 언어는 복잡한 기호 체계이다(기호란 상징하는 것을 의미한다). 이를테면 영어로 dog라는 단어는 어떤 동물을 의미한다. 프랑스에서는 chien이고 이탈리아어로는 cane이다. 이 세 가지 다른 기호는 모두 같은 것을 지칭하는 말이다.

시간, 공간, 인생, 죽음, 천국, 지옥, 수천 년 전에 죽은 사람, 존재하지 않는 장소, 현재의 사건 등 우리가 느끼거나 생각하거나 관찰하거나 상상하거나 상호작용을 할 수 있는 모든 대상은 단어로 기호화될 수 있다. 만약 어떤 단어가 무엇을 지칭하는지 안다면, 그 단어의 의미를 알고 이해하는 것이다. 하지만 그 단어가 무엇을 지칭하는지 모른다면, 그 단어의 의미를 모르는 것이다. 이를테면 액와 다한증axillary hyperhidrosis은 대부분의 사람이 모르는 의학 용어다. 그것은 땀이 많이 나는 겨드랑이라는 뜻이다. 이제 당신은 액와 다한증이 무엇을 지칭하는지를 알고 그 단어를 이해하게 되었다.

우리는 두 가지 상황, 즉 말하고 듣고 쓸 때의 공적인 상황과 생각할 때의 사적인 상황에서 단어들을 사용한다. 책에 쓰인 언어는 문장이라고 부르고, 입 밖으로 나온 언어는 말이라고 부르고, 머릿속의 언어는 생각이라고 부른다.

흔히 생각과 더불어 일어나는 마음속의 그림이나 신체적 느낌과 생각을 혼동하지 않는 것이 중요하다. 두 가지 상황의 차이를 명확히 알기 위해 간단한 예를 들어보자. 내일 아침 식사로 무엇을 준비할 것인지에 관해 잠시 생각해 보자. 그 일에 대해 생각하는 동안, 당신은 눈을 감고 자신의 생각을 관찰하게 된다. 생각이 어디서부터 생겨나는지를 주목하라. 30초가량 눈을 감고 그대로 있도록 하라.

자, 무엇을 깨달았는가? 어쩌면 마음속의 그림을 보았을지도 모르겠다. TV 화면에 비치듯이 요리하거나 식사하고 있는 자기 자신을 보았을 수도 있다. 이것을 마음속의 영상, 즉 심상이라고 부른다. 심상은 생각이 아니지만, 이 두 가지는 흔히 동시에 일어난다.

실제로 아침 식사를 준비하거나 먹을 때처럼 신체 내부의 느낌과 감각을 깨달았을지도 모른다. 이런 것도 생각이 아니고 느낌이다. 또한 거의 실제 목소리처럼 몇 개의 단어들이 머릿속을 스치고 지나가는 것을 인지했을 것이다. 이 단어들은 이를테면 "피넛 버터 바른 토스트를 먹을 거야"라면서 먹고 싶은 것을 표현했을 것이다. 아니면 "뭘 먹어야 할지 모르겠네"라고 말했을 수도 있다. 머릿속에 떠오르는 이런 단어들을 우리는 소위 생각이라고 부른다. 따라서

생각 = 마음속에 있는 단어
이미지 = 마음속의 영상, 즉 심상
감각 = 몸속의 느낌이다.

우리는 이런 내면적 경험을 다른 방식으로 다루기 때문에 이와 같은 차이를 기억할 필요가 있다. 이미지와 감각에 관해서는 이 책의 후반부에서 다루기로 하고, 지금은 생각에 관해서만 다루기로 하자.

사람들은 자신의 생각을 상당히 신뢰한다. 생각은 자신의 삶을 말해줄 뿐만 아니라 어떻게 살 것인지도 말해준다. 또한 생각은 우리가 어떠한지, 어떠해야 하는지, 무엇을 해야 하는지, 무엇을 피해야 하는지도 말해준다. 하지만 생각은 단어에 지나지 않는다. 이런 이유로 ACT에서 흔히 생각을 이야기라고 부른다. 때로는 생각이 사실이라고 불리는 진실한 이야기이기도 하고, 또 어떤 경우에는

거짓된 이야기이기도 하다. 하지만 대부분의 생각은 진실도 거짓도 아니다. 대부분의 생각은 삶을 어떻게 보느냐에 관한 이야기, 즉 의견, 태도, 판단, 아이디어, 믿음, 이론, 도덕이라 부르는 것이거나, 그런 것과 관련하여 무엇을 원하는가에 대한 이야기, 즉 계획, 전략, 목표, 소망, 가치이다. ACT에서는 어떤 생각이 진실인가 아닌가가 아니라 유익한지 아닌지가 주요 관심사다. 말하자면 우리가 원하는 새로운 삶을 일구는 데 도움이 되는 생각인가 하는 점에 관심을 가지는 것이다.

이야기는 사건이 아니다

극적인 총격전에서 무장한 은행 강도를 잡은 경찰관을 상상해 보자. 사건 다음 날이면 이 사건은 신문에 실리게 될 것이다. 어떤 신문은 당시 일어난 일을 하나도 빠짐없이 정확하게 알려주기도 한다. 그 신문은 사실과 일치하는 모든 것, 즉 경찰관의 이름, 은행의 위치, 사용된 총기의 정확한 번호까지 모두 써놓을 수도 있다. 또 다른 신문은 그것보다는 덜 상세하게 이 사건을 기사화할 수도 있다. 극적인 효과를 노리고 세세한 부분을 과장하거나 사실을 왜곡해서 기사화할지도 모른다. 하지만 그 이야기가 정말로 정확하든, 거짓이거나 현혹케 하는 것이든 간에 여전히 그것은 이야기일 뿐이다. 그 이야기를 읽을 때, 실제로 사건이 일어난 현장에 우리가 있는 것은 아니다. 우리 눈앞에서 실제로 총격전이 벌어진 것이 아니다. 우리 앞에 있는 것은 단어일 뿐이다. 이 사건을 진짜로 경험할 수 있는 유일한 사람은 사건 발생 당시 바로 그 현장에 있었던 사람들, 말하자면 목격자들뿐이다. 오직 목격자만이 실제로 총소리를 듣고 강도를 잡은 경찰관을 본다. 묘사가 얼마나 자세하든 간에 이야기는 사건이 아니며, 사건 역시 이야기가 아니다.

물론 우리는 신문 기사에는 편견이 있다는 사실을 알고 있다. 신문 기사는 확실한 진실만을 말하지는 않는다. 신문 기사는 신문의 입장과 사설의 관점을 반영하고 일어난 일에 대한 관점을 제시한다. 실제로 다른 신문들에 비해 훨씬 더 선정적인 신문도 있다. 또한 우리는 언제든지 읽는 것을 중단할 수 있다는 것도 알고 있다. 만약 신문 기사에서 전혀 유익한 것을 얻을 수 없다면 신문을 내려놓고 산책을 나갈 수도 있을 것이다.

신문 기사의 경우는 명백하게 보일지 몰라도, 우리 마음속 이야기의 경우는 그렇게 명백하지 않다. 우리는 너무나 자주 자신의 생각이 절대적 진리라도 되는 것처럼, 온 신경을 집중해서 주의를 기울여야 하는 것처럼 반응한다. 심리학 전문용어로 이 반응을 인지적 융합이라고 한다.

인지적 융합이란 무엇인가

인식은 생각이나 이미지, 기억 같은 마음의 산물을 가리키는 전문용어이다. 융합은 섞거나 혼합하는 것을 의미한다. 인지적 융합이란 생각과 그 생각이 지칭하는 사물, 즉 이야기와 사건이 서로 섞이는 것이다. 이렇게 해서 실제로 레몬이 바로 앞에 있는 것처럼 레몬이란 단어에 반응하는 것이다. 마치 누군가가 실제로 살해당하기라도 할 것처럼 범죄 소설 속의 단어에 반응하는 것이다. "나는 쓸모없어"라는 말에도 마치 실제로 쓸모없는 것처럼 그 단어에 반응하고, 실패가 이미 기정사실이 된 것처럼 "나는 실패할 거야"라는 말에 반응한다. 인지적 융합 상태에서 생각은 마치 다음과 같이 보인다.

- 생각은 사실이다 - 생각하고 있는 내용이 마치 실제로 일어났던 것처럼 보인다.
- 생각은 진실이다 - 생각을 완전히 믿고 있는 것처럼 보인다.
- 생각은 중요하다 - 생각을 심각하게 받아들이고 거기에 관심을 집중하는 것처럼 보인다.
- 생각은 명령이다 - 자동적으로 생각에 복종하는 것처럼 보인다.
- 생각은 현명하다 - 생각이 최고라고 가정하고 생각의 충고를 따르는 것처럼 보인다.
- 생각은 위협이 될 수도 있다 - 어떤 생각은 마음을 송두리째 흔들어놓거나 위협하는 것처럼 보인다.

"나는 구제불능이야", "나는 형편없는 엄마야", "아무도 날 좋아하지 않는걸" 같은 부질없는 생각 때문에 괴로워하는 미셸을 기억하는가? 인지적 융합 상태에서 이런 생각은 절대 진리라도 되는 것처럼 보인다. 그 결과 그녀는 비참해진다. "놀랄 일도 아니군" 혹은 "그런 생각이 들면 누구나 화가 나겠지"라고 당신은 생각할 것이다. 그게 바로 당초 미셸의 생각이었다. 하지만 그녀는 곧 다음에서 설명할 간단한 기법을 이용해서 그런 불쾌한 생각의 영향을 줄일 수 있다는 사실을 발견했다. 우선 다음 지시사항을 잘 읽고 따라해보자.

나는 …라는 생각을 하고 있어

이 연습을 시작하기 전에 먼저 이를테면 "나는 X야", "나는 바보야", "나는 멍청이야", "나는 쓸모없는 사람이야"와 같은 기분 나쁜 생각을 떠올려 보라. 되도록이면 자주 떠오르거나 평소 당신을 괴롭히거나 화나게 만드는 생각을 골라라. 이제 마음속에 그런 생각을 품고 가능한 한 그 생각을 믿어라. 몇 초간 그 생각에 집중하고 어떤 변화가 일어나는지 깨닫도록 하라.

…

이제 그 생각을 품고 그 생각 앞에 "나는 …라는 생각을 하고 있어"라는 문장을 끼워 넣어라. 이번에는 이 문장을 붙인 상태로 다시 그 생각을 해보도록 하라. "나는 내가 X라는 생각을 하고 있어"라고 마음속으로 생각해 보라. 어떤 일이 일어나는지 깨닫도록 하라.

…

그렇게 해보았는가? 자전거에 관해 읽기보다는 실제로 자전거에 올라타서 페달을 밟아보아야 자전거 타는 법을 배울 수가 있다는 사실을 기억하라. 이 연습을 그냥 읽기만 한다면 이 책에서 얻을 것이 거의 없을 것이다. 고통스러운 생각을 다루는 방법을 변화시키기 위해서는 실제로 여기 나온 기법들을 연습해 보아야 한다. 그러니 만약 연습해 보지 않았다면 다시 돌아가서 지금 연습해야만 한다.

…

자, 어떤 변화가 있는가? "나는 …라는 생각을 하고 있어"라는 문장을 끼워 넣으면 곧 실제의 생각으로부터 어느 정도 거리를 두게 된다는 사실을 발견하게 될 것이다. 거리를 두게 되면 생각으로부터 뒤로 물러나 생각을 관찰하는 데 도움이 될 것이다(차이를 깨닫지 못했다면 다른 생각으로 다시 시도해 보도록 하라).

어떤 불쾌한 생각에든 이 기법을 사용할 수 있다. 이를테면 당신의 마음이 "내 인생은 한심해"라고 말한다면, 단지 "나는 내 인생이 한심하다는 생각을 하고 있어"라고 깨닫는 것이다. 마음이 "나는 이 일을 극복하지 못할 거야!"라고 말한다면, 그냥 "나는 이 일을 극복하지 못할 거라는 생각을 하고 있어"라고 인정하면 된다. 만약 마음이 "이 옷을 입으면 내 엉덩이는 정말 커보여!"라고 말한다면 그냥 "나는 내 엉덩이가 정말 커보인다는 생각을 하고 있어"라고 인정하면 된다.

이 문장을 이용하면 생각하는 과정을 깨닫게 될 것이다. 말하자면 당신이 생각을 덜 심각하게 받아들이게 된다는 뜻이다. 그 대신 한발 뒤로 물러나서 생각을 있는 그대로 알아볼 수 있다. 생각이란 단지 머릿속을 통과해 지나가는 단어일 뿐, 그 이상 아무것도 아니라는 사실을 알게 된다. 이런 과정을 인지적 해제 혹은 단순히 해제라고 부른다. 인지적 융합은 우리에게 생각은 진실이고 매우 중요하다는 사실을 말해준다. 인지적 해제는 생각은 그냥 단어일 뿐이라는 사실을 일깨워준다. 해제 기법을 사용할 때 다음과 같은 것들을 인식한다.

- 생각은 단순히 느낌이고 단어이며 이야기이다. 말하자면 한마디의 말일 뿐이다.
- 생각은 진실일 수도 있고 진실이 아닐 수도 있다. 우리는 생각을 자동적으로 믿지 않는다.
- 생각은 중요할 수도 있고 중요하지 않을 수도 있다. 우리는 유익한 생각에만 관심을 가진다.
- 생각은 절대로 명령이 아니다. 그러니 반드시 생각에 복종할 필요는 없다.
- 생각은 현명할 수도 있고 그렇지 않을 수도 있다. 우리는 생각의 충고에 자동적으로 따르지는 않는다.
- 생각은 결코 위협이 아니다. 가장 부정적인 생각이라고 해도 그다지 혼란스럽거나 무서운 것은 아니다.

ACT에서는 해제를 쉽게 하기 위해 다양한 기법을 사용하고 있다. 어떤 기법은 처음에는 다소 속임수를 쓰는 것처럼 보일 수도 있지만, 이런 기법을 자전거 타기 연습처럼 생각하면 된다. 일단 자전거를 탈 수 있게 되면 바퀴 연습은 더 이상 할 필요가 없다. 그래서 새로운 기법을 만나게 되면 각각의 기법을 시도해 보고 어떤 것이 당신에게 가장 도움이 되는지 알아보라.

기법을 사용할 때, 쓸데없는 생각을 없애거나 그런 생각을 좋아하게 하거나 원하도록 하기 위한 것이 해제의 목적이 아니라는 사실을 명심하라. 해제 기법의 목적은 단지 그런 생각이 진짜로 무엇인지 알고, 생각과 다투지 않고, 있는 그대로 두는 것이다. 실제로 생각은 한 줄의 말에 불과하지 않은가.

다음 기법을 이해하려면 음악적 능력이 요구될 것이다. 하지만 걱정할 필요는 없다. 아무도 듣는 사람이 없을 테니까 말이다.

노래 가사로 만들어 부르기

부정적인 생각이 들 때마다 당신을 괴롭히는, 이를테면 "나는 바보야" 같은 부정적 자기 판단을 마음에 떠올려 보라. 이제 마음속에 그 생각을 품고 실제로 10초 동안, 가능한 진지하게 그 생각을 믿도록 하라. 어떤 변화가 일어나는지 깨닫도록 하라.

…

이번에는 같은 생각을 받아들이고 '생일 축하합니다' 가락으로 자신에게 노래를 불러주고 있는 것을 상상해 보자. 조용히 마음속으로 노래를 부르고 어떤 일이 일어나는지 깨닫도록 하라.

…

이제는 맨 처음 형식의 생각으로 돌아가도록 하라. 그리고 다시 한 번 마음속에 그 생각을 품고 10초 동안 가능한 한 진지하게 그 생각을 믿어보라. 어떤 변화가 일어나는지 깨닫도록 하라.

…

다시 이번에는 그 생각을 받아들이고 '징글벨' 곡조에 따라 노래해 보라. 조용히 마음속으로 노래를 부르고, 어떻게 되었는지 깨닫도록 하라.

…

이 연습이 끝나면 아마도 이제는 스스로 생각을 그다지 심각하게 받아들이지 않고, 더 이상 그 생각에 많이 사로잡히지 않는다는 사실을 발견하게 될 것이다. 또 스스로 생각과 다투려 하지 않는다는 사실을 알게 된다. 더 이상 생각을 떨쳐버리려고 하지도 않고, 그 생각이 진실인지 거짓인지 따지지도 않는다. 나아가서 생각을 긍정적인 것으로 바꾸려고도 하지 않는다. 그래서 무엇이 달라졌다는 말인가? 근본적으로 당신은 생각을 해제시킨 것이다. 생각을 받아들이고 음악에 맞춰 노래하면서, 노래의 가사처럼 생각이란 단지 단어로 만들어진 것일 뿐이라는 사실을 깨달은 것이다.

마음은 대단한 이야기꾼이다

마음은 이야기하기를 좋아해서 좀처럼 멈추는 법이 없다. 마음은 날마다, 하루 종일 당신이 어떤 사람인지, 무엇을 좋아하는지, 인생에서 어떤 일을 해야 하는지, 남들이 당신을 어떻게 생각하는지, 세상이 어떻게 잘못되었는지, 미래에 어떤 일이 일어날 것인지, 과거에 무엇이 잘못되었는지 따위에 관한 이야기를 해댄다. 마치 끊임없이 흘러나오는 라디오 소리와 같다.

안타깝게도 마음이 하는 이야기는 대체로 부정적이다. "나는 별로 착하지 않아", "나는 바보야", "나는 너무 살쪘어", "내 허벅지가 싫어", "내 인생은 지긋지긋해", "앞으로 희망도 없어", ""아무도 나를 좋아하지 않는걸", "이런 관계는 불행해", "나는 잘 대처하지를 못해", "나는 절대로 행복하지 않을 거야" 등 마음은 끊임없이 불평을 해댄다.

그것들 중에서 이상한 것은 없다. 앞에서 언급했듯 연구에 따르면, 우리들이 하는 생각의 80퍼센트가 어느 정도 부정적인 내용이다. 하지만 우리가 이런 이야기들을 곧이곧대로 믿어버린다면, 이런 이야기들은 쉽사리 불안, 실망, 분노, 낮은 자존감, 자신감 상실, 불안감으로 바뀌곤 한다.

대부분의 심리학적 접근은 부정적인 이야기를 중요한 문제로 삼고 그것을 없애려고 노력하는 것에 대해 과장되게 이야기하곤 한다. 그런 식의 접근은 다음과 같은 것들을 위해 노력하라고 충고할 것이다.

- 사실인지 점검해 보고 어떤 실수라도 바로잡음으로써 이야기를 정확하게 하라.
- 더욱 긍정적으로 만들어서 이야기를 새로 써라.
- 스스로에게 더 나은 이야기를 계속 들려줌으로써 그 이야기를 없애버려라.
- 그 이야기로부터 벗어나라.
- 이야기를 밀어내 버려라.
- 이야기와 논쟁을 하고, 그것이 진실인지 아닌지 토론해라.

하지만 이런 방법은 이미 시도해 보지 않았던가? 현실적으로 그런 전략은 장기적인 효과는 없을 것이다.

ACT의 접근은 매우 다르다. 부정적인 이야기가 처음부터 문제가 되었을 것 같지는 않다. 우리가 부정적인 생각과 융합되려고 할 때, 그런 생각이 마치 진리인 것처럼 반응할 때, 그런 생각에 많은 관심을 보일 때, 바로 그때 부정적인 이야기가 문제가 되는 것이다.

우리는 어려서부터 "읽은 걸 다 믿으려 하지 마라"는 말을 들어왔다. 신문에 난 유명인들의 기사들이 상당 부분 거짓이거나 잘못된 보도라는 사실을 누구나 알고 있다. 효과를 노린 과장된 기사도 있고, 완전히 지어낸 이야기도 있다. 요즘 유명인들 중에는 이런 일에 잘 대처하는 사람들도 있다. 당연히 치러야 되는 유명세 정도로 받아들이고 개의치 않는다. 자신에 관한 황당한 기사가 났을 경우, 루머 기사를 읽고 분석하거나 토론하는 데 시간을 낭비하지 않는다. 그런가 하면 몹시 화를 내는 사람들도 있다. 그들은 자신에 관한 기사를 읽어보고 진지하게 고민하면서 난리를 피우고 불평을 해대고 고소장을 제출한다(고소라는 건 그 자체로 스트레스 덩어리에, 엄청난 시간과 에너지, 돈을 소모하는 일이 아닌가!).

해제는 우리를 첫 번째 부류의 유명인들처럼 침착한 사람들로 만든다. 이야기가 거기 있지만, 우리는 전혀 심각하게 생각하지 않는다. 그런 것에 신경도 쓰지 않고 그것과 싸우려고 시간과 에너지를 낭비하지도 않는다. 이야기가 얼마나 쓸모없는 것인지를 잘 알고 있기 때문에 ACT에서는 이야기를 바꾸거나 회피하거나 떨쳐버리려고 하지 않는다. 그 대신 우리는 이것은 이야기일 뿐이라는 사실을 그냥 인정하게 된다.

이야기에 이름 붙이기

당신의 마음이 가장 자주 하는 이야기들을 찾아내서 〈멍청이〉 이야기, 〈내 인생은 한심해〉 이야기, 〈못 하겠어〉 이야기 같은 이름을 붙여주도록 하라. 한 주제에 대해 여러 가지 이야기가 나오는 경우도 많다. 이를테면 〈아무도 날 좋아하지 않아〉 이야기는 〈나는 지루해〉 이야기로, 〈나는 탐탁지 않은 사람이야〉 이야기는 〈나는 너무 뚱뚱해〉 이야기로, 〈나는 왜 이리도 모자랄까?〉 이야기는 〈난 바보야〉 이야기로 표현할 수도 있다. 자신의 이야기가 나오거든 이름을 붙여 그 이야기를 인정하도록 하라. 이를테면 당신은 스스로에게 "아, 이게 무슨 이야기인지 알겠다. 전에 내가 곧잘 하던 〈나는 실패자야〉 이야기구나" 아니면 "아! 〈난 잘 대처하지 못해〉 이야기가 나오네" 하고 인지하면 된다. 일단 이야기를 인정한 다음에는 그냥 내버려 두어라. 그 이야기와 다툴 필요도 없고 거기에 관심을 집중할 필요도 없다. 가치를 두는 일에 에너지를 집중하면서 그냥 이야기가 지나가도록 내버려 두면 된다.

앞에서 만난 적이 있는 미셸은 〈나는 쓸모없는 인간이야〉와 〈나는 나쁜 엄마야〉, 〈나는 애교가 없어〉 등 세 가지 중요한 이야기를 찾아냈다. 이 세 가지 이름으로 자신의 생각을 인지함으로써 그녀는 그런 생각에 덜 사로잡혀 있게 될 것 같다. 하지만 미셸이 가장 좋아하는 기법은 노래 가사로 만들어 부르기였다. 〈나는 너무 비참해〉 이야기에 빠질 때마다 그녀는 그 단어로 노래를 만들어서 그 이야기가 무력해지는 것을 지켜보았다. 게다가 미셸은 '생일 축하합니다'나 '징글벨' 가락에 한정하지 않고, 베토벤 교향곡 5번에서부터 비틀즈의 '페니 레인Penny Lane'에 이르기까지 여러 장르의 가락을 이용했다. 일주일 동안 줄곧 이 기법을 하루 종일 연습한 결과, 노래를 이용하지 않고도 그녀는 그런 생각을 훨씬 덜 심각하게 여기게 되었다. 그런 생각이 완전히 사라진 것은 아니지만 이제는 그다지 괴로울 정도는 아니었다.

지금쯤 당신은 갖가지 의문으로 머리가 복잡할 것이다. 하지만 기다려보라. 다음 장에서는 마음속 영상을 가지고 해제를 사용하는 방법을 포함해서 해제 기법에 대해 더욱 상세하게 다루려고 한다. 우선 지금까지 읽은 나는 …라는 생각을 하고 있어와 노래 가사로 만들어 부르기, 이야기에 이름 붙이기 등 세 가지 기법을 사용해서 연습해 보도록 하라.

물론 특정한 기법이 마음에 들지 않는다면 그 기법을 사용하지 않을 수도 있다. 좋아하는 기법이 있다면 그 기법만을 고수할 수도 있다. 고통스러운 생각에 정식으로 이런 기법을 사용하기로 했다면 적어도 하루에 열 번은 연습하도록 하라. 스트레스나 불안이나 실망을 느낄 때면 언제나 "지금 마음속 어떤 이야기가 나에게 말하고 있는가?"라고 자신에게 물어보라. 그 이야기가 무엇인지 알아내기만 하면 그것을 해제시킬 수 있을 테니까.

이때 너무 큰 기대를 하지 않는 것이 중요하다. 때때로 해제는 쉽게 일어나기도 하고 또 전혀 일어나지 않을 때도 있다. 그러니 즉각적인 변화를 기대하지 말고 이 기법을 두루 적용해 보고 어떤 일이 일어나는지 깨닫도록 하라.

이 모든 과정이 너무 어려워 보인다면 단지 "나는 이 일이 너무 어렵다는 생각이 들어!"라고 인정하는 것만으로도 충분하다. "이건 너무 어려워" 또는 "이건 시시해", "제대로 안 될 것 같아" 같은 생각을 하는 것은 괜찮다. 모두 단지 생각일 뿐이니까 생각을 있는 그대로 보고 내버려 두면 된다.

어쩌면 여러분은 "다 좋은데, 그 생각이 진실이면 어쩌지?"라고 생각할지도 모른다. 좋은 질문이다.

05

진정한 긍정

ACT에서는 어떤 생각이 진실인지 여부는 중요하지 않다. 그 생각이 유익한지 아닌지가 훨씬 더 중요하다. 진실인가, 아닌가. 생각은 단어일 뿐이다. 만약 유익한 생각이라면 그 생각에 집중할 만한 가치가 있다. 유익한 생각이 아니라면 무엇 때문에 신경을 쓰는가?

가령 내가 직장에서 대단히 큰 실수를 했다고 가정해 보자. 내 마음이 나에게 "넌 무능해"라고 말한다. 이런 건 도움이 안 되는 생각이다. 그 상황을 해결하기 위해 내가 할 수 있는 것을 말해주지 않고 오히려 나 자신을 더욱 위축시킬 뿐이다. 내가 발전할 수 있도록 고무하지 않고 나의 사기를 꺾어놓을 뿐이다. 진짜로 큰 실수를 했을 경우, 스스로를 책망하는 것은 정말 무의미한 일이다. 그 대신 내가 해야 할 일은 조치를 취하는 것이다. 즉, 내 기술을 더욱 연마하거나 도움을 청하는 것이다.

내가 과체중이어서 내 마음에게 "어휴! 비계 덩어리야, 네 배를 좀 봐라. 정나미 떨어진다"라는 말을 한다고 가정해 보자. 이런 생각은 비난이고 험담이며 사기를 꺾는 말일 뿐, 조금도 도움이 되지 않는다. 그렇게 말한다고 해서 분별 있게 음식을 먹거나 운동을 더 하도록 부추기지는 못한다. 단지 스스로에 대한 혐오감만 더 커질 뿐이다.

당신은 자신의 생각이 정말로 진실한 것인지 판단하는 데 너무 많은 시간을 허비한다. 그러다 보니 마음은 계속해서 당신을 논쟁에 빠져들도록 부추긴다. 하지만 때로는 이런 논쟁이 중요할 때도 있지만, 대부분 전혀 무의미할 뿐만 아니라 엄청난 에너지 낭비를 초래할 뿐이다.

"이 생각은 유익한가? 내가 원하는 삶을 일구는 데 도움이 되는가?" 하고 묻는 것이 더욱 실용적인 접근이다. 만약 그 생각이 유익하다면 관심을 가져라. 유익하지 않다면 신경 쓸 것 없다. 하지만 "그 부정적인 생각이 유익하다면?"이라고 반문할지도 모르겠다. 스스로에게 "나는 뚱뚱해"라고 말한다면 몸무게를 줄이는 데 자극이 되지 않을까? 자, 부정적인 생각이 자극이 된다면 온갖 수단을 동원해서 그것을 이용하도록 하라. 하지만 대부분 이런 식의 자기 비하적인 생각은 효과적인 행동을 하는 데 자극이 되지 않는다. 만약 그런 생각을 문자 그대로 받아들인다면 죄의식을 불러일으키거나 부끄럽게 만들거나 실망하고 좌절하게 하거나 불안하게 만든다. 그리고 흔히 체중 문제를 가진 사람들은 이런 언짢은 감정에 대한 반응으로 더 먹는 경우가 있다. 기분을 전환하기 위한 이 무익한 시도라니! ACT에서는 삶의 질을 높이기 위해 효과적인 행동을 취하는 것을 매우 강조하고 있다. 뒤에 이어질 장에서 어떻게 이것을 하는지 보게 될 것이다. 지금은 자신을 비난하고 모욕하고 깔아뭉개고 꾸짖는 그런 생각은 삶을 창조하게 하기보다는 동기를 떨어뜨린다는 사실을 말하는 것만으로 충분하다. 성가신 생각이 솟아오르면 다음 질문을 하나하나 스스로에게 해보는 것이 매우 도움이 될 것이다.

- 이 생각이 조금이라도 유용한가? 유익한가?
- 오래된 생각인가? 전에도 들은 적이 있었던가? 다시 들으면 유용한 것을 얻을 수 있을까?
- 삶을 향상시키는 효과적인 행동에 이 생각이 도움이 될까?
- 이 생각을 믿으면 무엇을 얻을 수 있는가?

그 생각이 유용한지 아닌지를 어떻게 알 수 있는지 궁금해할지도 모르겠다. 확신할 수 없으면 스스로에게 물어보라.

- 내가 되고자 하는 사람이 되는 데 그 생각이 유익한가?
- 내가 구축하고자 하는 관계를 만드는 데 유익한가?
- 내가 진정으로 가치를 두는 일과의 연결에 유익한가?
- 이 순간 있는 그대로 내 삶을 온전히 살아가는 데 유익한가?

- 삶에 긍정적인 변화를 주는 실질적인 행동을 하는 데 유익한가?
- 장기적으로 풍요롭고 의미 있고 만족스러운 삶을 일구는 데 유익한가?

이 질문들에 대해 "예"라고 대답했다면 그 생각은 유익한 생각이다. 만약 모든 질문에 "아니오"라고 대답했다면 그것은 전혀 도움이 되지 않는 생각이다.

생각은 그냥 이야기일 뿐이다

4장에서 생각은 그냥 이야기일 뿐이라는 개념에 대해 다룬 바 있다. 이야기는 원래 우리에게 뭔가를 말해주기 위해 엮여진 단어 꾸러미일 뿐이다. 하지만 만약 생각이 단순히 이야기일 뿐이라면 어떤 생각이 믿을 만한 것인지 어떻게 알 수가 있는가? 이 문제에 대한 세 가지 답이 있다. 먼저, 어떤 생각이든 너무 진지하게 믿는 것을 조심해야 한다. 누구나 생각을 하고 있지만, 자기 생각을 진지하게 믿으면 믿을수록 유연한 태도와 행동을 가지기 어렵다. 자기 생각이 절대적으로 옳다고 믿는 사람과 토론해 본 적이 있다면 그런 생각이 얼마나 무의미한 것인지 알 것이다. 그런 사람들은 자기 생각 외에는 알려고도 하지 않는다. 그런 사람을 두고 우리는 융통성 없고 완고하며 편협하고 시야가 좁아서 자기밖에 모르는 사람이라고 한다.

또 경험에 비추어 본다면, 생각이란 시간이 지나면 변한다는 사실을 알 것이다. 말하자면 한때 굳게 믿었던 생각도 이제 와서는 우스운 이야기가 될 수도 있다는 것이다. 이를테면 어린 시절에는 산타클로스나 부활절 토끼(토끼는 봄의 충만함과 새 생명을 상징하는 동물로서, 부활절에 아이들에게 부활절 달걀과 초콜릿을 가져다준다는 민담이 있다), 치아 요정(아이들이 자신의 빠진 치아를 베개 밑에 넣고 자면 선물과 바꿔 간다는 요정)이나 용, 도깨비와 흡혈귀 따위를 믿었을 것이다. 하지만 대부분의 사람들은 나이가 들어감에 따라 언젠가는 종교, 정치, 돈, 가족, 건강에 관한 믿음을 바꾸게 된다. 그러니 부디 믿음을 가지되 너무 진지하게 믿지는 마라. 진실이든 아니든 모든 생각은 이야기일 뿐이라는 사실을 명심하도록 하라.

두 번째, 만약 어떤 생각이 풍요롭고 의미 있고 만족스러운 삶을 창조하는 데 유익하다면 그 생각을 이용하도록 하라. 그 생각에 관심을 기울이고, 안내자 혹은 동기 유발자로 그 생각을 이용하라. 그와 동시에 생각은 단지 이야기에 지나지 않는다는 것, 즉 한 줄의 언어일 뿐이라는 점을 기억하도록 하라. 그러니 생각을 이용하되 너무 진지해지지는 마라.

ACT의 세 번째 원칙은 마음이 말하고 있는 것을 무의식적으로 믿지 말고 실제로 일어나고 있는 일에 관심을 기울이라는 것이다. 이를테면 사기꾼 신드롬이라는 말을 들어본 적이 있을 것이다. 사기꾼 신드롬이란 유능하게 자신의 일을 처리하고 있는 사람이 자신을 사기꾼이라고 생각하는 것을 말한다. 말하자면 실제로 그는 자신이 하고 있는 일을 잘 모르고 있다고 생각하고, 항상 발각될까 봐 두려워하는 자신을 사기꾼이라고 생각한다. 사기꾼 신드롬에 빠진 사람들은 자신의 직접적인 경험에는 그다지 관심을 기울이지 않는다. 즉, 실제로 자신이 일을 유능하게 잘 처리하고 있다는 분명한 사실을 간과하고 있다. 그 대신 "넌 지금 하고 있는 일을 잘 모르고 있군. 일을 망치고 있잖아. 언젠가는 사람들이 알아챌걸. 넌 가짜야"라고 혹평하는 마음에만 집중하고 있다. 자신의 일에서 놀랄 만한 성공을 거두고 있었음에도 불구하고 사기꾼 증후군을 경험한 유명인으로는 록 가수 로비 윌리엄스Robbie Williams와 오스카상을 수상한 배우 러네이 젤위거Renée Zellweger가 있다.

나 역시 새내기 의사였을 때 사기꾼 증후군에 시달렸다. 환자 중 한 사람이 "고마워요. 선생님은 훌륭한 의사예요"라고 말하면 나는 '그래, 그렇군. 하지만 내가 진짜로 어떤 사람인지를 안다면 그런 말을 못 하겠지'라고 생각하곤 했다. 그런 칭찬을 받아들일 수가 없었다. 왜냐하면 나 자신이 완전히 무능력하다고 확신하고 있었기 때문이다. 실제로 나는 내 일을 잘하고 있었지만, 줄곧 내가 쓸모없는 인간이라고 지껄이는 마음의 말을 믿었다.

업무상 실수를 할 때마다 아무리 사소한 것이라도 무의식적으로 "난 무능해"라는 말이 불현듯 떠올랐다. 처음에는 그 말을 아주 심각하게 받아들여서 절대 진리라도 되는 듯 믿으면서 몹시 심란해하곤 했다. 그러고는 나 자신을 의심하고 내가 내린 모든 결정에 대해 스트레스를 받기 시작했다. 복통을 오진한 건 아닐까? 항생제 처방을 잘못 내린 건 아닐까? 심각한 병을 놓쳐버린 건 아닐까?

때때로 나는 스스로에 대한 불신 때문에 괴로워하곤 했다. 그러다가 의사들을 비롯해서 사람이면 누구든 실수하기 마련이고, 내가 한 실수 가운데 그다지 심각한 것은 없었고, 무엇보다도 나는 일을 잘 해왔다는 것을 알게 되었다. 때로는 내가 잘한 일들의 목록을 죽 훑어보기도 하고 환자나 동료로부터 들었던 긍정적인 반응을 떠올리거나 나 자신이 굉장히 유능한 사람이라는 긍정적인 강화를 되풀이해 보기도 했다. 하지만 이 모든 노력에도 불구하고 부정적인 생각을 떨쳐버릴 수 없었고 끊임없이 그런 생각 때문에 시달렸다.

지금도 실수를 할 때마다 문득 "나는 무능해"라는 말이 떠오르지만, 그때와 다른 점은 이제는 그런 말이 나를 괴롭히지 못한다는 것이다. 왜냐하면 그 생각을 심각하게 받아들이지 않기 때문이다. 재채기를 할 때 무의식적으로 눈을 감게 되는 것처럼 그 단어들도 단지 무의식적인 반응일 뿐이라는 사실을 알고 있다. 사실 우리는 머릿속에 있는 대부분의 생각을 선택하는 것이 아니다. 열심히 계획을 세우거나 속으로 연습할 때, 혹은 창조적이 될 때만 가끔 생각을 선택할 뿐이다. 대부분의 생각은 저절로 나타난다. 우리는 날마다 수만 가지 쓸데없고 무익한 생각을 한다. 그런 생각이 얼마나 거칠고 잔인하고 어리석고 보복적이고 비판적이고 무섭고 정신 나간 것이든 간에 그런 생각이 마구 떠오르는 것을 막을 도리는 없다. 하지만 그냥 그런 생각이 떠오른다는 이유로 진지하게 받아들여야 하는 건 아니지 않은가.

내 경우에 〈난 무능해〉 이야기는 의사가 되기 훨씬 전에도 있었다. 춤을 배우거나 컴퓨터를 사용하는 등 다양한 상황에서 실수를 저지를 때마다 "난 무능해"와 같은 생각이 났다. 물론 항상 똑같은 단어는 아니었다. 대체로 같은 주제이긴 하지만 경우에 따라 "바보 아냐?", "또 망치고 있군", "제대로 할 줄 아는 게 뭐냐?" 같은 다양한 말이 떠올랐다. 하지만 이런 생각은 그게 진짜로 무엇인지 아는 한 문제가 되지 않는다. 생각은 단지 머릿속에 떠오르는 단어일 뿐이었다. 원래 마음속 해설자에 관심을 가지기보다는 직접적인 삶의 경험에 관심을 가질수록 진심으로 원하는 방향으로 살아가게 된다. 이런 능력을 발전시키는 방법에 대해서는 이 책의 뒷부분에서 알아보기로 하자.

이야기는 결코 멈추지 않는다

마음은 결코 이야기를 멈추지 않는다. 우리가 자고 있을 때조차도 이야기를 한다. 마음은 끊임없이 비교하고 판단하고 평가하고 비판하고 계획하고 거드름 피우고 공상에 빠진다. 우리는 곧잘 마음이 지어내는 수많은 이야기에 주의를 빼앗기곤 한다. 우리는 수시로 이런 이야기에 빠져드는데 이런 과정을 "생각에 빠진다", "생각을 품는다", "생각과 싸운다", "생각을 믿는다", "생각에 열중한다",

"생각에 잠긴다", "생각에 도취된다" 등으로 다양하게 표현한다.

이런 표현들을 보면 생각이 어떻게 우리의 시간과 에너지, 관심을 점령하는지 알 수 있다. 대체로 우리는 생각을 너무 심각하게 받아들이고 너무 많은 관심을 기울이고 있다. 다음의 연습은 생각에 중요성을 부여하는 것과 생각을 심각하게 받아들이지 않는 것과의 차이를 보여준다.

생각을 심각하게 받아들이지 않기

평소 당신을 화나게 하는 "나는 X야" 형식의 생각을 마음에 떠올려 보라. 이를테면 "나는 무능해"라는 생각을 떠올린다. 그 생각을 마음속에 품고 그 생각이 어떤 영향을 미치는지 깨닫도록 하라.

이제 "나는 바나나야!"라는 생각을 마음속에 떠올려 보라. 그 생각을 마음속에 품고 그 생각이 어떤 영향을 미치는지 살펴보라.

무엇을 깨달았는가? 대부분의 사람들에게 첫 번째 생각은 괴롭지만 두 번째 생각은 씩 웃게 만든다. 왜 그런 걸까? 두 번째 생각은 심각하게 받아들이지 않기 때문이다. 하지만 "나는 …이다" 다음에 오는 단어가 바나나 대신 멍청이나 낙오자, 살찐 돼지, 따분한 사람이라면 그 생각에 더 중요성을 부여하는 경향이 있다. 하지만 그 생각도 여전히 단어일 뿐이다. 생각을 덜 심각하게 받아들이는 가장 간단한 방법을 찾자면 다음과 같은 기법을 시도해 보는 수밖에 없다.

마음에게 "알려줘서 고마워"라고 말하기

이 방법은 간단하고 효과적인 해제 기법이다. 마음이 똑같은 케케묵은 이야기를 꺼내려고 하거든 그냥 이야기를 감사히 맞이하도록 하라. 조용히 "고마워, 마음아! 얼마나 도움이 되는지!"라든가 "알려줘서 고마워" 아니면 "그게 정말이니? 굉장하구나!"라거나 간단히 "고마워"라는 말을 스스로에게 해주면 된다.

마음에게 이런 말을 할 때, 비꼬거나 공격적으로 하지 않도록 하라. 따뜻하고 유머러스한 말투로 하라. 줄기차게 생각의 흐름을 만들어내는 마음의 놀라운 능력에 진심으로 감사하도록 하라(이 기법을 이야기에 이름 붙이기 기법과 결합해서 사용할 수도 있다. 이를테면 "아, 그렇군. 〈나는 실패자야〉 이야기구나. 정말 고맙다, 마음아!"라고 하는 것이다.)

다음 기법은 당신이 생각을 덜 심각하게 받아들이는 데 도움이 될 것이다. 먼저 다음 지시사항을 잘 읽고 따라 해보자.

바보 목소리 기법

이 기법은 특히 부정적 자기 판단을 되풀이하는 경우에 효과적이다. 당신을 화나고 괴롭게 만드는 생각을 찾아보라. 10초 동안 가능한 한 진지하게 그 생각을 믿어보라. 어떤 변화가 일어나는지 깨닫도록 하라.

…

자, 익살스러운 목소리의 만화 주인공을 하나 선택하라. 이를테면 미키 마우스나, 벅스 버니, 슈렉, 심슨의 목소리 중에서 선택하도록 하라. 이제 마음을 불편하게 만드는 생각을 떠올리고, 마치 만화 주인공이 당신의 생각에게 큰 소리로 말하고 있는 것처럼 그 생각을 만화 주인공의 목소리로 들어라. 어떤 일이 일어나는지 느껴보라.

…

이제 부정적인 생각을 원래대로 되돌려 놓고, 가능한 한 다시 그 생각을 믿어라. 어떤 변화가 일어나는지 느껴보라.

그런 다음 다른 만화나 영화, TV쇼의 주인공들을 선택해 보라. 다스 베이더나 요다, 골룸 혹은 좋아하는 시트콤의 주인공이나 아널드 슈워제네거나 에디 머피처럼 독특한 목소리의 배우들 같이 환상적인 주인공을 선택하라. 다시 걱정스러운 생각을 마음에 떠올리고 그 목소리로 들어라. 어떤 일이 일어나는지 느껴보라.

이런 연습을 되풀이해 보면 부정적인 생각을 확실히 덜 심각하게 받아들이고 있는 자신을 발견하게 될 것이다. 급기야 씩 웃고 있거나 낄낄거리고 있는 자신을 발견하게 될지도 모른다. 당신은 생각을 떨쳐버리려고도 하지 않았고 생각과 논쟁하려고도 않았고 생각을 밀어내려고도 하지 않았으며, 그 생각이 진실인지 아닌지 다투려고도 하지 않았으며 그 생각을 긍정적인 생각으로 바꿔놓으려고도 하지 않았고 어떤 경우에도 그 생각 때문에 마음이 흐트러지지 않았다는 사실을 알게 되었을 것이다. 당신은 단지 생각을 있는 그대로, 단지 한마디의 말로 보았을 뿐이다. 말을 있는 그대로 받아들이고 다른 목소리로 들음으로써 생각은 한마디의 말일 뿐 그 이상 아무것도 아니라는 사실을 깨닫게 된 것이다. 이렇게 해서 생각은 영향력을 잃어버린 것이다(여기서 '몽둥이와 돌멩이는 내 뼈를 부러뜨릴 수 있지만 말 때문에 다치는 일은 없다'라는 동요 가사가 생각날 수도 있겠다. 안타깝게도 우리가 어렸을 때는 이런 연습을 잘 해낼 수가 없었다. 왜냐하면 아무도 우리에게 해제 기법을 가르쳐준 적이 없기 때문이다).

내 고객 중 한 사람은 우울증을 갖고 있었다. 편의상 그녀를 자나라고 부르기로 하자. 자나는 이 방법으로 많은 도움을 받았다. 그녀는 끊임없이 비평하고 모욕하는 등 언어폭력을 행사하는 엄마한테서 자랐다. "너는 너무 뚱뚱해", "넌 못생겼어", "넌 아무것도 못 할 거야", "아무도 널 좋아하지 않을 거야" 등 엄마에게서 들어왔던 모욕적인 말은 이제 그녀의 머릿속에 되풀이되는 부정적인 생각으로 자리를 잡았다. 상담 중에 이런 생각이 마음에 떠오르면 자나는 울기 시작했다. 그녀는 이런 생각을 떨쳐버리려고 심리치료에 많은 시간과 돈을 허비했지만 아무런 소용이 없었다.

자나는 코미디 그룹 몬티 파이튼Monty Python의 열렬한 팬이어서 《브라이언의 삶The Life of Brian》이라는 영화에서 목소리 주인공을 선택했다. 이 영화에서 남자 배우 테리 존스가 열연한 브라이언의 엄마는 언제나 우스꽝스러울 정도로 날카로운 고음으로 브라이언을 비난했다. 자나는 마음속의 부정적인 생각을 브라이언 엄마의 목소리로 듣게 되자 그 생각을 심각하게 생각하지 않게 되었다. 그런 생각이 곧바로 사라지지는 않았지만 급격하게 영향력을 잃게 되었다. 이렇게 함으로써 그녀의 우울증은 눈에 보이게 호전되었다.

하지만 생각이 진실이기도 하고 심각한 것이라면 어떻게 할까? 가령 당신이 암으로 죽어가고 있고, “나는 곧 죽을 거야”라는 생각을 하고 있다면? ACT의 관점에서는 그 생각이 진실인지 거짓인지, 심각한지 우스운 것인지, 부정적인지 긍정적인지, 낙관적인지 비관적인지보다는 생각이 유익한지 여부에 훨씬 더 관심을 가진다. 결론적 핵심은 항상 같다. 이 생각이 삶 전반에 걸쳐 유익한 것인가 하는 것이다. 자, 만약 당신이 몇 달밖에 못 산다면 남은 기간을 어떻게 보낼 것인지에 대해 생각해 보는 것이 매우 중요하다. 죽기 전에 마무리 짓고 싶은 일이 있는가? 하고 싶은 일이 있는가? 보고 싶은 사람이 있는가? 그래서 “나는 곧 죽을 거야” 같은 생각이 당신으로 하여금 삶을 반성하고 효과적인 행동을 취하도록 하는 동기가 된다면 그것은 유익할 수도 있다. 만약 그런 경우라면 그런 생각을 떨쳐버리려고 하지 말아야 한다. 오히려 그 생각에 관심을 기울이고 당신이 해야 할 일을 할 수 있도록 당신을 돕기 위해 그 생각을 이용할 것이다. 하지만 그 생각이 강박관념이 되어 머릿속에서 계속 되풀이된다면 어떨까? 생의 마지막 주를 “나는 곧 죽을 거야”라는 생각만 하면서 주변의 사랑하는 사람들을 생각하는 대신 오로지 그런 생각만 하면서 보내는 것이 도움이 되겠는가?

어떤 사람들에게는 바보 목소리 기법이 부적당해 보인다. 왜냐하면 매우 심각한 것을 하찮은 것처럼 보이게 할 수도 있기 때문이다. 만약 그런 생각이 든다면 이 기법을 사용하지 마라. 하지만 해제는 삶에서 중요한 문제를 우습게 만들거나 하찮은 것으로 만들려고 하는 것이 아니라는 점을 아는 것이 중요하다. 해제는 우리를 마음의 억압에서부터 풀려나게 하는 것을 목적으로 하고 있다. 쓸데없이 생각에 빠져 있기보다 시간과 에너지, 관심을 의미 있는 행동에 집중할 수 있도록 하는 것이다. 그래서 "난 곧 죽을 거야"라는 생각이 계속 떠올라 당신의 주의를 빼앗아감으로써 사랑하는 사람들과의 연결을 방해한다면 여러 가지 방법으로 그 생각을 떨쳐버릴 수 있다. 당신은 "이건 〈임박한 죽음〉 이야기잖아" 혹은 "나는 내가 곧 죽을 거라는 생각을 하고 있어"라고 인정할 수 있게 되고 "알려줘서 고마워! 내 마음아"라는 말을 할 수 있게 된다.

자신의 생각을 노래나 바보 목소리로 계속 들으면서 남은 인생을 보내게 될 거라고 생각하지 마라. 이런 방법은 단지 디딤돌에 불과하니까. 인위적인 기법을 사용하지 않고도 즉시 당신의 생각을 없애버릴 수 있는 방법이 있다(그런 심리적 도구를 사용하는 것이 도움이 될 때가 있기는 하지만 말이다).

해제를 연습할 때 항상 다음 사항들을 명심하는 것이 중요하다.

- 해제의 목적은 불쾌한 생각을 없애는 것이 아니라 생각을 있는 그대로 보는 것이며, 불쾌한 생각과 싸우지 않고 그대로 두는 것이다. 불쾌한 생각이 사라져 버릴 때도 있고 사라지지 않을 때도 있을 것이다. 불쾌한 생각이 사라지기를 기대한다

면 실망과 좌절이 따를 것이다.

- 이런 기법을 사용하면 기분이 좋아지리라고는 기대하지 마라. 골치 아픈 생각을 떨쳐버리면 대체로 기분이 나아지기는 한다. 하지만 이런 건 단지 유익한 부산물이지 주목적은 아니다. 해제의 주목적은 마음의 횡포로부터 벗어나 더욱 중요한 일에 관심을 쏟을 수 있도록 하는 것이다. 그러니 해제 기법으로 기분이 좋아진다면 여하튼 그 기분을 즐겨라. 하지만 기대하지는 마라. 기분이 좋아지려고 해제를 사용하려 해서는 안 된다. 그렇지 않으면 다시 행복의 함정에 빠져들게 될 테니까.
- 당신은 인간이라는 사실을 기억하라. 그래서 종종 잊어버리고 이 새로운 기법을 사용하지 않을 때도 있을 것이다. 그래도 상관없다. 왜냐하면 쓸데없는 생각에 말려들어 가는 순간, 당신은 즉시 해제 기법을 사용해서 그런 생각을 떨쳐버릴 수 있으니까.
- 어떤 기법도 절대적인 것은 없다. 해제 기법을 시도해도 바로 해제가 일어나지 않을 수도 있다. 그렇다면 그냥 무엇이 당신의 생각과 융합될 수 있을 것인지 깨닫도록 하라. 융합과 해제의 차이를 아는 것만으로도 도움이 된다.

다른 기법과 마찬가지로 해제 역시 연습을 많이 하면 할수록 더 좋은 결과를 얻을 수 있다. 그래서 마음에 감사하기와 바보 목소리

기법을 목록에 포함시키고 날마다 다섯 번에서 열 번 정도 사용하는 것을 목표로 하라.

이쯤에서 당신 삶에 획기적인 변화가 나타나리라고 기대하지는 마라. 단순히 일상생활에 이런 연습을 잘 접목시킴으로써 어떤 변화가 일어나는지 깨닫도록 하라. 그리고 무엇이든 의심이나 걱정거리가 생기면 그 생각에 주의를 기울이도록 하라. 다음 장에서는 해제와 관련해서 가지게 되는 일반적인 문제를 살펴보고, 나아가 그런 문제를 극복하는 방법을 알아보기로 하자.

06

문제를 해결하는 해제

"해제는 효과가 없어요!" 다짜고짜 존이 외쳤다.

내가 물었다. "무슨 말이죠?"

"50명쯤 되는 사람들 앞에서 발표를 해야 할 일이 있었거든요. 마음이 계속해서 내가 그 일을 망쳐서 창피를 당할 거라고 지껄이는 거예요. 그래서 해제 기법을 사용하려고 했지만 효과가 없었어요."

"줄곧 〈망치게 될 거야〉 이야기에 빠지게 되었다는 말이군요."

"아뇨. 해제가 도움은 되었어요. 그 생각을 심각하게 받아들이지는 않게 됐으니까."

"그런데 왜 해제가 도움이 되지 않는다고 말하죠?"

"여전히 불안했으니까요."

내가 다시 말했다. "존, 20년 이상 청중들 앞에서 강연을 해온 나도 여전히 매번 긴장하게 되는걸요. 또 직업적으로 연설을 해야 하는 수많은 사람들에게 청중들 앞에 설 때 긴장되느냐고 물어보곤 하는데요. 대부분이 그렇다고 대답합니다. 요컨대 만약 당신이 도전적인 상황에 처하거나 심각한 위험에 직면하게 된다면 그때 불안을 느끼는 것은 당연한 감정입니다. 언제든지 있는 일이지요. 부정적인 생각을 해제한다고 해서 그 생각 자체가 사라지는 것은 아닙니다."

대부분의 사람이 처음 해제 기법을 사용할 때 존과 똑같은 함정에 빠진다. 해제를 통제 전략으로 사용하려고 하는 것이다. 다음 사항을 유의하도록 하라.

- 통제 전략은 쓸데없는 생각과 감정을 변화시키거나 회피하거나 없애려는 시도이다.
- 통제 전략을 과도하게 사용하거나 그다지 효과가 없는 상황에서 사용하거나 통제 전략을 사용함으로써 장기적으로 삶의 질을 떨어뜨리는 결과를 초래할 때는 통제 전략에 문제가 있는 것이다.

통제 전략과 정반대로, 해제는 수용 전략이다. ACT의 목적은 불쾌한 생각과 감정을 피하거나 변화시키거나 없애는 것이 아니라 수용하는 것이다. 수용은 불유쾌한 생각과 감정을 좋아하라는 의미가 아니다. 단지 그런 것과 다투려 들지 말라는 뜻이다. 불쾌한 생각을 피하거나 변화시키거나 없애는 데 에너지를 낭비하지 않는다면, 그 에너지를 좀 더 유용한 곳에 쓸 수 있을 것이다. 이를 설명하기 위해 적절한 비유를 들어보자.

적대국과 인접한 작은 나라에 우리가 살고 있다고 가정해 보자. 양국은 오랫동안 팽팽한 긴장 상태에 놓여 있다. 이웃 나라는 우리와 다른 종교와 정치 체제를 가지고 있고, 우리나라는 그것을 가장 큰 위협으로 여기고 있다. 우리나라가 이웃 나라와 어떤 관계를 엮어갈 것인지에 대해 세 가지의 가능한 시나리오가 있다.

최악의 시나리오는 전쟁이다. 우리나라가 공격을 하고 이웃 나라가 보복하는 것이다(아니면 그 반대일 수도 있겠다). 양국은 큰 전쟁에 휘말리게 되고 양국의 국민들은 고통받게 된다. 역사상 일어난 큰 전쟁들을 떠올려 보라. 인명과 돈과 국민의 행복 등 얼마나 많은 전쟁 비용을 치러야 하는지 생각해 보라.

두 번째 시나리오는 일시적 휴전이다. 첫 번째 시나리오보다 낫기는 하지만 여전히 만족스럽지는 않다. 양국은 휴전에 동의하지만 화해한 것은 아니다. 표면적으로는 잠잠하지만 안으로는 원한이 끓어오르고 있으며 언제라도 전쟁이 재개될 것 같은 근원적인 위협이 도사리고 있다. 인도와 파키스탄을 생각해 보라. 양국 간에는 힌두교도와 이슬람교도 사이에 격앙된 적대감과 핵전쟁의 위협이 끊이지 않고 있다.

세 번째 가능성은 진정한 평화다. 양국 간의 차이를 있는 그대로 인정하고 허용하는 것이다. 이 경우는 다른 나라를 없애버리는 것도 아니며, 그렇다고 해서 반드시 그 나라를 좋아하거나 그 나라의 정치나 종교를 받아들이는 것도 아니다. 더 이상 전쟁이 없기 때문에 돈과 자원을 전쟁터에 낭비하는 대신에 나라의 기간시설을 만드는 데 쓸 수 있다.

첫 번째 시나리오인 전쟁은 쓸데없는 생각과 감정을 없애려고 싸우는 것과 같다. 이 경우 결코 이길 수 없는 전투로 엄청난 시간과 에너지가 소모된다.

두 번째 시나리오인 휴전은 확실히 첫 번째 시나리오보다 낫기는 하지만 여전히 진정한 수용과는 거리가 멀다. 이 경우는 마지못해 하는 수용으로, 새로운 미래로 나아간다는 의미는 없다. 교전 상태는 아니지만 여전히 적대감이 존재하고 끊임없는 긴장을 감수해야 한다. 생각과 감정을 마지못해 수용하는 것이 드러내놓고 싸우는 것보다는 낫지만 이 경우는 생각과 감정에 사로잡힌 느낌, 즉 속수무책의 무력감이 들게 된다. 말하자면 수용이라기보다는 체념, 자유롭지 못하고 옥죄는 느낌, 앞으로 나아가기보다는 고착된 느낌이 들게 되는 것이다.

세 번째 시나리오는 평화, 즉 진정한 수용을 의미한다. 세 번째 시나리오의 경우, 억지로 다른 나라를 좋아하거나 그 나라와 교류하거나 종교를 바꾸거나 그 나라의 언어를 배워야 할 필요는 없다. 단지 평화를 유지하기만 하면 된다. 서로의 차이를 알고 그 나라의 정치와 종교를 바꾸려고 하는 것을 포기하고 오직 자기 나라를 더 살기 좋은 곳으로 만드는 데에만 노력을 기울이면 된다. 불유쾌한 생각과 감정을 진심으로 받아들이는 것도 이와 같은 일이다. 반드시 그런 생각과 감정을 좋아하고 바라고 인정할 필요는 없다. 단지 평화를 유지하면서 내버려 두기만 하면 된다. 이렇게 함으로써 자신의 삶이 가치 있는 방향으로 나아가게 하는 행동에 충분히 에너지를 집중할 수 있게 되는 것이다.

수용의 진정한 의미

수용은 참는 것이나 운명을 감수하는 것이 아니다. 수용은 단순히 참고 견디는 것이 아니라 껴안는 것이다. 수용은 문자 그대로 주어진 대로 받아들이는 것이다. 포기하거나 패배를 인정하는 것이 아니며 이를 악물고 참는 것을 의미하는 것도 아니다. 수용은 진정으로 이 순간의 현실에 온전히 마음을 열어놓는 것, 말하자면 바로 지금 여기 있는 그대로의 현실을 자각하고, 지금 이 순간 있는 그대로의 삶과의 싸움을 그만두는 것이다.

하지만 있는 그대로의 삶을 받아들이고, 거기서 더 나아가 삶을 개선하고자 한다면 어떨까? 그렇다. 그것이야말로 이 책의 최종적인 목표다. 삶을 변화시키는 가장 효과적인 방법은 삶을 온전히 받아들이는 데서 시작한다. 얼음판 위를 걷고 있다고 가정해 보자. 안전하게 다음 발걸음을 내딛기 위해 가장 먼저 할 일은 견고한 발판을 찾는 것이다. 그렇게 하지 않고 앞으로 나아간다면 넘어져 코가 깨질 것이다.

수용은 견고한 발판을 찾는 것과 같은 것이다. 수용은 당신의 발이 어디에 놓여 있는지, 바닥의 상태가 어떤지에 대한 현실적인 평가이다. 수용은 당신이 그곳에 있는 것을 좋아하거나 거기 머물고자 하는 것과는 별개의 의미이다. 일단 견고한 발판을 찾게 되면 다음 발걸음을 더 잘 내디딜 수 있다. 자신이 처한 상황, 즉 있는 그대로, 지금 여기서의 현실을 온전히 수용하면 할수록 그 현실을 더 효과적으로 변화시킬 수 있는 행동을 할 수 있게 된다.

수용의 훌륭한 예로 달라이 라마를 들 수 있다. 중국이 티베트를 침략하자 그는 자기 나라를 떠나 망명 생활을 해야 한다는 사실을 온전히 받아들였다. 그는 자신이 잃어버린 것을 갈구하면서 격분하거나 침울한 기분에 빠져 있느라 에너지와 시간을 낭비하지 않았다. 그렇게 하는 것이 도움이 되지 않는다는 사실을 알기 때문이다. 패배를 인정하지도 않고, 그렇다고 꾹꾹 눌러 참기만 하지도 않았다. 대신 바로 지금, 있는 그대로의 현실을 인정하고 동시에 자기 능력으로 할 수 있는 모든 일을 하고 있다. 그는 티베트가 처한 곤경을 세계 각국에 알리고 티베트 국민을 위한 성금을 모으기 위해 전 세계를 돌며 활발하게 캠페인을 벌이고 있다.

또 한 가지 예로 가정 폭력을 보자. 만약 당신의 배우자가 신체적 폭력을 가한다면 가장 먼저 할 일은 현실적인 상황을 받아들이는 것이다. 즉, 당신은 지금 위험에 처해 있고 자신을 보호하기 위한 행동을 할 필요가 있다는 사실을 받아들이는 것이다. 다음 단계는 행동을 하는 것이다. 말하자면 전문가의 도움을 받아 법적인 조치를 취하고 관계를 정리하는 것이다. 법적인 조치를 취하려면 불안과 죄의식, 그에 뒤따르는 온갖 고통스러운 생각과 감정을 받아들일 필요가 있다. 수용과 행동을 병행하는 것, 이것이야말로 ACT에서 다루는 모든 것이다. 요컨대 ACT의 핵심 철학은 한마디로 묵언수행默言修行으로 요약될 수 있다.

해결할 수 있는 문제를 해결해 내는 용기와 해결할 수 없는 문제를 수용하는 평온함을 계발하고, 그 차이를 아는 지혜를 길러라. 만약 삶이 당신 뜻대로 되지 않는다면 가장 현명한 것은 삶을 변화시키기 위해 행동을 취하는 것이다. 행동은 수용에서부터 출발할 때 훨씬 효과적일 것이다. 이렇게 하면 자신의 생각이나 감정과 싸우는 데 소비하는 모든 시간과 에너지를 올바른 조치를 취하는 데 더욱 유용하게 투자할 수 있다. 풍요롭고 의미 있고 만족스러운 삶은 생각이나 느낌과 싸우기보다는 그런 것을 받아들일 때, 또 자신의 가치에 따라 효과적인 행동을 취함으로써 가능한 것이다.

그러면 수용을 거부함으로써 치러야 하는 대가는 무엇일까? 불쾌한 생각과 감정을 피하거나 없애려고 할 때 장기적으로 어떤 일이 일어나는가? 통제 전략이 효과가 있는가? 통제 전략을 사용해서 당신이 원하는 삶을 살 수 있는가? 수용은 통제에 대한 강력한 대안이다. 우리는 해제 기법을 사용하면 대부분의 불쾌한 생각이 훨씬 덜 고통스럽게 된다는 사실을 이미 알고 있다. 부정적인 감정도 마찬가지로 바뀐다는 사실에 대해서는 이 책의 뒷부분에서 다루기로 하자.

어떻게 해제를 사용하는가

이제 '해제는 효과가 없다'는 존의 견해로 돌아가 보자. 존은 불안을 없애기 위해 해제를 사용하려고 했다. 효과가 없는 것이 당연하다. 해제는 감정을 통제하기 위해 그다지 좋은 방법이 아니기 때문이다. 해제는 단지 수용 기법이다. 흔히 쓸데없는 생각을 해제함으로써 불안감이 줄어드는 경우도 있지만 이는 유익한 부산물이자 보너스일 뿐이지 주목적이 아니다. 만약 불안감이나 불쾌감을 통제하기 위해 해제를 사용한다면 언제고 실망하게 될 것이다.

하지만 만약 생각을 해제했는데도 아직 남아 있다면 어떻겠는가? 거듭 말하지만 해제는 생각을 없애는 것이 아니다. 생각을 있는 그대로 보고 그 생각과 평화를 유지하는 것이다. 생각과 싸우지 않고 그곳에 있도록 허용하는 것이다. 생각은 잠시 성가시게 달라붙기도 하고 다소 투덜대면서 사라져 버리기도 하고 다시 나타나기도 한다. 요컨대 일단 생각과 다투지 않고 그곳에 있도록 허락한다면, 가치를 두는 행동을 하는 데에 에너지와 관심을 집중할 수 있다는 것이다. 하지만 해제 기법이 생각을 없애는 것이라고 기대한다면 실망하게 될 것이다. 그래서 다시 통제의 환상, 즉 행복의 함정에 빠지게 된다. 해제의 목표는 생각을 수용하는 것이지 떨쳐버리는 것이 아니다.

생각을 수용하려면 반드시 그 생각을 좋아해야 할 필요는 없다는 사실을 명심하도록 하라. 순수하게 실용주의적 관점에서 생각을 수용할 수 있다. 당신이 좋아하든 싫어하든 생각은 항상 거기에 있다. 생각과 다투는 것은 장기적으로 아무런 도움이 되지도 않으며 시간과 에너지를 낭비하는 일일 뿐이다. 수용은 삶의 질을 높이는 행동에 당신의 에너지를 사용할 수 있게 한다.

불쾌한 생각을 떨쳐버리고 싶다고 해서 문제 될 건 없다. 실제로 살아오면서 늘 그렇게 하려고 애썼던 것은 당연한 일이다. 그러나 단지 불쾌한 생각을 떨쳐버리고 싶어 하는 것과 실제로 그런 생각과 다투는 것은 다르다. 가령 더 이상 타고 싶지 않은 고물차가 있고 적어도 앞으로 한 달 동안은 그 차를 더 타야 한다고 가정해 보자. 당신은 그 차를 없애고 싶어 하면서도, 동시에 여전히 그 차를 가지고 있다는 사실을 받아들일 수도 있다. 당신이 여전히 그 고물차를 가지고 있다고 해서 그 차를 박살 내거나 스스로 비참해하거나 밤마다 술에 취할 필요는 없다.

그러니 만약 부정적인 생각과 다투고 있는 자신을 발견한다면 그냥 그 사실을 깨닫도록 하라. 마치 마음을 관찰하는 과학자가 된 것처럼 자신이 생각과 싸우고 있는 갖가지 방식에 주목하라. 당신은 생각을 무력화하거나 논박하려고 애를 쓰면서 생각에 도전하고 있는가? 그 생각이 좋은지 나쁜지, 진실인지 거짓인지, 긍정적인지 부정적인지 판단하려 하는가? 생각을 밀어내거나 더 나은 것과 바꾸려고 하는가? 마음과 토론하려고 하는가? 마음속 싸움을 흥미롭게 관찰하고, 결과가 어떻게 되는지 깨닫도록 하자.

물론 다른 이야기에 비해 훨씬 지속적이고 반복적으로 나타나는 이야기도 있다. 〈난 무능해〉라는 내 이야기를 기억하는가? 그 이야기는 아주 오래전부터 내 안에 자리 잡고 있었다. 지금은 덜 찾아오는 편이지만 여전히 시시때때로 내 마음속에 출몰한다. 다른 점이 있다면 이제 내가 그것을 믿지 않는다는 사실이다. 하지만 "엉망이 되어버렸군. 여기서 내가 얻을 수 있는 게 뭐지?"와 같은 유용한 생각이 떠오르면 그때는 확실히 관심을 기울인다.

당신의 이야기가 어디론가 사라져 버리거나 덜 나타나기를 기대하지 않는 것이 중요하다. 공교롭게도 이야기가 종종 사라지기도 한다. 하지만 이야기를 사라지게 하려고 이야기를 해제시키고 있다면, 엄밀히 말해서 당신은 그 이야기를 진짜로 수용하고 있는 것이 아니다. 그 다음에 어떻게 되는지는 당신도 알고 있을 것이다.

"긍정적인 생각이 부정적 생각보다 낫지 않나?"라고 물을지도 모르겠다. 반드시 그런 것은 아니다. 가장 중요한 질문은 "이 생각은 유익한가?"라는 것이란 점을 다시 한번 명심하라. 알코올 중독자인 뇌수술 전문 외과의사가 이런 생각을 한다고 가정해 보자. "이봐, 난 세상에서 제일 훌륭한 뇌수술 전문의야. 취한 상태에서도 수술을 훌륭하게 해내거든." 긍정적인 생각이긴 하지만 분명히 유익한 생각은 아니다. 음주운전을 한 사람들도 대체로 이와 유사한 긍정적인 생각을 했을 것이다.

어느 쪽인지 명확하지 않은 생각에도 똑같이 적용할 수 있다. 이 책에서는 주로 부정적인 생각을 다루고 있는데, 그 이유는 단지 그런 생각이 흔히 문제를 일으키기 때문이다. 하지만 부정적인 생각에 적용되는 것은 중립적 생각이나 긍정적인 생각에도 마찬가지로 적용된다. 결론은 그 생각이 긍정적인가 부정적인가, 진실인가 거짓인가, 유쾌한가 불쾌한가, 낙관적인가 비관적인가가 아니라 만족스러운 삶을 창조하는 데 유익한가라는 점이다.

그러면 어떤 생각을 해야 할까? 바로 그거다. 유익한 생각이라면 그 생각을 가만히 품어라. 하지만 품고 있는 동안에도 생각은 단지 말에 불과할 뿐이라는 사실을 깨달아야 한다.

이 책의 나머지 부분도 연습하면 쓸데없는 생각을 쉽고 빠르게 해제하는 법을 배우게 될 것이다. 하지만 인지적 융합은 처부수어야 할 적이 아니라는 사실을 명심해야 한다.

미래에 대한 계획을 세우거나 문제 해결을 위해 머리를 쥐어짜거나 행동하기 전에 마음속으로 연습하거나 독서에 몰두하거나 대화하거나 음악을 듣거나 편지를 쓰거나 누군가에게 사랑한다고 말하는 등 모든 행동이 인지적 융합을 필요로 한다. 따라서 인지적 융합은 해로운 것이 아니라 인간으로 사는 데 있어서 필수적인 것이다.

부정적인 생각 역시 적이 아니다. 인간의 마음이 그런 식으로 진화해 왔기 때문에 대부분의 생각이 어느 정도는 부정적이다. 그래서 만약 부정적인 생각을 적으로 여긴다면 마음은 항상 전투를 하게 될 것이다. 생각은 단지 소리이자 단어이며 기호, 즉 한마디의 말에 지나지 않는다. 왜 그런 것과 전쟁을 선포하는가? 여기서 우리의 목표는 자각 수준을 높임으로써 스스로 언제 생각에 사로잡히는지를 깨닫고 그런 일이 일어나는 순간에 마음을 챙기는 것이다. 일단 깨어 있는 인식을 가지게 되면 어떻게 행동할 것인가에 대한 더 많은 선택권을 가지게 되는 것이다. 만약 그 생각이 유익하다면 그 생각을 이용하고, 쓸데없는 생각이라면 해제하도록 하라.

지금까지 다룬 해제 기법은 어린이들이 수영할 때 쓰는 부판浮板과 같은 것이라는 사실을 명심하도록 하라. 일단 수영을 잘하게 되면 그것은 더 이상 필요가 없다. 말하자면 해제 기법은 다른 개념들과 함께 계속해서 이 책에서 다루어질 것이므로 그다지 신경 쓰지 않더라도 생각을 해제시킬 수 있으며 자신의 일, 대화, 의미 있는 행동에 완전히 몰입할 수 있게 된다. 쓸데없는 생각이 머리에 떠오를 때, 즉시 그 생각을 있는 그대로 알아볼 수 있고 그 생각에 사로잡히지 않고 그냥 왔다가 가게 내버려 둘 수 있게 된다.

다음 장을 보면 이 사실이 더욱 명확해진다. 우리들 각자의 내면에 깃들어 있는 힘, 무한한 인간 의식의 힘에 대해 탐구할 것이다. 서구 사회는 이것을 간과했기 때문에 영어에는 이것에 합당한 단어조차도 없다.

하지만 곧장 책장을 넘겨버리지 마라. 계속 읽어가기 전에 며칠 뜸을 들이도록 하라. 그동안 해제 기법을 좀 더 연습하도록 하라. 마음이 "이건 너무 어려워. 더 이상 신경 쓰기 싫어"라고 말하거든 그냥 "알려줘서 고마워"라고 말하고 계속하라.

07

누가 말하고 있는가

난데없이 마음을 어지럽히는 이상한 생각이 머릿속에 떠올라 "왜 이런 생각이 났지?"라고 의아해한 적 없는가? 주의를 기울이지 않았다고 자책하면서 "미안해. 잠시 딴생각을 하고 있었나 봐"라고 말한 적 없는가? 당신의 마음이 헤매고 있다는 사실을 갑자기 깨닫게 된 적은 없는가?

이런 표현을 좀 더 면밀히 살펴보면, 그런 생각이 호기심 이상의 뭔가를 의미하고 있다는 사실을 알 수 있다. 그런 생각은 어디에서 오는 것일까? 그리고 어디로 가는 것일까? 당신이 다른 어딘가에 있었다면, 거기는 어디인가? 그때 당신은 어디에 있었는가? 그리고 그곳에서 어떻게 돌아왔는가?

ACT는 당신 안에 있는 다른 두 가지 자아, 생각하는 자아와 관찰하는 자아를 인식하도록 가르침으로써 이 질문에 대답한다. 생각하는 자아는 생각하고 계획하고 판단하고 비교하며 창조하고 상상하고 시각화하고 분석하고 기억하고 공상에 잠기고 몽상하는 자아로, 흔히 마음이라 일컫는 것이다. 긍정적 사고와 인지 치료, 창조적 시각화, 최면, 신경언어 프로그래밍Neuro-linguistic Programming, NLP 등 일반적인 심리적 접근은 모두 생각하는 자아가 작용하는 방식을 통제하는 데 초점을 두고 있다. 상식적이고 탁월한 이론이지만, 생각하는 자아를 통제하기란 쉬운 일이 아니다(다시 말하지만 전혀 통제력이 없다는 것이 아니라 전문가들이 주장하는 것보다는 통제력이 훨씬 약하다는 말이다. 이 책에서 줄곧 좀 더 효과적으로 생각하는 다양한 방식을 다루게 되겠지만).

관찰하는 자아는 생각하는 자아와 근본적으로 다르다. 관찰하는 자아는 생각하지 않는다. 관찰하는 자아는 집중하고 주의를 기울이고 깨어 있는 일에 관계되는 자아이다. 관찰하는 자아는 생각을 관찰하거나 생각에 주의를 기울일 수는 있지만 생각을 만들어낼 수는 없다. 생각하는 자아는 우리의 경험에 대해 판단하고, 관찰하는 자아는 우리의 경험을 곧바로 받아들인다.

가령 당신이 야구나 크리켓, 테니스 시합을 하는 데 완전히 집중하고 있다면 당신을 향해 날아오는 공에 온 신경을 집중하고 있을 것이다. 이때 작용하고 있는 것이 바로 관찰하는 자아이다. 당신은 공에 대해 생각하고 있는 것이 아니라 공을 관찰하고 있는 것이다.

이제 "내가 방망이를 제대로 잡고 있는 건가?", "안타를 날려야 할 텐데" 또는 "와우, 이번 공은 엄청 빠르군!" 같은 생각이 문득 떠오른다고 가정해 보자. 이 경우에 작용하고 있는 것이 바로 생각하는 자아이다. 물론 이런 생각은 종종 마음을 혼란스럽게 한다. 만약 관찰하는 자아가 그런 생각에 너무 많이 집중하고 있다면 그것은 당신이 더 이상 공에 집중하지 못하고 있는 것이고, 당신은 경기를 망치고 말 것이다(집중해서 일을 하다가 "이 일을 망치고 싶지 않아" 따위의 생각 때문에 마음이 혼란해졌던 적이 얼마나 많았던가).

아니면 장엄한 일몰을 보고 있다고 가정해 보자. 오로지 그 광경을 바라보는 데 집중하는 순간이 있다. 마음이 고요해지면서 머릿속에 아무런 생각도 떠오르지 않고, 오직 눈앞에 펼쳐지는 찬란한 색의 향연을 알아차릴 뿐이다. 아무 생각도 하지 않고 단지 관찰하는 순간이다. 이때 작용하고 있는 것이 바로 관찰하는 자아이다.

이때 생각하는 자아가 끼어든다. "야, 저 색깔 좀 봐! 이걸 보니 작년 휴가 때 본 일몰이 기억나는군. 카메라가 있으면 좋을 텐데. 너무 아름다워. 마치 영화의 한 장면 같은데." 관찰하는 자아가 생각하는 자아의 끊임없는 해설에 주의를 빼앗길수록 우리는 일몰과 직접 교감할 수 있는 기회를 놓치게 된다.

인식, 주의, 집중 같은 단어는 누구나 알고 있지만 서양인들은 대체로 관찰하는 자아라는 개념을 거의 혹은 전혀 모르고 있다. 그 결과, 영어에는 이 개념에 대한 일반적인 용어 자체가 없다. 단지 마음mind이라는 단어가 있을 뿐인데, 이 단어는 일반적으로 구분 없이 생각하는 자아와 관찰하는 자아를 의미하는 말로 두루 사용되고 있다. 혼란을 막기 위해 이 책에서는 생각하는 자아를 지칭할 때만 마음이라는 용어를 사용했다. 집중, 인식, 관찰하기, 지켜보기, 직접적 경험 같은 말은 관찰하는 자아의 다양한 측면을 언급한 것이다. 이 책을 계속 읽어가다 보면 우리 각자의 내면에 자리 잡고 있는 놀라운 힘을 파악하고, 그 힘을 사용하는 방법을 깨닫게 될 것이다. 지금부터 간단한 연습을 해보자.

생각하기 대 관찰하기

잠시 눈을 감고 그냥 마음이 무엇을 하는지 깨닫도록 하라. 마치 야생동물 사진작가가 덤불 속에서 희귀동물이 나오기를 기다리고 있는 것처럼 자신의 생각과 이미지에 찬찬히 주의를 기울여라. 만약 아무런 생각이나 이미지가 나타나지 않는다면, 계속 주의를 기울여라. 장담하건대, 곧 모습을 드러낼 것이다. 생각과 이미지가 어디에 있는지 주의를 기울여라. 당신 앞에 있는가? 위에, 뒤에, 바로 옆에, 또는 당신 안에 있는가? 잠시 동안 이렇게 했으면 다시 눈을 뜨도록 하라.

그 정도면 충분하다. 그런 다음 지시사항을 한 번 더 읽도록 하라. 이제 책을 내려놓고 시작해 보자.

…

당신은 두 가지 다른 과정이 진행되는 것을 경험했을 것이다. 먼저 생각하기 과정, 다시 말해서 어떤 생각이나 이미지가 나타나는 과정이 있었다. 그리고 관찰하기 과정, 즉 그런 생각이나 이미지를 깨닫거나 관찰하는 과정이 있었다. 생각하기와 관찰하기의 차이를 경험하는 것은 아주 중요하다. 이 책을 진행하면서 이 두 과정을 다양한 방식으로 사용할 것이기 때문이다. 그러니 위에서 한 연습을 한 번 더 해보도록 하라. 잠시 눈을 감고 어떤 생각과 이미지가 떠오르는지, 생각과 이미지가 어디에 있는지 깨닫도록 하라.

…

아마 이 간단한 연습으로 여러분은 자신과 자신의 생각 사이에 거리를 두게 되었을 것이다. 생각과 이미지는 떠올랐다가 사라지고, 당신은 그 생각과 이미지들이 왔다가 가는 것을 알아차릴 수 있었다. 달리 설명하면, 생각하는 자아는 생각을 만들어냈고 관찰하는 자아는 그 생각을 관찰했다는 말이다.

생각하는 자아는 끊임없이 흘러나오고 있는 라디오 방송과 비슷하다. 대체로 생각하는 자아는 24시간 동안 어두운 뉴스만 전하는 〈되는 것도 없고 우울한 라디오 쇼Radio Doom and Gloom Show〉다. 생각하는 자아는 우리로 하여금 과거의 나쁜 기억만을 되새기게 하고, 미래에 생길 나쁜 일에 대해 경고한다. 게다가 나쁜 기억을 정기적으로 업데이트한다. 어쩌다가 유익하거나 격려가 될 만한 내용을 방송하기도 하지만 그런 일은 그다지 많지 않다. 그래서 만약 이 라디오를 계속 열심히 듣는다면(더 나쁘게는 들은 내용을 전부 믿는다면), 돌아오는 것은 스트레스와 비참함뿐일 것이다.

안타깝게도 이 라디오를 꺼버릴 방법이 없다. 그런 내공은 큰스님이라도 불가능하다. 이따금 라디오가 몇 초 동안(아주 드물게는 몇 분 동안) 저절로 멈추는 수는 있다. 하지만 마약이나 알코올, 또는 뇌 수술 등으로 머리가 어떻게 되지 않는 한, 우리에게는 라디오를 멈추게 할 힘이 없다. 대체로 이 라디오 소리는 멈추려고 할수록 더 커지는 게 사실이다.

하지만 다른 방식이 있다. 라디오 소리가 배경음악으로 계속 켜져 있지만 일에 너무 집중한 나머지 실제로 라디오 방송이 들리지 않았던 적이 있는가? 라디오 소리를 들을 수도 있었지만 그 소리에 귀를 기울이지는 않았다. 우리가 해제를 연습할 때 궁극적인 목표는 바로 자신의 생각이 들리지 않도록 하는 것이다. 일단 생각이 한마디의 말일 뿐이라는 사실을 알게 되면 생각을 배경음악 소리와 같이 취급할 수 있다. 생각에 주의를 기울이지 않을뿐더러 생각 때문에 정신이 혼란해지지 않고 그냥 왔다가 가게 할 수 있다. 마음에게 알려줘서 고맙다고 말하기 기법(5장 참조), 즉 불쾌한 생각이 떠오르지만 그것에 주의를 기울이는 대신 단순히 생각의 존재를 인정하고, 현재 하고 있는 일에 관심을 돌리는 방식이 가장 좋은 본보기가 될 것이다.

해제 기법에서 우리가 목표로 삼는 것은 이런 것이다.

- 만약 생각하는 자아가 쓸데없는 내용을 방송하고 있다면 관찰하는 자아는 관심을 가질 필요가 없다. 그 대신에 관찰하는 자아는 지금 바로 여기서 하고 있는 일에 주의를 집중할 수 있다.

- 생각하는 자아가 유용하고 유익한 것을 방송하고 있다면 관찰하는 자아는 관심을 가지고 집중할 수 있다.

이것은 긍정적으로 생각하기와 같은 접근과는 매우 다르다. 긍정적으로 생각하기란 제1방송인 〈되는 것도 없고 우울한 라디오 쇼〉를 듣기 싫어서 동시에 제2방송인 〈행복하고 기운 나는 라디오 쇼Radio Happy and Cheerful Show〉를 트는 것과 같다. 배경음악으로 두 대의 라디오가 서로 다른 방송을 해대는 와중에 당신이 하고 있는 일에 계속 집중하기는 매우 어려울 것이다.

또한 방송에 신경 쓰지 않고 내버려 두는 것은 방송을 무시하려고 애쓰는 것과는 많이 다르다는 사실을 깨닫도록 하라. 실제로 라디오 방송을 들으면서 그 내용을 듣지 않으려고 애를 써본 적이 있는가? 듣지 않으려고 애를 쓰면 쓸수록 더욱 성가시게 된다. 그렇지 않은가?

배경음악이 흐르는 상황에서 현재 하고 있는 일에 계속 집중하면서 생각이 왔다가 가게 내버려 둘 수 있는 능력은 매우 유용하다. 사교 모임에 참석해서 당신의 마음은 "너무 따분해! 할 말도 없고… 집에 갔으면 좋겠어"라고 말한다고 가정해 보자. 그런 생각에 마음을 빼앗기고 있으면 유익한 대화를 하는 것은 매우 어렵다. 마찬가지로 운전을 배우고 있다고 가정해 보자. 당신의 생각하는 자아는 "못하겠어. 이건 너무 어려워. 어디 박을 것 같아"라고 말하고 있다. 관찰하는 자아가 도로 자체보다 그런 생각에 더 집중하고 있다면 운전을 잘하기 어려울 것이다. 다음과 같은 기법을 사용하면 현재 하고 있는 일에 집중하고 있는 동안 생각이 지나가도록 하는 방법을 알게 될 것이다.

열 번의 심호흡

가능한 한 천천히 열 번 심호흡을 해보도록 하라(눈을 감고 하는 편이 나을 수도 있다). 이제 흉곽이 오르내리는 것과 폐에 공기가 드나드는 것에 집중해 보라. 숨을 들이마실 때의 감각, 가슴이 부풀고 어깨가 올라가고 폐가 확장되는 느낌을 인지해 보라. 숨을 내쉴 때, 가슴이 내려가고 어깨가 처지며 호흡이 콧구멍에서 나가는 것을 느껴보도록 하라. 폐가 완전히 비어 있는 느낌에 집중하도록 하라. 폐가 수축되는 것을 느끼면서 마지막 숨까지 완전히 내쉬도록 하라. 다시 호흡을 하기 전에 잠시 쉬고 숨을 들이쉬도록 하라. 배가 서서히 부풀어 오르는 것을 인지하도록 하라.

이제 배경음악이 흐르는 가운데 어떤 생각과 이미지든 왔다 가게 내버려 두도록 하라. 마치 집 밖에 자동차들이 지나가듯이. 새로운 생각과 이미지가 생겨나면 잠시 그 존재에 있는 그대로 주목하라. 마치 지나가는 운전자를 보듯이 간단하게 인식하라. 이렇게 하면서 폐에 공기가 드나들 때 공기의 흐름을 따라 숨 쉬는 일에 집중하라. 스스로 "생각하고 있군"이라고 조용히 말하는 것이 도움이 된다는 사실을 알게 될 것이다. 대부분의 사람이 생각을 인지하고 그 생각이 지나가도록 내버려 두기 위해 이렇게 하는 것이 도움이 된다는 사실을 알게 되었다.

점점 생각은 당신의 관심을 사로잡는다. 생각은 당신을 끌어당겨 다른 곳으로 데려가 버리기 때문에 당신은 연습을 계속할 수 없게 된다. 스스로 생각에 붙잡힌 것을 깨닫는 순간, 잠시 무엇이 당신을 혼란스럽게 하는지 알아차리도록 하라. 그런 다음 조용히 스스로 고리를 풀고 다시 호흡에 집중해 보라.

이제 지시사항을 처음부터 한 번 더 읽은 다음, 책을 내려놓고 다시 해보도록 하라.

…

어떻게 되었는가? 대부분의 사람들은 연습 중에 몇 번이고 생각에 사로잡히거나 딴 데로 새버렸다. 여기서 생각이 대체로 우리에게 어떤 식으로 영향을 미치는지 알 수 있다. 생각은 우리를 사로잡고, 하고 있는 일에서 주의력을 빼앗는다(흔히 마음이 산만해진다고 말하지만 정확한 말이 아니다. 실제로 산만해지는 것은 우리의 주의력이다).

이 기법을 규칙적으로 연습하면 세 가지 중요한 기법을 배울 수 있다.

1. 생각에 집중하지 않고 생각이 왔다 가도록 내버려 두는 방법
2. 생각에 걸려들었을 때 알아차리는 방법
3. 생각으로부터 자신을 조용히 풀어내고 다시 집중하는 방법

이 기법을 연습할 때, 생각하는 자아와 관찰하는 자아를 잘 알아차리도록 하라(관찰하는 자아는 숨쉬기에 집중하고 있는 반면에, 생각하는 자아는 뒤에서 계속 지껄여대고 있다). 또한 이 기법이 수용 전략이지 통제 전략이 아니라는 사실을 알아야 한다. 쓸데없는 생각을 피하거나 바꾸거나 변화시키려는 것이 아니라 단지 그런 것들이 거기에 있도록 하거나 생각이 마음대로 왔다가 가도록 허용하고 있을 뿐이다.

다행히도 이것은 연습하기 쉬운 기법이다. 언제 어느 곳에서나 시행할 수 있기 때문이다. 그러므로 하루 중 언제든지 이 연습을 하는 것을 목표로 삼아라. 신호 대기 중에, 계산대에서 기다릴 때, 통화 중에, 누군가를 기다릴 때, TV 광고 시간에, 모닝 커피를 들면서, 잠들기 전이나 잠에서 깨어날 때, 언제라도 연습할 수 있다. 잠깐이라도 짬이 나면 언제든지 연습해 보도록 하라(열 번 호흡할 시간이 없다면 세 번이나 네 번 하는 것도 괜찮다). 특히 스스로 완전히 생각에 사로잡혀 있다는 사실을 깨달을 때마다 해보도록 하라.

이 기법을 시행하는 동안 얼마나 자주 생각에 사로잡히는지는 문제가 되지 않는다는 사실을 기억하라. 그 사실을 깨닫고 풀려나올 때마다 이 소중한 기법에 능숙해지니까 말이다. 이 기법을 사용할 때 어떤 기대도 하지 말고, 단지 그렇게 할 때 어떤 효과가 있는지를 깨닫도록 하라. 이 기법이 긴장 완화에 효과가 있다고들 하지만 그렇다고 해서 긴장 완화 기법은 아니다. 이 기법을 시행해서 긴장이 풀린다면 단지 유익한 부작용일 뿐이지 주목적이 아니라는 사실을 기억하라(긴장이 풀리거든 기꺼이 그 상태를 즐기되 기대하지는 마라.

곧 실망하게 될 것이니까).

앞에서 살펴본 간단한 해제 연습은 "하루 중에 시간을 내기가 힘들다"고 말하는 바쁜 사람들을 위해 내가 고안해 낸 것이다. 하지만 "시간이 충분하지 않다"는 것은 사실 다른 문제다. 이렇게 해보자. 정말로 해제 기법을 잘하고 싶다면 위의 간단한 연습 외에 하루 두 차례 5분씩 시간을 내어 호흡에 집중하는 연습해라. 이를테면 아침에 5분, 점심시간에 또 5분씩 연습할 수 있다. 이 시간 동안에 당신의 호흡에 완전히 주의를 집중하고 생각은 배경에서 왔다 가게 두어라. 그리고 주의력이 흐트러지고 있다는 사실을 알아챌 때마다 조용히 다시 제자리로 가져오도록 하라. 아직 그렇게 해보지 않았다면 생각과 이미지가 떠오를 때마다 "생각하기"라고 마음속으로 말하도록 하라. 어떤 사람들은 이 기법이 생각에 사로잡히지 않고 생각하는 과정을 인지하는 방법으로 매우 유익하다고 말한다(하지만 이 기법이 유익하다는 사실을 깨닫지 못하더라도 걱정하지 마라).

현실적인 기대

행복의 함정에서 도망쳐 나오려면 해제 기법을 사용하는 것이 필수적이다. 만약 생각을 있는 그대로, 단지 단어들로 이해할 수 있다면 생각에 집중하지 말고 그냥 왔다가 가게 내버려 두어라. 그러면 시간과 에너지를 당신이 원하는 삶을 일구기 위한 행동과 같은 좀 더 중요한 것에 쓰게 된다. 당신의 마음은 불쾌한 이야기를 결코 멈추지 않을 것이다(적어도 잠시 동안은 말이다). 이것이 바로 마음이 하는 일이다. 그러니 현실을 직시하자. 사실 당신은 불쾌한 이야기에 거듭 사로잡히게 될 것이다.

이것은 나쁜 소식이다. 하지만 다행스러운 점은 누구든 획기적인 발전을 꾀할 수 있다는 것이다. 당신은 생각에 덜 자주 사로잡히는 법을 배울 수 있다. 언제 생각에 사로잡히는지를 더 빨리 인지하고 스스로 풀려나는 법을 배울 수 있다. 이 모든 능력이 행복의 함정에 빠지지 않도록 도와줄 것이다.

지금까지 우리는 관찰하는 자아에 대해 수박 겉핥기식으로 보았을 뿐이다. 관찰하는 자아는 삶을 변화시키는 데 있어서 매우 믿을 만한 협력자로 이 책의 뒷부분에서 여러 번 언급될 것이다. 우리는 이제 해제에 관해 다루는 맨 마지막 장까지 오게 되었다. 이 장에서는 무서운 장면을 다루는 방법을 알아보자.

08

무서운 장면

록시는 떨고 있었다. 창백한 얼굴은 일그러져 있고 눈에서는 눈물이 흘러내렸다.

"의사의 진단은 뭡니까?" 하고 내가 묻자 그녀는 "다발성 경화증이라는데요"라고 작은 소리로 말했다. 록시는 32세의 변호사로 지금까지 헌신적으로 일해왔다. 어느 날 일을 하다가 왼쪽 다리에 힘이 없고 저려오는 것을 깨닫게 되었고 며칠 지나서 다발성 경화증 multiple sclerosis, 즉 MS라는 진단을 받게 되었다. MS는 몸 안의 신경이 나빠져서 여러 가지 신체적 문제를 야기하는 병이다. 최고의 시나리오는 잠시 지나가는 신경 이상으로 시간이 좀 지나면 완전히 회복되어 다시는 되풀이되지 않는 것이고, 최악의 경우는 MS가 계속 진행되면서 신경조직이 점점 악화되어 최종적으로 심각한 신체적 장애를 가져오는 것이다. 의사는 이 병이 어떻게 진행될지에 대해 전혀 예측할 수 없다.

당연히 이 사실은 록시에게 참담한 소식이었고 놀라운 진단이었다. 록시의 마음은 항상 최악을 상상하는 경향이 있었다. 민형사 사건을 맡으면 가능한 모든 문제를 예측해야 하기 때문에 이런 경향은 유능한 변호사로서 바람직한 자질이다. 하지만 이번에는 휠체어에 앉아 있는 자기 모습을 상상하게 만들어 문제가 되었다. 수시로 떠오르는 이런 상상이 그녀를 두려움으로 몰고 갔다. 그녀는 자신에게 "걱정하지 마. 너에게 그런 나쁜 일은 일어나지 않을 거야", "잘 해낼 수 있을 거야. 일이 닥치면 해치우면 되지", "일어나지도 않은 일을 왜 벌써 걱정을 하니?" 같은 상식적인 충고로 자신을 달래려고 애를 썼다. 친구와 가족, 의사들 역시 모두 비슷한 충고로 그녀를 안심시키려 했다. 하지만 그런 것들이 끔찍한 상상을 없애는 데 조금도 도움이 되지 않았다.

록시는 이따금씩은 머릿속에서 그런 상상을 밀어낼 수 있다는 사실을 알아차렸다. 하지만 그런 생각도 잠깐이고, 다시 그런 상상에 사로잡히면 그 생각이 전보다 더욱 끈질기게 그녀를 괴롭히곤 했다. 흔히 사용되는 이런 효과 없는 통제 전략을 사고 억제라고 부른다. 사고 억제는 실제로 끔찍한 생각이나 상상을 머리에서부터 밀어내는 것을 뜻한다. 이를테면 쓸데없는 생각이나 상상이 떠오를 때마다 번번이 스스로에게 "아니야. 그런 생각 하지 마", "그만 둬"라고 말할지도 모르겠다. 그냥 마음속으로 그런 생각을 밀어내 버릴지도 모르겠다. 연구 결과 이런 방법을 써서 끔찍한 생각이나 상상이 잠시 사라진다 하더라도 결국에는 반동 효과가 있다는 사실이 밝혀졌다. 부정적인 생각은 전보다 더 자주, 더 강하게 되살아난다.

사람들은 대부분 미래에 대해 끔찍한 상상을 하는 버릇이 있다. 실패하고 거부당하고 창피당하고 실직하고 아프고 늙고 약해지고 고민에 빠진 자신의 모습을 얼마나 자주 상상했던가? 인지적 융합 상태에서 이런 마음속의 장면은 놀라울 정도로 생생하다. 마치 상상하고 있는 일이 실제로 지금 여기서 일어나고 있는 것 같다. 자연히 이 장면들은 엄청난 두려움을 자아낸다. 마크 트웨인Mark Twain에 따르면, "일생 동안 우리는 끔찍한 일을 수없이 경험하는데 그 대부분은 절대로 내게 일어나지 않는 일이다."

기운 빠지게 만드는 불쾌한 상상은 살아가면서 힘들 때마다 거듭해서 나타나게 마련이고, 우리는 그런 상상에 사로잡혀 있거나 없애려고 노력하느라 귀중한 시간을 허비하기 쉽다. 더 나쁜 것은 이런 끔찍한 상상과 완전히 동화되면 겁에 질린 나머지 가치를 두는 일을 못할 수도 있다는 것이다. 이를테면 많은 사람이 비행기가 추락하는 상상 때문에 항공 여행을 피한다.

인지적 융합에서 우리는

- 끔찍한 상상을 심각하게 받아들인다.
- 상상에 집중한다.
- 마치 그 상상이 실제로 일어나고 있는 것처럼 반응한다.

- 마치 그 상상이 미래를 확실히 예견하기라도 하는 것처럼 생각한다.

인지적 해제에서 우리는

- 끔찍한 상상은 마음속의 장면에 지나지 않는다는 사실을 깨닫는다.
- 유익한 상상일 경우에만 관심을 가진다.

이미지를 사용하는 해제 기법은 생각을 사용하는 기법과 매우 비슷하다. 이미지를 해제하는 연습을 하려면 먼저 이미지에 집중할 필요가 있다. 하지만 궁극적인 목표는 이미지에 전혀 신경 쓰지 않고 그것이 왔다가 가도록 내버려 두는 것이다(마치 TV를 보지 않으면서 켜놓고 있는 것과 같다).

해제 기법은 이런 이미지를 화려한 그림에 지나지 않는 것으로 보게 하는 데 도움이 된다. 이 기법을 익히기만 하면 이미지와 싸우고 판단하고 피하려고 애쓸 필요도 없이 거기 있도록 그냥 내버려 둘 수 있다. 다시 말하자면, 이미지를 있는 그대로 받아들일 수 있게 되는 것이다. 수용이란 더 이상 그런 것에 대해 두려워하지 않는다는 뜻이다. 수용은 우리의 귀중한 에너지를 이미지와 싸우는 데 소모하지 않아도 된다는 의미이다. 결국 수용은 좀 더 건설적인 일에 관심을 둘 수 있다는 의미이기도 하다.

다음 기법을 연습하기 전에 고통스러운 기억에 대한 단어를 몇 개 말해보도록 하라. 우리는 보고 듣고 냄새 맡고 맛보고 만지는 오감을 총동원해서 기억을 저장한다. 다음 기법은 무엇보다도 이미지로 저장된 기억, 즉 시각적 기억에 도움이 된다.

인지적 융합에서 우리는

- 고통스러운 기억에 관심을 집중한다.
- 마치 그 기억이 지금 여기서 일어나고 있는 것처럼 반응한다.
- 마치 그 기억이 위험하거나 해로운 것처럼 그것들에 반응한다.

인지적 해제에서 우리는

- 고통스러운 기억이 단지 그림에 지나지 않는다는 사실을 깨닫는다.
- 고통스러운 기억은 과거에 일어난 일이며 더 이상 우리에게 해를 끼칠 수 없다는 사실을 안다.
- 유익한 생각일 경우에만 관심을 가진다.

하지만 기억은 조심해서 다루어야 한다. 이 장에서 언급한 기법들은 실패하고 망치고 거부당하고 창피당하고 당황했던 경우처럼 갖가지 불쾌한 기억을 받아들이는 데 도움이 되는 반면에, 상처가 깊은 기억에는 맞지 않을지도 모른다. 만약 당신이 강간이나 고문, 아동학대, 가정폭력 등 심각한 사건의 충격적 기억에 시달리고 있다면 혼자서 이런 방법을 사용할 것을 권하지 않는다. 그 대신 전문적인 심리치료사의 도움을 받아 그런 기억을 해제하는 방법을 배워야 한다.

불쾌한 이미지 해제하기

인간이 알고 있는 어떤 기법도 100퍼센트 믿을 만한 것은 없다. 해제 기법도 예외가 아니다. 만약 특정한 기법이 효과가 없다는 사실을 발견하게 되면, 그 기법이 소용이 없다는 사실에 주목하고 다른 기법을 사용하도록 하라. 각각의 기법을 사용할 때마다 지시사항을 먼저 읽고, 자주 떠오르는 골치 아픈 이미지를 마음에 떠올려 보라. 만약 그것이 동영상이라면 10초짜리 비디오 클립으로 압축하도록 하라. 그런 다음 책을 내려놓고 해제 기법을 연습하도록 하라. 만약 어떤 기법이 부적당한 것 같으면 그만둬라.

텔레비전 화면

불쾌한 이미지를 마음에 떠올리고 그 이미지가 당신에게 어떤 영향을 미치는지 살펴보라. 이제 방 맞은편 벽면에 TV가 있다고 상상하고, 이미지를 TV 화면에 띄워두도록 하라. 이미지를 거꾸로 뒤집어보고 옆으로 세워보고 빙빙 돌려보고 옆으로 길게 잡아 늘여보라. 만약 그 이미지가 동영상 비디오 클립이라면 느린 동작으로 작동시켜 보라. 또 2배속으로 작동해 보고 2배속으로 되감기 해 보라. 색을 어둡게 조정해서 흑백으로 만들어보기도 하고 색을 밝게 조정해서 이상한 붉은 색조로 만들어 사람은 밝은 오렌지빛으로, 구름은 핫핑크가 되도록 해보라. 이미지를 없애려는 게 아니라 있는 그대로, 악의 없는 그림으로 보는 것이 목적이다. 무엇이든 해제하려면 10초 내지 2분 정도 이렇게 할 필요가 있다. 2분이 다 되어서도 그 이미지가 여전히 당신을 괴롭힌다면 다음 기법으로 넘어가도록 하라.

웃기는 제목이나 자막 삽입

텔레비전 화면에 이미지를 띄우고 '〈최후의 재난〉 금요일 저녁 채널1에서 예고편 방영' 또는 '〈애인한테 차였다네〉 시내 극장에서 개봉 중'과 같은 웃기는 제목이나 자막을 삽입해 보라. 만약 이런 이미지가 당신이 이미 이름 붙여놓은 이야기와 연결된다면 그 이름을 제목이나 자막으로 사용해 보라. 이를테면 실패하는 이미지는 〈실패 이야기〉로 제목을 붙일 수 있다. 30초를 연습한 후에도 여전히 그 이미지가 괴롭다면 다음 기법으로 넘어가도록 하라.

뮤지컬 배경음악

텔레비전 화면에 이미지를 띄워놓고 당신이 선택한 뮤지컬 사운드 트랙을 추가하도록 하라. 재즈, 힙합, 클래식, 록, 좋아하는 영화음악 등 다양한 장르의 배경음악을 시도해 보라. 그래도 이미지가 여전히 당신을 괴롭힌다면 다음 기법을 적용해 보도록 하라.

장소 옮기기

다양한 장소에서 이 이미지를 떠올려 보라. 각각의 시나리오마다 20초간 멈추었다가 새로운 장소로 이동하도록 하라. 조깅하는 사람이나 록 스타의 티셔츠 위에 당신의 이미지를 떠올려 보고 그 이미지가 캔버스에 그려진 모습, 날아가는 비행기 뒤편 깃발에 그려진 모습을 떠올려 보라. 잡지의 사진이나 누군가의 등에 새겨진 문신, 혹은 자동차의 범퍼 스티커처럼 떠올려 보라. 컴퓨터 화면의 팝업 창이나 10대들의 침대 머리맡에 붙어 있는 포스터처럼 떠올려 보라. 우표 그림이나 만화책의 그림으로 떠올려 보라. 무궁무진한 방식으로 당신의 이미지를 사용할 수 있다. 끝없이 상상의 나래를 펼쳐라.

만약 이 모든 것을 해본 뒤에도 당신이 여전히 이미지에 빠져 있다면, 다시 말해서 그 이미지가 나타날 때마다 여전히 기분 나쁘고 두렵거나 온 정신이 그 쪽으로 쏠린다면 위에서 언급한 연습 중에서 몇 가지 혹은 모든 기법을 날마다 하루에 적어도 5분 동안 연습해 보라고 제안하고 싶다. 내가 록시에게 하도록 권한 것이 바로 이 방법이다. 그리고 일주일 이내로, 그녀를 괴롭히던 이미지가 더 이상 따라다니지 않게 되었다. 여전히 수시로 나타나긴 하지만 더 이상 괴롭히지 않고 그녀가 중요한 일에 집중하고 있는 동안에 왔다가 가게 내버려 둘 수 있었다. 역설적으로 록시가 이미지를 밀어내려고 애쓰지 않을수록 이미지는 오히려 덜 나타나는 것이었다.

의도한 것은 아니었지만 이런 일은 긍정적인 부작용으로 종종 나타난다. 반동 효과를 생각하면 이해가 될 것이다. 반동 효과는 생각과 이미지를 억제하려 할수록 그 생각이 더 잘 떠오르는 현상이다.

덜 괴로운 이미지에 대해서는 쉽게 다른 해제 기법을 적용할 수 있다. "나는 …라는 생각을 하고 있어" 대신에, "나는 …한 이미지를 가지고 있어"라고 인정할 수 있다. 이를테면 "나는 인터뷰를 망치는 이미지를 가지고 있어"의 경우, 만약 그 이미지가 기억이라면 당신은 "나는 …한 기억을 가지고 있어"라고 해볼 수 있다. "내 마음은 나에게 …한 그림을 보여주고 있어"라는 생각도 해볼 수 있을 것이다.

이야기에 이름을 붙이는 것처럼 이미지에도 이름을 붙일 수도 있다. 이를테면 "아하! 〈외롭고 비참한〉 장면!" 당신은 기억에도 이름을 붙일 수 있다. "아하! 〈불쾌한 거절〉 기억!" 항상 마음에 어떤 그림이 떠오르더라도 "알려줘서 고마워, 마음아!"라고 말할 수 있다.

여기 괴로운 이미지에 적용할 수 있는 마지막 기법이 있다.

장르 바꾸기

이 기법은 동영상 이미지에 가장 유용하다. 먼저 이미지를 짧은 비디오 클립으로 바꾸고 그 이미지를 텔레비전 화면에 띄워라. 이제 다양한 영상으로 비디오를 작동시켜라. 가령 갱 영화나 서부 영화, 멜로드라마, 공상 과학 스릴러, 디즈니 만화 영화, 뮤지컬 등으로 그 이미지를 상상하라. 매번 장르를 바꾸고 의상과 무대 세트, 연기 스타일 등 전부 바꾸더라도 실제로 일어나는 사건을 바꾸려 들지는 마라. 이야기의 기본 줄거리는 같아야 한다. 진짜로 이것이 그냥 영화에 지나지 않는다는 사실을 알 수 있을 때까지 장르를 바꾸어가면서 계속 작동시켜라.

해제는 오로지 수용에 관한 것이라는 사실을 기억하라. 해제는 이런 이미지를 없애는 것이 아니라 이미지와 싸우도록 내버려 두는 것이다. 왜 이미지를 수용해야 하는가? 그 이유는 앞으로 살아가는 동안 어떤 식으로든 무서운 장면은 줄곧 나타날 것이기 때문이다. 인간의 마음은 살아남아야 한다는 생각에서부터 진화되어 왔다는 사실을 명심하도록 하라. 그 살아남아야 한다는 생각은 동굴 뒤에 잠들어 있는 곰이나 바위에 웅크리고 앉아 있는 허기진 검치호랑이와 같은 경고 이미지를 우리 조상들에게 보냄으로써 그들의 목숨을 지켜주었다. 수십만 년 동안 진화를 거듭해 오긴 했지만 인간의 마음은 어느 날 갑자기 "어디 보자, 늑대와 곰들이 이제 모두 사라졌네. 이제는 더 이상 경고를 보낼 필요가 없겠군"이라는 말을 하게 되지는 않는다. 안타깝게도 마음은 그런 식으로 움직이지 않는다.

다시 말하지만, 내가 그렇게 말한다고 해서 믿지 말고 자신의 경험에 비추어 판단하도록 하라. 지난 수년 동안 온갖 노력을 기울여 왔음에도 불구하고 당신의 마음은 여전히 불쾌한 그림을 만들어내고 있지 않은가? 그러니 우리는 불쾌한 장면과 더불어 사는 방법을 배울 필요가 있다. 불쾌한 그림이 유익한 경우라면 거기에 집중하고, 그렇지 않다면 그냥 왔다가 가게 내버려 두어라.

다시 말하지만, 해제 기법을 연습하다 보면 불쾌한 이미지가 사라지거나 적어도 빈도가 줄어들고 기분이 훨씬 나아질 것이다. 하지만 이런 결과는 우연히 생긴 유익한 부산물일 뿐 주목적이 아니라는 사실을 명심하라. 만약 생각과 이미지를 없앨 목적으로 해제하려고 했다면 이미지를 진심으로 수용하는 것이 아니라 수용 전략을 통제 전략으로 사용하려 한 것이다. 이렇게 되면 결국 생각과 이미지가 되살아날 것이다. 그러므로 본래 의도대로 올바른 동기를 가지고 해제 기법을 제대로 사용하도록 하라. 그래야 해제 기법이 행복의 함정에서 벗어나는 데 도움이 될 것이다.

09

보트 안의 악마

바다에서 배를 조종하고 있는 자신을 상상해 보라. 갑판 아래, 보이지 않는 곳에 날카로운 발톱과 면도날처럼 예리한 이빨을 가진 악마의 무리가 우글거리고 있다. 이 악마들은 갖가지 형상을 하고 있다. 어떤 녀석은 죄의식, 분노, 희망 없음에 대한 두려움과 같은 감정이고, 또 어떤 녀석은 실패하고 망치고 상처받았던 시간에 대한 기억이다. 어떤 녀석은 "이건 너무 어려워", "웃음거리가 될 거야", "실패할 거야" 같은 생각이고, 또 어떤 녀석은 일을 제대로 하지 못하고 거절당하는 당신 자신을 보고 있는 마음속 영상이다. 또 다른 녀석은 과음이나 흡연, 자해, 과식 등에 대한 충동이다. 그 밖에 가슴을 옥죄거나 위가 뭉치는 등 불쾌한 감각도 있다.

당신의 배가 바다에 표류하는 한, 악마들은 갑판 아래 머물러 있을 것이다. 그러나 육지를 향해 나아가기 시작하면 악마들은 박쥐

같은 날개를 펄럭이며 뾰족한 이를 드러내고는 물어뜯어서 산산조각 낼 것처럼 위협을 하면서 갑판 위로 기어오른다. 당연히 우리는 그런 것을 좋아하지 않기 때문에 협상을 한다. "악마들아, 너희들이 갑판 아래로 내려가 내 눈앞에서 사라져 준다면 계속해서 바다에 떠 있겠다고 약속할게." 악마들이 이 말에 동의하면 당분간은 모든 것이 잘 해결된 것 같다.

문제는 바다 위에 떠 있는 동안 악마들을 먹여 살려야 한다는 것이다. 당신은 짜증이 나고 외롭고 괴롭고 화가 나고 불안해진다. 수많은 배들이 항구를 향해 가고 있지만 당신의 배는 그쪽으로 가지 못하고 있다. "내 팔자가 왜 이러냐?"라는 생각을 한다. "내가 가고 싶은 곳, 육지가 바로 저기 있는데." 하지만 갑판 아래에 있는 악마들은 당신이 원하는 것에는 관심이 없다. 악마들은 바다에 머물기를 원하고 그것은 이미 결정한 사항이다. 그러니 육지로 항로를 바꾸는 순간, 악마들은 벌떼처럼 갑판 위로 올라와 당신을 다시 위협하기 시작하는 것이다.

재미있는 것은 이 악마들이 당신을 위협할지라도 실제로는 조금도 당신을 해치지 못한다는 것이다. 왜냐고? 악마들은 그렇게 할 수가 없기 때문이다. 녀석들이 할 수 있는 것이라고는 발톱을 세우고 으르렁거리면서 위협적으로 보이는 것뿐이다. 물리적으로 당신을 만질 수조차 없다. 이 사실을 깨닫기만 한다면 당신은 자유를 누리게 된다. 말하자면 당신이 악마의 존재를 수용하는 한, 당신이 원하는 대로 항해할 수 있다는 의미다. 육지에 닿기 위해 당신이 해야 할 일은 악마들이 갑판 위에 있다는 사실, 악마들이 당신을 겁주기 위해 최선을 다하고 있다는 사실을 받아들이면서 해안을 향해 가는 것이다. 악마들이 으르렁거리고 위협할지도 모르지만 녀석들은 힘을 쓰지 못한다. 악마의 힘은 전적으로 녀석들의 위협에 대한 당신의 믿음에 달려 있기 때문이다.

하지만 당신이 악마의 존재를 기꺼이 받아들이지 않고 온갖 위험을 무릅쓰고 줄곧 악마를 갑판 아래에 두겠다고 한다면 당신은 바다 한가운데서 표류할 수밖에 없다. 물론 악마를 배 밖으로 집어던질 수도 있겠지만 그러는 동안 배의 키를 잡고 있을 사람이 없으니 배가 암초에 걸려 난파되거나 전복되는 위험을 감수해야 한다. 게다가 결코 이길 수 없는 싸움이다. 갑판 아래에는 수없이 많은 악마들이 우글거리고 있기 때문이다.

"그건 끔찍해! 악마들에게 포위당한 채 살기 싫어!"라고 항의할지도 모르겠다. 안됐지만 당신은 이미 그런 상황에 처해 있다. 게다가 가치 있는 삶을 살기로 마음을 정하는 순간부터 끊임없이 악마들에게 시달리게 될 것이다. 왜 그럴까? 진화 이론으로 되돌아가 보자. 우리 조상들의 마음에는 항상 살아남아야 한다는 생각이 강박관념처럼 자리 잡고 있었다. 살아남기 위해 가장 중요한 것은 주변 환경에 익숙해지는 것이다. 낯선 지역에 들어간다는 것은 온갖 생소한 위험에 자신을 노출시키는 것이기 때문에 당연히 그곳의 지형과 야생동물에 대해 잘 알수록 안전하다. 따라서 우리 조상 중 누군가가 새로운 지역을 탐험하기로 했다면 그의 마음은 초긴장 상태에 돌입했을 것이다. "정신 차려!", "조심해", "저 연못에 악어가 있을지 몰라! 저 덤불 안에는 표범이 있을 것 같아!" 마음은 이런 식으로 진화해 왔기 때문에 우리 현대인들의 마음은 조금도 바뀌지 않았고 적색경보의 범위는 오히려 훨씬 넓어졌다.

이 때문에 새로운 일을 시작하려고 할 때마다 마음은 "실패할지도 몰라", "실수할지도 몰라", "거부당할 것 같아" 하면서 우리에게 경고를 하는 것이다. 마음은 혼란스러운 이미지나 나쁜 기억, 불쾌한 느낌과 감정, 부정적인 생각으로 우리에게 경고한다. 그리고 이런 경고로 인해 우리가 진정으로 원하는 삶을 살아가는 것을 방해받는 경우가 너무 많다. 우리는 해변으로 나아가기보다는 바다에서 표류하고 있다. 이런 것을 안전지대라고 부르는 사람들도 있지만, 엄밀히 말해서 안전지대란 안락한 곳이 아니기 때문에 적당한 명칭이 아니다. 사실 안전지대는 불행 지대, 혹은 인생에 실패한 지대라고 일컬어야 할지도 모른다.

뒷부분에서 다루게 되겠지만, 가치 있는 일에 집중하면서 더 나은 삶을 살기 위해 행동하는 순간부터 이 악마들은 당신에게 덤벼들 것이다. 현재 당신이 처한 문제의 성격에 따라 당신은 새로운 직업을 구할 수도 있고 새로운 관계를 시작할 수도 있고 새로운 친구를 사귈 수도 있고 육체적 건강을 증진시킬 수도 있고 소설을 쓰거나 고등교육을 받는 등 의욕적인 계획을 세울 수도 있다. 확신하건대, 당신이 무엇이든 의미 있는 도전을 시작할 때마다 이 악마들은 그 못생긴 얼굴을 들이밀면서 당신을 방해하려 들 것이다.

여기까지는 좋지 않은 소식이다.

이제 좋은 소식이 있다. 아무리 많은 악마들이 당신을 위협하더라도 당신이 해안을 향해 배를 몰고 있다면 그중 많은 악마들은 효과가 없다는 사실을 깨닫고 당신을 포기하고 떠날 것이다. 남아 있는 녀석이 있더라도 당신은 곧 그 녀석들에게 익숙해질 것이다. 보면 볼수록 악마가 처음 보았을 때처럼 두렵지 않다는 사실을 깨닫게 될 것이다. 당신은 악마들이 실제보다 더 크게 보이기 위해 특수효과를 사용하고 있었다는 사실도 깨닫게 될 것이다. 여전히 그것들은 못생긴 얼굴이긴 하다. 악마들이 솜털 보송보송한 귀여운 토끼로 바뀔 수는 없지만 전보다 훨씬 덜 두렵게 보일 것이다. 더욱 중요한 것은 당신이 악마들에게 시달리지 않고 녀석들이 당신 주위를 돌아다니게 내버려 둘 수 있게 되었다는 점이다. 게다가 이제 당신이 해변을 향해 나아간다면 당신 주변에 악마들만 우글거리지는 않을 것이다. 곧 천사와 인어, 돌고래들도 만나게 될 것이다.

이 책의 주목적은 당신이 악마의 특수효과를 꿰뚫어 볼 수 있도록 하는 것이다. 말하자면 악마를 있는 그대로 봄으로써 더 이상 녀석들이 당신을 위협하거나 배를 어디로 몰고 가라고 명령하지 못하도록 하자는 것이다. 앞에서 생각과 이미지를 해제하는 법을 다루었으므로 이번에는 감정을 해제하는 법을 연습해 보자. 그러나 시작하기 전에 삶에서 어떤 변화가 이루어지기를 바라는지에 대해 잠시 생각해 보고 스스로 다음과 같은 질문을 해보자.

1. 만약 고통스러운 생각과 감정이 더 이상 방해가 되지 않는다면 나는 어떤 다른 행동을 하게 될까?
2. 만약 시간과 에너지를 괴로운 감정에 소모하지 않아도 된다면 나는 어떤 계획과 행동을 시작할 수 있을까?
3. 만약 두려움이 더 이상 문제가 되지 않는다면 나는 무엇을 할 수 있을까?
4. 만약 실패할까 봐 두려워하는 생각이 나를 방해하지 않는다면 나는 어떤 일을 시도할 수 있을까?

적어도 10분간이라도 이 질문에 대해 생각해 보도록 하라. 하지만 일단 답을 적어놓고 나중에 참고하는 것이 더 좋다.

두려움에 대한 이런 질문들을 생각할 때, 어떤 귀찮은 생각과 감정이 마음에 떠오르는가? 어떤 식으로든 상처받은 자신의 모습이 떠오르는가? 생각하는 자아가 당신에게 "어찌할 도리가 없어", "이건 너무 어려워"라고 말하는가? 혹은 당신이 너무 약해서/무능해서/낙담해서/불안해서/바보 같아서/예쁘지 않아서 이런 변화를 이룰 수가 없다고 말하는가?

이런 골치 아픈 생각과 이미지 목록을 써보았다면 하루에 5분씩 그것을 해제하는 연습을 하도록 하라. 또 마음이 연습하지 않은 데 대해 변명할 때, 마음에 감사하는 것을 잊지 마라. 앞에서도 여러 차례 말했듯이 연습은 성공의 열쇠다. 생각을 있는 그대로 볼수록, 즉 생각을 단어나 그림에 지나지 않는 것으로 볼수록 그런 것들이 내 삶에 미치는 영향력은 훨씬 줄어들게 될 것이다.

해제는 중요한 주제이므로 이 주제에 대해서는 나중에 더 보기로 하고, 여기서는 고통스러운 감정에 초점을 두기로 하자(대부분의 사람들은 가장 무서운 악마를 찾아내는 고통스러운 감정에 집중할 것이다). 다음 장에서는 과학적인 관점에서 감정을 보고, 감정이 어떻게 만들어지는지를 알아보고, 감정에 대한 몇 가지 신화를 뒤집을 것이다. 그런 다음 감정을 다루는 방법을 근본적으로 어떻게 변화시키는지를 배우게 될 것이다.

10

기분이 어떤가

만약 알래스카 동토를 트래킹하고 있는 중에 갑자기 엄청나게 큰 회색 곰이 바로 코앞에 나타났다면 어떻게 하겠는가? 비명을 지를까? 구조를 요청할까? 달아날까? 우선 "어떤 감정일까?"에 대답해 보고 잠시 후에 그 질문으로 돌아가기로 하자.

오랫동안 감정이란 무엇인가에 대해 학자들 간에 의견의 일치를 보지 못했는데, 대부분의 전문가들은 다음의 세 가지 생각에 동의했다.

1. 감정은 중뇌中腦라고 알려진 뇌의 중간층에서 생긴다.
2. 모든 감정의 중심에는 신체 전반에 걸친 일련의 복합적인 물리적 변화가 있다.
3. 이런 신체적 변화는 우리가 행동하도록 준비시키는 것이다.

우리 몸의 신체적 변화란 신경계의 여러 부분을 활성화시키는 것은 물론이고 심장 박동, 혈압, 근 긴장도, 순환과 호르몬 수치의 변화를 의미한다. 이런 변화를 우리는 가슴이 두근두근하다거나, 목의 응어리, 눈물, 땀으로 끈적끈적해진 손과 같은 감각으로 알아차린다. 또 우리는 울거나 웃거나 숨는 것과 같이 특별한 방식으로 행동하지 않을 수 없도록 만드는 어떤 것으로 신체적 변화를 알아차린다.

감정은 다른 방식으로 행동하도록 영향을 준다. 감정이 너무 강렬한 경우에는 흔히 목소리와 얼굴 표정, 몸짓, 행동이 바뀐다. 우리가 특별한 감정을 표현할 때 특별한 방식으로 행동할 가능성을 행동 경향이라고 한다. 그러나 여기서 키워드가 되는 경향이라는 단어에 주목해 보라. 경향이란 뭔가를 할 의향이 있음을 뜻한다. 선택권이 없이 무슨 일을 해야 한다는 의미가 아니다. 경향은 특정한 방식으로 행동을 강제하거나 억지로 시키는 것을 의미하는 것이 아니다. 단지 그런 방식으로 행동하는 경향이 있다는 뜻이다. 그래서 가령 더디게 달리는 것이 불안하다면 당신은 제한 속도 이상으로 운전하는 성향이 있을 것이다. 하지만 원하기만 한다면 안전하고 적법하게 달리는 것을 선택할 수 있다. 또 누군가에게 화가 났다면 당신은 고함을 치는 성향이 있을 수도 있다. 하지만 원한다면 차분히 이야기하는 것을 선택할 수도 있다.

감정이 무엇으로 구성되어 있는지 이해하기 위해 불안을 한번 보자. 다른 감정과 마찬가지로 불안에 대한 경험은 사람마다 다르지만 다음과 같은 현상이 전부 혹은 일부 포함되어 있을 것이다.

- 혈압 상승, 심장 박동수 증가, 과도한 땀 분비, 하지의 이상 혈류, 호흡이 가빠지는 등 신체적인 변화
- 가슴이 조여드는 것처럼 느낌, 심장이 급하게 뜀, 위의 뒤틀림, 다리 떨림, 손 떨림, 손바닥이 축축해지는 등의 감각
- 하고 있는 일을 그만두거나 뛰쳐나가도록 만드는 충동
- 안절부절못하거나 빠르게 말하거나 방 안을 서성이게 만드는 행동 경향(흔히 사람들은 이런 행동 경향을 충동으로 인지하고 있다.)

감정은 생각과 기억, 이미지와 아주 밀접하게 연결되어 있다. 가령 두려움을 느끼고 있을 때는 잘못될지도 모른다는 생각이나 언젠가 두려움을 느꼈던 과거의 기억이나 자동차 사고로부터 심장 발작에 이르기까지 온갖 마음속의 영상이 떠오를 수 있다. 독특한 한 가지 유형의 사고 과정은 감정과 매우 밀접하게 연결되어 있기 때문에 전문가들 중에는 사고 과정을 감정의 중심 구성 요소로 보는 사람들도 있다. 말하자면 이 사고 과정은 바로 경험 이해하기 혹은 경험에 의미 부여하기 과정인데, 이를테면 우리는 상실에 대해 슬픔을 느끼고 위험에 대해 두려움을 느낀다.

감정이라는 단어의 어원은 라틴어 exmovere인데, 이사 가다, 흥분시키다라는 뜻이다. 또 감정을 일컫는 수많은 단어들은 신체적 감각을 지칭하는 고대어에서 유래되었다. 이를테면 anguish, angst, anger와 anxiety는 모두 숨 막히다라는 의미의 라틴어 angere에서 파생된 말로, 그런 감정과 관련해서 흔히 따라오는 목이 조이는 느

낌을 나타내고 있다. 분명히 말하자면 감정이나 느낌이라는 단어를 사용할 때마다 그와 연관된 생각이나 의미보다는 신체적 감각과 경험한 충동을 지칭하고 있다.

감정은 행동을 통제하는가

이 질문에 대한 대답은 간단히 말해 "아니오"다. 감정은 확실히 행동을 통제하지 않는다. 이를테면 우리는 화가 나는 것을 느끼면서도 침착하게 행동한다. 소리를 지르거나 얼굴을 찡그리거나 주먹을 꽉 쥐거나 신체적, 언어적 폭력을 행사하는 성향이 있을 수도 있지만, 그렇게 하지 않는다. 가능하면 당신은 천천히 침착하게 말하고 고요한 표정을 유지하고 편안한 자세를 취한다.

살아가면서 두려움을 느끼고 도망치고 싶은 것을 참고 용감히 두려움에 맞섰던 적이 있었을 것이다. 다시 말하자면 당신은 도망가고자 하는 성향이 있지만, 그러지 않았다. 가령 시험을 칠 때나 데이트를 신청할 때, 구직 면접을 할 때, 대중 앞에서 말할 때, 위험한 운동에 참가할 때 우리는 누구나 이런 경험을 해왔다.

알다시피 나는 대중 앞에서 연설을 할 때마다 늘 불안을 경험한다. 하지만 이 사실을 청중들에게 이야기하면 그들은 언제나 깜짝 놀라면서 "그래도 선생님은 너무나 침착하고 당당해 보이는걸요"라고 말한다. 그것은 내가 가슴이 뛰고 위는 뒤틀리고 손에 땀이 나는 등 불안을 느끼고 있기는 하지만, 불안한 행동을 하지 않기 때문이다. 불안할 때는 대체로 안절부절못하면서 호흡이 가빠지고 빨리 말하는 경향이 있다. 하지만 나는 이와 정반대로 행동한다. 의식적으로 천천히 말하고 천천히 숨을 쉬고 천천히 움직이는 것이다. 사실 대중연설자들은 누구나 마찬가지다. 그들은 수년간의 경험에도 불구하고 여전히 불안을 느낀다. 그렇지만 침착하게 행동하기 때문에 청중들은 이런 사실을 전혀 모른다.

감정이 격앙되었을 때도 무표정한 얼굴을 유지하는 포커 게임꾼들을 생각해 보라. 또 실제로 매우 침착한 상태에 있으면서도 다양한 얼굴 표정과 제스처, 공포에 사로잡힌 목소리를 생생하게 연기하는 배우를 생각해 보라. 두려움을 느끼면서도 짐짓 행복한 표정을 지었던 때를 생각해 보라. 이런 경우에 행동은 감정과는 별개의 것이다.

이제 이 장의 첫 부분에 나오는 가설로 돌아가 알래스카 동토를 탐험하고 있는 당신 앞에 회색 곰이 나타났다고 가정해 보자. 당신은 틀림없이 엄청난 두려움을 느낄 것이고, 당연히 돌아서서 달리고 싶은 충동을 느끼게 될 것이다. 하지만 생존 수칙을 읽은 적이 있는 사람이라면 이 상황에서 그런 행동을 취하는 것은 가장 어리석은 일이라는 사실을 알 것이다. 만약 당신이 돌아서서 달린다면 곰의 추격 본능을 자극하게 될 것이다. 곰은 당신을 쫓을 것이고 몇 초안에 간단히 당신을 따라잡아 결국 당신은 곰의 먹이가 되고 말 것이다. 이때 취해야 할 최선의 행동에 대해 논란이 있지만, 전문가들이 대체로 동의한 바람직한 생존 수칙은 갑작스럽게 움직이지 말고 큰 소리도 내지 말 것이며 곰에게 등을 절대로 보이지 말고 천천히 물러나는 것 등이다.

대체로 이 수칙을 잘 따른 사람들은 살아남았다. 그들은 모두 통제하기 어려울 정도로 엄청난 두려움을 느꼈지만 자신의 행동을 통제할 수 있었다. 따라서 여기서 강조하고자 하는 바는 바로 감정에 대해 그다지 직접적인 통제를 가하지 않는다 하더라도 행동을 직접적으로 통제할 수 있다는 것이다. 이런 깨달음은 곧바로 실행할 수 있는 실제적인 도움이 될 것이다. 삶에서 중요한 변화를 도모하려고 할 때, 통제할 수 없는 것보다는 통제할 수 있는 것에 집중하는 편이 더욱 유익하기 때문이다.

물론 통제될 수 없는 반사 작용도 더러 있다. 가령 내가 당신의 눈을 찌르려고 하면 당신은 즉시 눈을 감을 것이다. 당신은 눈꺼풀이 닫히는 것을 통제할 수는 없다. 100만 달러를 준다고 하더라도 막을 수는 없다. 하지만 그런 반사 작용을 제외하고 자신의 행동을 의식적으로 자각하고 있는 한, 우리는 대부분의 행동을 통제할 수 있다.

감정이 행동을 통제한다는 개념은 매우 설득력 있는 착각이다. 심리학자 행크 로브Hank Robb는 이것을 일몰에 대한 착각에 비유했다. 일몰을 보고 있으면 태양이 지평선 아래로 가라앉고 있는 것처럼 보인다. 하지만 사실은 태양은 전혀 움직이지 않고 있다. 실제로는 지구가 자전하면서 움직이고 있으며, 따라서 우리가 태양의 주위를 이동하고 있는 것이다. 누구나 학교에서 배운 사실이지만 너무 쉽게 잊어버린다. 일몰을 바라보면서 태양은 움직이지 않고 실제로는 우리가 밟고 서 있는 지구가 움직이고 있다는 사실을 믿는 것은 거의 불가능하다.

격렬한 감정을 느낄 때 우리는 나중에 후회하게 될 갖가지 일을 저지르기도 한다. 무엇인가를 부수거나 고함을 지르기도 하고 폭언을 하거나 과음하거나 온갖 파괴적인 행동을 하기도 한다. 마치 감정이 격해서 이런 행동을 저지른 것처럼 보인다. 그러나 실제로는 그렇지 않다. 나쁜 버릇을 가지고 있기 때문에 이런 식으로 행동하는 것이다. 만약 자신의 감정을 의식적으로 자각하고 자신의 행동을 의식적으로 지켜본다면 행동을 더 잘 통제할 수 있다. 아무리 성이 나거나 겁이 나더라도 당신은 일어서고 앉고 입을 다물고 물을 마시고 전화를 받고 화장실에 가고 머리도 긁을 수 있지 않은가. 화가 나거나 두려운 감정을 느끼는 것을 막을 수는 없지만 어떻게 행동할 것인지는 확실히 통제할 수 있다.

문제는 우리 사회가 감정은 행동을 통제한다고 하는 신화를 계속 이어가는 것이다. 이를테면 우리는 공포에 짓눌려 운전하는 것, 화에 사로잡히는 것, 죄의식에 압도당하는 것에 대해 "너무 화가 나서 어떻게 할 수가 없었어" 또는 "너무 우울해서 아무것도 할 수 없었어"라고 말하면서 자신의 행동을 정당화한다. 그리고 "공포가 나를 마비시켰어", "분노가 나를 점령했어"라는 표현을 한다. 이런 식으로 말하는 것을 들으면서 자라왔기 때문에 감정이 우리를 통제한다는 것을 당연히 믿게 된 것이다. 이런 믿음은 너무 확실한 환상으로 굳어져 무너뜨리기 어렵게 되었다.

공포로 인해 마비되는 경우도 있는가? 아주 드문 경우에 그것은 사실이다. 진짜로 삶을 위협받는 상황에 놓여 있을 때, 마치 토끼가 헤드라이트에 얼어버리는 것처럼 일시적으로 공포에 마비될 수도 있다. 그러나 "공포로 마비되었어"라고 말하는 경우의 99.9퍼센트는 말도 안 되는 이야기다. 그것은 단순한 은유일 뿐이고 말을 재미있게 하는 것일 뿐이다. 실제로 신체적인 행동을 취할 수 없는 것은 아니고, 단지 행동하지 않는 것을 선택한 것이다.

감정은 날씨와 같다

감정은 언제나 현재에 관계되어 있고 계속해서 변화되고 있다는 점에서 날씨와 같다. 감정은 온화한 것에서부터 강한 것까지, 불쾌한 것에서 유쾌한 것까지, 전혀 예측할 수 없는 것에서 예측할 수 있는 것으로까지 계속 밀려갔다가 다시 흘러들어 온다. 기분은 일정 기간 동안의 감정의 상태를 말한다. 느낌은 독특하며 눈에 띄는 특징이 있는 일시적인 감정 상태를 일컫는다. 감정을 날씨에 비유해 보면, 화나거나 불안한 느낌은 폭풍과 같은 것인 데 반하여 나쁜 기분은 구름이 덮인 날과 같다. 날씨가 언제나 다양한 것처럼 우리도 여러 가지의 감정을 경험하고 있다. 어떤 감정은 그것을 간단하게 묘사하거나 알아차리기 어려울 정도로 뚜렷하지도, 강렬하지도 않다. 그런 경우에 사람들이 만약 우리에게 기분이 어떠냐고 물으면 "좋아요" 또는 "특별한 느낌이 없어요"라고 말할지도 모른다.

자신의 감정과 소통이 끊긴 사람들이 있는 반면에 시시각각 변화하는 자신의 감정과 매우 민감하게 소통하고 있는 사람들도 있다. 마찬가지로 자신의 감정에 대해 잘 이야기하는 사람들이 있는 반면에 자신의 감정을 말하는 데 어려움을 느끼고 그저 "기분 좋다", "기분 나쁘다", "재미있다"와 같은 단순한 표현만 하는 사람들도 있다. 스스로 "감정이 메말랐다"고 말하는 사람도 있겠지만 실제로 그런 사람은 존재하지 않는다. 자신의 감정과 얼마나 소통하고 있는지, 감정을 말로 표현할 수 있는지 여부와 무관하게 누구나 감정과 느낌을 가지고 있다.

감정의 3단계

감정이 생기는 데는 3단계가 있다.

제1단계 : 중요한 사건

감정은 의미 있는 사건에 의해 유발된다. 이 사건은 비참한 기억이나 고통스러운 감각, 혼란스러운 생각 등 신체 내부에서 생길 수도 있고, 보고 듣고 냄새 맡거나 만질 수 있는 주변 환경에서 생길 수도 있다. 우리의 뇌는 이 사건을 인지하고 그것이 중요하다는 사실을 알린다.

제2단계 : 행동 준비

뇌는 이 사건이 좋은지 나쁜지, 유익한지 해로운지 평가하기 시작한다. 동시에 그 사건에 접근하건 피하건 간에 뇌는 행동하도록 몸을 자극한다. 통상적으로 이 단계에서는 특별한 느낌이 없다. 뇌가 사건이 해롭다고 판정하면 투쟁-도피 반응이 일어나고 우리 몸은 공격하거나 달아날 준비를 한다. 뇌가 사건을 잠정적으로 유익한 것으로 판단할 경우, 우리 몸은 그 사건에 접근해서 탐색할 준비를 한다. 그리고 우리 몸이 행동할 준비가 되면 우리는 갖가지 감각과 충동을 경험하게 된다.

제3단계 : 마음의 개입

세 번째 단계에서 인간의 마음은 우리 몸에 일어나는 변화에 말이나 생각, 의미를 부여하기 시작한다. 예를 들어, 마음은 우리의 감정과 충동에 좌절, 기쁨, 불쾌감 같은 이름을 붙일 수도 있다. 감정에 대해 마음이 우리에게 하는 말은 우리가 그 감정을 어떻게 대우할 것인가에 지대한 영향을 끼친다. 가령 롤러코스터를 타고 있는 두 사람을 상상해 보자. 한 사람은 두려워하고 다른 한 사람은 기분이 들떠 있다. 두 사람 모두 똑같은 신체적 변화(아드레날린이 증가하고 혈압이 높아진다), 똑같은 신체적 감각(위가 뒤틀리고 심장이 쿵쿵 뛴다), 똑같은 충동(비명을 지른다)을 경험하고 있지만 마음의 표현에 따르면 그들의 주관적인 경험은 너무나 다르다. 한 마음은 "정말 재미있다!"고 말하고 다른 마음은 "너무 위험해"라고 말하고 있다. 누가 유쾌하고 누가 두려워하는가? 마찬가지로 어떤 사람에게는 무대 공포증인 것이 다른 사람에게는 아드레날린이 솟구치는 듯한 쾌감일 수도 있다. 심장이 빨리 뛰고 다리가 떨리는 등 똑같은 감각을 경험하지만 두 사람의 마음이 그런 감각을 매우 다르게 판단하는 것이다.

투쟁-도피 반응

투쟁-도피 반응은 중뇌에서 생기는 본능적 생존 반응이다. 이 반응은 뭔가가 당신을 위협하면 생존을 위한 최고의 기회는 도망가거나(도피), 물러서지 않고 자신을 방어하는(투쟁) 것이라는 근거에서 진화했다. 심장 박동수가 빨라지고 몸 속에는 아드레날린이 솟구치고 팔, 다리 근육에 피가 몰리고 산소를 더 많이 공급하기 위해 호흡이 가빠지는 등 모든 반응은 당신이 도망가거나 멈춰서 싸우도록 준비하는 것이다.

그래서 위협을 감지하면 언제나 투쟁-도피 반응이 즉각적으로 촉진된다. 선사시대에 이 반응은 목숨을 구하는 것이었다. 털북숭이 매머드가 공격해 올 때, 도망갈 수 없다면 유일한 희망은 매머드를 죽이거나 싸워 물리치는 것이다. 하지만 현대에 와서는 생존에 대한 위협을 받는 경우가 대부분 없어졌다. 그러다 보니 종종 거의 쓸데없는 상황에서 투쟁-도피 반응이 유발되었다.

여기서 또다시 진화 이야기로 돌아간다. 살아남아야 한다는 생각을 굳혀온 인간의 마음은 도처에 널린 잠재적 위험을 간파한다. 변덕스러운 배우자, 잔소리하는 상사, 주차 위반 스티커, 새로운 직장, 교통 지옥, 창구 앞의 긴 줄, 거액의 대출, 심지어 거울에 비친 자신의 모습까지 나열하자면 끝이 없다. 이런 위협은 성가신 생각이나 이미지의 형태로 마음 그 자체에서부터 나올지도 모른다. 분명히 실제로 생명을 위협할 정도로 위험한 것은 없지만 뇌와 신체는 마치 그런 것처럼 반응한다.

뇌가 사건을 해로운 것으로 판단하면 투쟁-도피 반응이 유발되고 이 반응은 재빨리 공포, 분노, 충격, 혐오, 죄의식과 같은 불쾌한 감정으로 발전한다. 뇌가 사건을 좋은 것이나 유익한 것으로 판단하면 재빨리 평온함이나 호기심, 행복과 같은 유쾌한 감정으로 발전시킨다. 대부분 전자의 감정은 부정적으로 표현하고 후자의 감정은 긍정적으로 표현하는 경향이 있다. 하지만 실제로 그런 것들은 긍정적이지도 부정적이지도 않고 단지 감정일 뿐이다.

"단순히 감정에 지나지 않는 것일 수도 있지만 그래도 나는 부정적인 감정보다는 긍정적인 감정이 좋다"고 말할지 모르겠다. 물론 그럴 수 있다. 누구나 그럴 수 있다. 그게 인간의 본성이니까. 하지만 안타깝게도 이런 식으로 감정에 대해 호불호를 중시하다가는 심각한 문제를 야기하게 되고, 이른바 투쟁 스위치라고 부르는 상태에 이르게 된다. 더 알고 싶은가? 그러면 계속 읽어보자.

11

투쟁 스위치

유사流沙(그 위에 올라서면 빠져버리는 흘러내리는 모래)에 빠진 악당이 살아나려고 버둥거릴수록 더 빨려 들어가는 옛날 영화의 한 장면을 본 적이 있는가? 유사에 빠졌을 때 살기 위해 발버둥 치는 것은 최악의 행동이다. 이때 당신이 해야 할 행동은 두 팔을 뻗고 유사 위에 떠서 가능한 얌전히 누워 있는 것이다(그러고는 휘파람을 불어 말을 가까이 불러서 도움을 받는 것이다). 이때 본능은 우리에게 달아나라고 말하기 때문에 이런 상황에서 살아남기 위한 효과적인 행동은 자신에게 약간의 속임수를 쓰는 것이다. 만약 살아나려고 버둥거린다면 곧 모래 속으로 가라앉게 될 것이다. 물론 유사 위에 얌전히 떠 있는 것이 재미있는 일은 아니지만 빠져 죽는 것보다야 100배 낫지 않겠는가?

다양한 감정에도 똑같은 원칙이 적용된다. 감정과 싸우려고 애를 쓰면 쓸수록 그 감정은 우리를 더욱 숨 막히게 한다. 왜 이렇게 되는 걸까? 당신의 마음 뒤편에 스위치가 하나 있다고 상상해 보자. 이른바 투쟁 스위치라고 불리는 것이다. 투쟁 스위치가 켜진다는 것은 우리 앞에 나타난 온갖 물리적, 감정적 고통에 맞서 싸우려 한다는 것을 의미한다. 우리는 불쾌한 것이라면 무엇이든 피하거나 없애려고 한다.

이를테면 불안한 감정이 나타났다고 가정해 보자. 투쟁 스위치가 켜져 있는 상태라면 이 감정은 도저히 수용될 수 없다. 그 불안은 결국 "그 따위 감정 때문에 감히 내 기분이 엉망이 되다니!"라는 식의 분노로 끝나게 될 것이다. 아니면 불안에 대해 슬퍼하면서 "또 시작이야! 참담하군"이라고 하거나, 걱정하면서 "이런 건 내게 좋을 게 없어. 내 몸에 해로울지도 모르겠네"라고 하거나, 죄책감을 느끼면서 "나를 그렇게 몰아가는 게 아니었는데! 그렇게 하는 게 아니었어. 이번에도 애들처럼 행동하고 있군"이라고 반응하거나, 이 모든 느낌이 뒤섞인 감정을 한꺼번에 느끼게 될지도 모른다. 불안에서 파생된 이 모든 감정의 공통점은 불쾌하고 쓸데없고 에너지와 활력을 고갈시킨다는 것이다. 이 때문에 우리는 우울하고 초조해지고 화가 나는 것이다! 이런 악순환을 멈추어야 하지 않겠는가?

이제 투쟁 스위치가 꺼져 있으면 어떤 일이 벌어질지 상상해 보자. 이 경우에는 아무리 불쾌한 감정이 나타나더라도 더 이상 그 감정과 싸우지 않는다. 그러니 불안한 감정이 나타난다고 해도 문제가 되지 않는다. 확실히 불쾌한 감정이고 마음에 들지 않지만 끔찍한 정도는 아니다. 투쟁 스위치가 꺼져 있으면 불안 수준은 상황에 따라 올라가고 내려간다. 때로는 불안 수준은 높아지기도 하고 때로는 낮아지기도 하고 전혀 불안이 없을 때도 있을 것이다. 하지만 더 중요한 점은 더 이상 그런 감정과 싸우느라 시간과 에너지를 소모하지 않는다는 것이다.

사람에 따라, 또 처해진 상황에 따라 다르기는 하지만 감정과 싸우지 않는다면 신체적으로나 감정적으로 당연한 수준의 불편함만을 느낄 수 있게 된다. ACT에서는 이를 순수한 불편함clean discomfort이라고 부른다. 순수한 불편함은 피할 수 없다. 살다보면 누구나 이런저런 방식으로 이런 불편함을 겪게 된다. 하지만 일단 그 불편함과 싸우기 시작하면 불편함의 수준은 급속도로 올라간다. 이 모든 추가적인 고통을 불쾌한 불편함이라고 부른다.

투쟁 스위치는 감정 증폭기와 같다. 투쟁 스위치를 켜면 우리는 불안에 대해 분노하게 되고 분노에 대해 불안해지고 우울함에 대해 우울해지고 죄에 대해 죄책감을 가지게 된다. 심지어 우리는 불안에 대해 분노를 느끼는 자신에게 죄책감을 가지기도 하고 또 그런 감정에 대해 우울해지기도 한다.

하지만 여기서 멈추지 않는다. 투쟁 스위치가 켜지면 이런 불쾌한 감정의 존재 자체를 절대 수용하지 않게 되는데, 말하자면 그런 감정 때문에 감정적으로 시달릴 뿐 아니라 그런 감정을 없애거나 거기서 벗어나기 위해 모든 수단을 동원한다는 사실이다. 이때 약물이나 알코올에 의지하는 사람들이 있는데, 그렇게 되면 결국 중독이 되어 사회적 관계를 포함하여 온갖 성가신 문제가 야기된다. 기분 전환을 위해 음식을 택하는 사람들도 있는데, 이 경우 비만이나 식습관 장애를 가져온다. 인간은 불쾌한 느낌을 없애거나 피하기 위해 담배와 섹스부터 쇼핑과 인터넷 서핑까지 온갖 방법을 찾아 헤맨다. 앞에서 보았듯 이런 식의 통제 전략은 적당히 사용하면 문제가 되지 않지만 어떤 것이든 지나치게 사용하면 문제가 된다. 이를테면 지나친 쇼핑으로 엄청난 액수의 신용카드 빚을 지게 된 의뢰자나 무분별한 섹스 욕구 때문에 인간관계를 망쳐버린 의뢰자를 상담한 적이 있다. 이런 부차적인 모든 문제와 그로 인한 고통스러운 감정은 모두 불쾌한 불편함에 속한다.

투쟁 스위치를 끄면

- 감정이 자유롭게 움직인다.
- 감정과 싸우거나 피하느라 시간과 에너지를 소모하지 않는다.
- 불쾌한 불편함을 만들지 않는다.

투쟁 스위치를 켜면

- 감정에 빠진다.
- 감정과 싸우는 데 엄청난 시간과 에너지를 소모한다.
- 고통스럽고 쓸데없는 불쾌한 불편함을 많이 만들어낸다.

변호사의 비서인 43세의 레이첼을 예로 들어보자. 레이첼은 가끔씩 어찌할 수 없는 두려움이 밀려오는 공황장애로 고통받고 있다. 공황 발작이 일어날 때 환자들은 호흡곤란, 가슴 통증, 심장 두근거림, 숨 막힘, 어지럼증, 손발 저림, 안면 홍조, 땀 분비, 기절, 떨림 같은 괴로운 감각을 동반하는 매우 절박한 느낌에 시달린다. 공황장애는 연간 인구의 3퍼센트가 앓고 있는 흔한 질환이다.

레이첼의 문제는 실제로 그녀가 불안을 매우 싫어한다는 것이다. 레이첼은 불안을 무섭고 위험한 것으로 생각하고 가능하면 피하려고 한다. 말하자면 가슴이 죄어오고 심장이 마구 뛰는 등 불안과 유사한 어떤 감각을 느끼는 순간, 그 감각이 불안을 자초하는 것이다. 그러면 불안 수준이 올라가게 되고 불쾌한 감각은 더욱 강해진다. 이런 식으로 그녀가 완전히 공황상태에 빠질 때까지 더욱더 불안이 가중되는 것이다.

레이첼의 세계는 점점 위축되고 있다. 그녀는 이제 커피도 마시지 않고 탐정 소설도 읽지 않으며 공포 영화도 보지 않고 운동이라곤 하지 않으려고 한다. 왜냐고? 이 모든 활동이 심장을 더 쿵쿵거리게 하고, 그로 인해 전반적인 악순환이 시작될 가능성이 있기 때문이다. 그녀는 엘리베이터나 비행기를 타지 않으려고 하며 복잡한 도로에서 운전을 하거나 사람이 많은 쇼핑센터를 방문하거나 규모가 큰 사회적인 모임에 참가하기를 거부한다. 그런 상황에서 불안을 느끼게 되어 어떻게든 피하고 싶은 공황 발작이 일어날까 봐 두렵기 때문이다.

레이첼의 예는 극단적인 경우이지만 정도의 차이가 있을 뿐이지 사실 누구나 마찬가지다. 누구나 때로는 어려운 문제를 회피하려고 한다. 그 문제에 당연히 따라오는 스트레스와 불안으로부터 달아나고 싶기 때문이다. 앞에서 말했듯, 적당하면 문제가 되지 않는다. 그러나 회피하는 것이 습관이 될수록 장기적으로는 더욱 고생하게 된다.

"그래, 모두 맞는 말이야. 하지만 그토록 기분 나쁘게 느껴지는 갖가지 감정과 싸우는 것을 어떻게 그만둘 수가 있지?"라고 말할지 모르겠다. 이 질문에 대한 답은 확장이라는 간단한 기법을 사용하는 것이다. 그 전에 흥미 있는 기록에 대해 조사할 필요가 있다.

12

투쟁 스위치는 어떻게 작동되는가

다음에 열거한 감정들을 죽 훑어보고, 진지하게 생각하지 말고 무의식적으로 어느 것이 좋은 감정, 즉 긍정적 감정인지, 어느 것이 나쁜 감정, 즉 부정적 감정인지 나누어 보라.

- 공포
- 분노
- 충격
- 혐오
- 슬픔
- 죄의식
- 사랑
- 기쁨

- 호기심

방금 읽은 것이 다른 모든 감정의 원형이 되는 인간의 기본적인 아홉 가지 감정이다(여전히 논란의 여지가 있지만 적어도 과학자들은 그렇게 믿고 있다). 사람들은 대부분 무의식적으로 위에서부터 여섯 개의 감정을 나쁜 감정, 즉 부정적 감정으로, 그 다음의 세 개는 좋은 감정, 즉 긍정적 감정으로 판단하려고 한다. 왜 그럴까? 그 이유는 주로 감정에 대해 믿고 있는 이야기 때문이다.

생각하는 자아는 우리에게 이야기를 해주는 것을 좋아한다. 또한 우리는 생각하는 자아와 융합될 때 생각하는 자아가 어떤 식으로 우리에게 영향을 미치는지를 알고 있다. 다음은 생각하는 자아가 우리에게 말해주는 감정에 대한 쓸데없는 이야기들이다.

- 분노, 죄의식, 수치심, 공포, 슬픔, 당황, 불안은 부정적 감정이다.
- 부정적 감정은 나쁘고 위험하고 비이성적이고 나약한 것이다.
- 부정적 감정은 심리적 결함이 있다는 것을 의미한다.
- 부정적 감정은 건강에 해가 된다.
- 감정을 숨겨야 한다.
- 감정을 표현하는 것은 나약함을 드러내는 것이다.
- 강렬한 감정을 느낀다는 것은 자신을 통제하지 못한다는 것을 의미한다.

- 여자는 화를 내면 안 된다.
- 남자는 두려워해서는 안 된다.
- 감정을 철저히 통제해야 한다.
- 감정을 통제하지 못하면 나쁜 일이 생긴다.
- 부정적인 감정은 내 삶에 뭔가 문제가 있다는 것을 의미한다.

당신은 위에 열거한 사항 전부 혹은 일부에 동의하거나 혹은 전혀 다르게 생각할 수도 있다. 이런 것은 대체로 성장 환경에 따라 달라진다. 만약 당신이 긍정적 감정은 자유롭게 표현해도 되지만 부정적 감정에 대해서는 눈살을 찌푸리는 집안에서 자랐다면 부정적 감정을 피하도록 교육받았을 것이다. 만약 가족들이 자신의 감정을 숨기거나 억누르는 집안에서 자랐다면 감정을 억누르도록 교육받았을 것이다. 만약 부모님이 화를 털어놓으면 속이 시원해진다고 생각하는 분들이었다면 분노를 표현해도 좋다고 배웠을 것이다. 하지만 만약 부모님이 화를 내는 방식에 두려움을 느낀 적이 있다면 분노는 나쁜 것이므로 당연히 억누르거나 피해야 한다고 마음먹게 되었을 것이다.

당신이 어린 시절에 받은 교육은 어떠했는가

감정에 관한 당신의 어린 시절에 받은 교육에 대해 잠시 생각해 보는 것은 유용한 연습이다. 대체로 이렇게 하는 과정에서 당신이 어떻게, 왜 그런 감정과 싸웠는지 파악할 수 있다. 부디 시간을 내서 다음 질문에 대한 답을 써보도록 하라(아니면 적어도 생각이라도 해보도록 하라).

- 성장하는 동안 감정에 대해 어떤 메시지를 받았는가?
- 어떤 감정이 바람직하거나 그렇지 않다고 배웠는가?
- 감정을 다루는 가장 좋은 방법은 무엇이라고 배웠는가?
- 가족들이 어떤 감정을 자유로이 표현했는가?
- 가족들이 어떤 감정에 눈살을 찌푸리고 억눌렀는가?
- 어떤 감정일 때 가족들이 편안해했는가?
- 어떤 감정을 불편해했는가?
- 집안 어른들은 자신의 부정적인 감정을 어떻게 다루었는가?
- 감정 통제를 위해 어떤 전략을 사용했는가?
- 집안 어른들은 당신의 부정적인 감정에 어떻게 반응했는가?
- 성장하면서 이 모든 것을 관찰함으로써 당신이 배운 것은 무엇인가?
- 어린 시절에 받은 이 모든 교육의 결과로 오늘날 감정에 대해 어떤 생각을 하고 있으며 어떻게 다루는가?

감정 판단하기

우리가 감정을 나쁜 감정, 즉 부정적 감정으로 판단하기 쉬운 것은 불쾌한 기분을 느끼기 때문이다. 말하자면 감정으로 인해 우리 몸에 불유쾌한 감각이 생기기 때문이다. 우리는 그런 감각을 싫어하고, 따라서 원하지 않는 것이다. 이와 반대로 유쾌한 감각은 좋아하기 때문에 당연히 더욱더 원하게 된다.

만약 어떤 감정을 좋은 감정으로 판단한다면 그 감정을 더 가지려고 애를 쓸 것이다. 만약 나쁜 감정으로 판단한다면 그 감정을 없애려고 할 것이다. ACT에서는 감정을 판단하는 일을 그만두고 있는 그대로, 즉 끊임없이 변화하는 감각과 충동의 흐름으로 보도록 조언하고 있다. 단지 이런 감각과 충동이 불편하다는 이유로 나쁜 감정이라고 할 수는 없다. 가령 사랑과 호의를 솔직하게 표현하지 않는 가정에서 자란 사람에게는 사랑이라는 감정이 불편할 수도 있다. 그렇다고 사랑이란 감정이 나쁜 것인가? 게다가 많은 사람들이 공포를 나쁜 감정으로 판단하면서도 바로 그 공포의 감정을 경험하기 위해 돈을 내고 공포 영화나 괴기 영화를 보러 가는 것이 흥미롭지 않은가? 그러니 그 자체로 나쁜 감정은 없다. 나쁘다는 것은 단지 생각일 뿐이며 생각하는 자아의 판단에 지나지 않는다. 하지만 만약 그 생각에 융합될 경우, 즉 그런 감정이 나쁘다고 곧이곧대로 믿는다면 당연히 그 감정과 맹렬히 싸우게 될 것이다(그 결과 어떻게 되는지는 이미 알고 있다).

감정에 관한 쓸데없는 생각을 다룰 때 해제 전략이 도움이 될 것이다. 가령 마음이 "이런 느낌을 참을 수 없어"라고 말한다면 당신은 "나는 이런 느낌을 참을 수 없다는 생각을 하고 있어"라고 인정할 수 있다. 그냥 간단히 "알려줘서 고마워, 마음아"라고 말할 수도 있을 것이다.

특별히 이런 판단을 다루는 한 가지 전략은 판단을 그대로 인정하는 것이다. 마음이 "이 불안은 끔찍하군"이라고 말한다고 가정해 보자. 당신은 "나는 '이 불안은 끔찍하군'이라고 판단하고 있는 거야"라고 인정할 수 있다. 혹은 마음이 "이 죄의식은 불쾌해"라고 말한다면 "나는 '이 죄의식은 불쾌해'라고 판단하고 있어"라고 인정할 수도 있을 것이다.

이런 말을 함으로써 판단 과정을 인식할 수 있다. 그런 다음 그 판단을 얼마나 믿을 것인가에 대한 선택권을 갖게 된다. 스스로 판단한다는 사실을 알아챌 때마다 당신은 "아, 판단하고 있구나"라고 조용히 말하고 그대로 두는 것이다.

목표는 판단을 그냥 내버려 두는 것이라는 말에 주목하기 바란다. 판단하기를 그만두라는 말이 아니다. 생각하는 자아는 판단하기를 좋아하며 끊임없이 판단하고 있다. 하지만 위에서 예를 들었듯 단지 판단을 해제함으로써 그냥 내버려 두는 법을 배울 수 있다.

그러나 감정이 정말로 불쾌하다면 어떻게 할까? 그러면 "이 생각은 유용한가?"라는 실용적인 접근으로 돌아가 보자. 만약 "이 느낌은 불쾌해"라는 생각에 융합된다면 그렇게 하는 것이 감정을 다루는 데 도움이 될까? 혹은 더 기분 나쁘게 만드는가?

마음은 어떤 식으로 불쾌한 감정을 악화시키는가

그 밖에 다른 방법도 많지만, 판단은 마음이 불쾌한 감정을 악화시키는 가장 일반적인 방법이다. 다음은 마음이 우리에게 던지는 일반적인 질문이나 생각이다. 이런 것들은 흔히 불쾌한 감정을 일으키기도 하고 악화시키기도 한다.

'왜 이런 기분이 드는 걸까?'

무엇이 감정을 유발하는지 정확히 알고 있는지 질문을 받으면, 온갖 문제를 짚어보게 되고 당신의 삶이 문제투성이라는 착각이 생기기 때문에 당연히 기분이 나빠질 것이다. 또 불쾌한 생각에 빠져 많은 시간을 허비하게 될 것이다(게다가 이 과정은 실용적인 측면에서 유익한가? 삶에 변화를 주거나 더 나은 삶을 추구하는 데 도움이 되는가?).

'이런 대접을 받을 만한 짓을 했는가?'

이 질문을 받으면 자아 비판을 하게 될 것이다. 지금까지 당신이 저지른 온갖 나쁜 짓을 돌이켜 보면 왜 우주 만물이 당신을 벌하려 했는지 이해하게 된다. 결국 스스로 무가치하고 쓸모없고 나쁜, 즉 모자라는 사람이라는 기분이 들게 된다(게다가 실용적인 측면에서 이런 것이 도움이 되는가?).

'나는 왜 이럴까?'

이 질문을 받으면 당신이 도대체 왜 이런지 알아보려고 지나간 삶 전체를 돌아보게 되고 흔히 분노와 후회와 절망감을 느끼게 되기도 한다. 또 당신의 부모님을 비난하게 되는 경우도 매우 많다(게다가 이런 질문이 실용적인 측면에서 유익한가?).

'내게 무슨 문제가 있는 걸까?'

이 질문은 당신의 허물과 결점, 단점을 따져보느라 시간을 허비하도록 하는 또 하나의 질문이다(게다가 그 결과 어떤 기분을 느끼게 되는가?).

'이건 너무 힘들어'

"참을 수 없어", "못 하겠어", "너무 버거워", "더 이상 받아들일 수 없어", "신경 쇠약에 걸릴 것 같아" 등과 같은 말은 모두 이와 비슷한 표현이다. 마음은 만약 줄곧 이런 기분을 느낀다면 뭔가 나쁜 일이 생길 것 같다는 이야기를 당신에게 계속 주입하고 있다(이것은 집중하는 데 도움이 되는 이야기인가?).

'이런 생각을 해서는 안 돼'

이런 생각은 전형적인 예이다! 이제 마음이 현실과의 논쟁을 선택했다. 현실은 이렇다. 바로 지금 느끼고 있는 기분이 당신이 느끼는 방식이다. 하지만 당신의 마음은 "현실은 잘못된 거야! 이렇게 되어선 안 돼! 멈춰! 내가 원하는 현실을 줘!"라고 한다(이 생각은 효과적인가? 뭔가를 변화시키는가? 현실과 싸워 이긴 적이 있었는가?).

'이런 생각을 하고 싶지 않아'

마음은 "좀 더 자신감이 있으면 좋으련만", "이토록 염려되지 않으면 좋겠는데" 같은 희망적인 생각을 하며 시간을 보내기를 좋아한다. 이런 생각을 하다 보면 "다른 생각을 하는 것만으로도 인생이 훨씬 나아질 수 있을 텐데"라는 상상에 빠져 몇 시간이고 훌쩍 지나가 버린다(이런 생각이 현재의 이 삶에 도움이 되는가?).

이런 예는 얼마든지 있다. 요컨대 생각하는 자아는 온갖 방법으로 나쁜 감정을 즉시 강화하거나 아니면 그런 생각을 하느라 쓸데없이 시간을 낭비한다. 그러니 지금부터 마음이 이런 쓸데없는 질문과 생각에 사로잡히려 한다면 바로 그 순간에 마음을 다잡으려고 해보도록 하라. 그런 다음 그냥 마음의 유희를 거부하라. 당신의 시간을 잡아먹으려는 마음에게 거절 의사를 밝히고 유용하고 의미 있는 활동에 집중하도록 하라. "마음아, 고마워. 하지만 오늘은 너랑 놀 시간이 없구나" 같은 식으로 스스로에게 말하는 것이 도움이 된다는 사실을 알게 될 것이다.

다시 투쟁 스위치로

지금까지 우리는 투쟁 스위치가 어떻게 작동되는지를 살펴보았다. 불쾌한 감정은 나쁜 감정, 즉 위험한 감정이며 우리는 그런 감정을 견디기 힘들어한다. 그런 감정을 가지면 결함이 있거나 상처

받은 존재가 된다고, 또 그런 감정이 우리를 사로잡거나 압도해서 우리 삶을 망치거나 어떤 식으로든 해를 입힐 것이라고 말함으로써 생각하는 자아는 투쟁 스위치를 만들어냈다. 이런 이야기와 융합되면 투쟁 스위치가 작동되고 우리는 불유쾌한 감정을 위협으로 인식하게 되는 것이다. 게다가 이 위협에 대해 인간의 뇌는 어떻게 반응하는가? 뇌는 투쟁-도피 반응을 활성화시키고, 나아가 온갖 불쾌한 감정을 일으킨다.

비유를 들어보자. 먼 친척이 당신 집의 현관 계단에 나타났다고 가정해 보자. 당신은 이전에 한 번도 이 친척을 만난 적이 없었지만 그녀에 대해 이런저런 이야기를 들은 적이 있다. 당신은 그녀가 악하고 위험한 사람이며 아무도 그녀를 참을 수 없다고 이야기를 들어왔다. 그녀의 주변에는 모자라고 상처 입은 사람들뿐인데, 항상 그들에게 상처를 주거나 손해를 끼치고 그들을 지배하여 결국 그들의 삶을 망치고 말았다는 이야기도 들었다.

만약 당신이 진실로 그런 이야기를 믿는다면 이런 친척에 대해 어떤 태도를 취하겠는가? 그녀가 당신의 집에 머물기를 바라겠는가? 가까이에 두고 싶겠는가? 물론 아닐 것이다. 당신은 가능한 한 빨리 그녀를 쫓아 보내려고 무슨 일이든 할 것이다. 하지만 이 모든 이야기가 거짓이고 과장되었다면 어떻겠는가? 만약 이 친척이 실제로는 악의에 찬 소문의 희생자일 뿐인 아주 괜찮은 사람이라면 어떻겠는가?

이때 유일한 좋은 방법은 그녀와 함께 시간을 보내면서 직접 알아보는 것이다. 모든 소문과 비방을 제쳐놓고 그녀가 어떤 사람인지 직접 확인해 보는 것이다. 어쩌면 이미 이런 경험을 했을지도 모르겠다. 아마도 당신이 학교나 직장에서 만난 사람들 중에 나쁜 소문이 떠돌았던 사람이 있었을 것이다. 그들과 시간을 보내면서 직접 알아보니 실제로는 그들이 소문처럼 나쁜 사람이 아니라는 사실을 발견했을 것이다.

당신은 또한 정반대의 경우도 경험했을 것이다. 어떤 사람에 대한 대단한 이야기를 들었는데 막상 만나보니 소문과 딴판으로 몹시 엉망이었던 적이 있었을 것이다. 두 경우 모두 교훈은 똑같다. 직접적인 경험이 전해 들은 이야기보다 더욱 믿을 만하다는 것이다.

그래서 불쾌한 감정을 다루는 법을 배우는 것이다. 당신이 해야 할 일은 그들에 대해 직접적인 경험을 갖는 것이다. 즉, 생각하는 자아의 이야기를 무의식적으로 믿기보다는 관찰하는 자아를 통해 직접적으로 그들과 소통해야 한다는 것이다. 이렇게 할 때 당신은 그런 감정이 생각하는 것처럼 나쁜 것은 아니라는 사실을 알게 되고, 당신을 해치고 억누를 수 없다는 사실을 깨달을 것이다.

이 과정에서 당신에게 도움이 되는 유일한 것은 해제 연습이다. 그러므로 쓸데없는 판단에 사로잡혀 있는 스스로를 발견할 때마다 하루에도 몇 번씩 다음 기법을 사용해야 한다(항상 그렇듯이 너무 큰 기대는 하지 마라. 그냥 한번 연습해 보고 어떤 변화가 일어나는지 깨닫도록 하라). 만약 당신이 "X는 나쁘다" 같은 판단적인 사고를 가졌다면 "나는 'X가 나쁘다'라는 판단을 하고 있다"고 그냥 인정하도록 하라. 만약 당신이 쓸데없는 판단을 알아차린다면 그런 생각의 존재를 인정하고 잠자코 판단하기에 주의를 기울이도록 하라.

이따금 '감정은 우리를 해칠 수 없다'는 말을 하면 사람들은 만성적인 분노와 우울증이 건강에 나쁜 영향을 줄 수 있다는 사실을 입증해 낸 연구 결과들을 언급한다. 하지만 여기서 중요한 것은 만성적이라는 말이다. 이 말은 오랜 기간에 걸쳐 진행되고 있다는 의미다. 고통스러운 감정은 오직 그 감정과 싸우려고 할 때 만성적이 된다. 싸움을 멈추는 순간, 이런 감정은 자유롭게 움직이게 되며 보통은 순식간에 그렇게 된다(하지만 항상 그런 것은 아니다). 따라서 감정을 수용하는 반응을 할 때, 그 감정은 만성적이 되지 않고 당신을 해치지도 않는다. 감정을 수용함으로써 싸움의 악순환을 끊고 삶을 풍요롭게 만드는 활동을 하는 데 시간과 에너지를 마음껏 쓸 수 있게 된다.

13

악마를 꼼짝 못 하게 노려보라

당신이 세상에서 가장 사랑하는 두 사람이 갑자기 죽었다면 어떤 생각이 들까? 상상도 하기 어려운 일이다. 그렇지 않은가? 생각하는 것만으로도 언짢은 기분이 든다.

앞에서 자동차 사고로 남편과 하나뿐인 아이를 잃은 도나 이야기를 했다. 우리 대부분은 그녀의 고통을 상상도 하기 어렵지만 그런 고통스러운 감정을 피하고 싶어 하는 그녀를 확실히 이해할 수 있다. 사고 후 6개월이 지나서 도나가 나를 찾아왔을 때, 그녀는 수단과 방법을 가리지 않고 고통을 없애려고 애쓰고 있었다. 하루에 포도주 두 병을 마시기도 하고 발륨을 먹기도 했다. 하지만 그녀의 고통은 갈수록 더 증폭되었다.

그녀의 순수한 불편함, 즉 사랑하는 사람을 잃은 순수한 고통과 슬픔은 불쾌한 불편함, 즉 알코올과 약물에 의해 야기된 추가적인 고통으로 더욱 증폭되었다. 이런 고통에서 회복하기 위해 그녀는 반드시 확장 기법을 배워야 한다.

그런데 왜 확장이라는 말을 사용하는가? 긴장, 스트레스 등 보통 기분 나쁜 감정을 묘사할 때 사용하는 단어들을 생각해 보자. 이 단어들을 사전에서 찾아보면 모두 연결되어 있는 것을 볼 수 있다.

- 긴장 : 잡아당겨지거나 팽팽해진 상태
- 스트레스 : 긴장되거나 억압받는 것
- 압박 : 적절한 수준이나 한계 이상으로 누르는 것

이런 단어에는 감정이 너무 지나치다는 뜻이 함축되어 있다. 감정은 우리를 분열시키고 한계 이상으로 잡아당긴다. 이런 단어들을 넓이, 크기, 부피, 범위를 증가시키고 벌리고 펼치고 전개하는 확장과 대조해 보자. 근본적으로 확장은 감정을 위한 방을 만들어준다는 의미이다. 만약 불쾌한 감정이 깃들 충분한 공간을 준다면 그 감정은 더 이상 우리를 잡아당기지도 긴장시키지도 않는다. 대체로 불쾌한 감정이 떠오르면 우리는 긴장한다. 말하자면 근육이 팽팽해지고 수축된다. 마치 우격다짐으로 이런 감정을 밀어내거나 우리 몸 밖으로 밀쳐내려고 하는 것 같다.

확장을 이용해서 우리는 완전히 반대로 할 수 있다. 즉, 감정을 밀어내는 대신 풀어주고, 긴장을 증폭시키는 대신 방출하고, 근육을 수축시키는 대신 이완하려는 것이다.

또 흔히 "억압받고 있다"고들 이야기한다. 그래서 방, 말하자면 숨 쉬는 공간이 필요하다고 말한다. 우리 자신의 감정에 대해 말할 때도 마찬가지다. 만약 억압감이 느껴진다면 그 감정을 위한 공간을 만들어줄 필요가 있다. 감정과 싸우거나 피할 경우 그 감정을 위한 방이 없지만 확장을 할 경우에는 그렇지 않다.

'물의 확장', '하늘의 확장'이라는 말을 들으면 무엇이 떠오르는가? 대부분은 광활하고 탁 트인 공간을 상상한다. 이것이 바로 확장에서 우리가 목표로 하는 것이다. 말하자면 감정을 확 열어서 감정을 위한 많은 방을 만들어주는 것이다. 또 억압을 완화시키고 긴장을 덜어주며 그런 감정이 마음대로 움직이도록 해주는 것이다. 때때로 감정은 매우 빨리 움직이며 때로는 매우 천천히 움직이기도 한다. 하지만 감정이 깃들 공간을 만들어주는 한, 감정은 자유롭게 움직일 것이다. 더 중요한 것은 확장은 에너지를 쓸데없는 싸움에 낭비하게 하지 않고 더 나은 삶을 일구는 데 투자할 수 있도록 한다는 것이다.

"잠깐만, 만약 이런 감정을 위해 방을 만들어준다면 그 감정이 함부로 나를 올라탈 것이고 통제할 수 없게 될걸"이라고 말할지 모르겠다.

흔히 이런 두려움을 갖게 되지만 사실은 그렇지 않다. 앞에서 읽었던 내용을 기억하는가? ACT는 불안과 우울에서부터 중독과 정신분열증까지 광범위한 심리적 문제에 효과가 있는 것으로 밝혀졌다. 그러니 만약 생각하는 자아가 당신에게 두려운 이야기를 한다면 그냥 "알려줘서 고마워"라고 말하도록 하라.

생각하는 자아와 관찰하는 자아

확장 과정은 생각하는 자아보다는 주로 관찰하는 자아를 필요로 한다. 그러면 이 두 가지 자아의 차이를 다시 한번 요약해 보자.

넓은 의미에서 생각하는 자아는 생각을 책임지고 있는 자아로서 온갖 생각과 판단, 이미지, 환상, 기억을 만들어낸다. 생각하는 자아를 흔히 마음이라고 부른다. 관찰하는 자아는 인식과 주의, 집중을 책임지고 있는 자아로서 생각과 이미지, 기억 등을 관찰할 수는 있지만 그런 것들을 만들어내지는 못한다. 이 관찰하는 자아를 묘사하기 위해서 흔히 사용되는 단어가 없다(영어에서 가장 근접한 용어는 자각awareness이다).

다음 연습은 이 두 가지 자아를 구분하는 데 도움이 될 것이다. 또한 확장의 핵심 요소인 신체 자각이라고 불리는 감각을 부여할 것이다.

신체 자각

다음 문장들을 읽어가면서 단순히 자각해 보도록 하라.

- 발은 어디에 있는가?
- 다리의 자세는 어떤가?

- 척추의 자세는 어떤가? 앞으로 혹은 뒤로 굽어 있는가? 어디에서 구부러져 있나?
- 어떻게 숨 쉬나? 호흡이 얕은가, 깊은가, 빠른가, 느린가?
- 숨을 쉴 때 배가 안으로 움직이는가? 밖으로 움직이는가?
- 어딘가에 등을 기대고 있는가? 만약 그렇다면 등을 기대고 있는 면과 당신의 등이 접촉하고 있는 부분을 자각하도록 하라.
- 그 부분의 모양은 어떤가?
- 팔의 자세는 어떤가?
- 목과 어깨가 어떻게 느껴지는가? 긴장되거나 불편하지는 않은가?
- 체온은 어떤가? 뜨거운가, 차가운가, 쾌적한가?
- 어느 부분이 가장 따뜻한가? 어느 부분이 가장 차가운가?
- 피부에 닿는 공기를 인지할 수 있는가?
- 입 안은 어떻게 느껴지는가? 축축한가, 건조한가, 따뜻한가, 차가운가? 혀는 어디에 놓여 있는가? 이에 닿아 있는가?
- 이제 20초간 보디 스캔body scan(머리끝에서 발끝까지 신체의 각 부분을 골고루 의식하면서 주의를 집중하고 느껴보는 연습)을 하면서 경직되거나 긴장되는 곳, 고통스럽거나 불편한 곳이 있는지에 주목하라.
- 다시 20초간 보디 스캔을 하면서, 즐겁고 편안한 감각이 있는지에 주목하라.
- 자세를 조금이라도 바꾸고 싶은 충동이 느껴지는가? 예를 들

어 다리를 든다든가, 팔이나 손가락의 자세라도? 만약 그렇다면 그 충동을 인지하되 아직 행동으로 옮기지는 마라. 단지 신체의 어느 부분을 움직이고 싶은지 인지해 보자. 그런 다음 그 부분을 움직이고 어떤 기분이 드는지에 주목하라.

- 먹거나 자거나 쉬거나 마시거나 긁거나 펴고 싶은 충동을 인지하고 있는가? 그보다는 이 부분을 건너뛰고 싶은가?

아마도 연습을 하는 동안 신체를 자각한다는 것은 신체를 생각하는 것과는 매우 다르다는 사실을 경험했을 것이다. 이 연습을 하는 동안 당신이 했던 생각은 생각하는 자아에서 나온 것이다. 하지만 신체의 자각, 즉 다른 감각과 충동, 움직임, 자세는 관찰하는 자아에서 비롯된 것이다.

이런 차이를 경험하지 못했다면 위의 연습을 다시 해보도록 하라. 줄곧 생각하는 자아가 이야기하는 동안 관찰하는 자아는 단순히 신체에 집중하고 있다는 사실에 주목하라. 또 생각하는 자아가 입을 다물고 관찰하는 자아가 조금도 흐트러짐 없이 관찰에 집중할 수 있는 찰나가 있다는 사실에 주목하도록 하라(1초도 되지 않는 짧은 순간일 수도 있다).

확장

확장을 연습할 때, 생각하는 자아의 쓸데없는 의견을 피해 자신의 감정을 관찰하는 자아와 연결할 필요가 있다. 이렇게 하면 생각하는 자아가 말해주는 대로 감정을 경험하지 않고, 실제 있는 그대로의 감정을 직접 경험할 수 있다. 생각하는 자아는 부정적인 감정을 거대하고 위험한 악마로 보지만, 관찰하는 자아는 감정을 있는 그대로, 비교적 작고 위협적이지 않은 모습으로 보여준다.

따라서 확장을 연습할 때, 감정을 생각하지 말고 관찰하는 것에 목표를 두도록 하라. 한 가지 문제가 있다면 생각하는 자아는 결코 입을 다물지 않는다는 것이다(입을 다무는 건 한 번에 고작 몇 초뿐이다). 확장을 연습하는 동안 생각하는 자아가 계속해서 당신을 혼란스럽게 할 것이다. 생각하는 자아는 감정에 대한 판단에 참견하기도 하고 감정을 분석하려 들기도 하고 감정에 대해 두려운 이야기를 하기도 하고 감정을 너무 버겁다거나 어렵다고 주장하기도 할 것이다. 아니면 "이런 연습으로 나를 귀찮게 하지 마. 그런 거라면 충분히 읽었어"라고 말할지도 모른다. 당신이 아마도 그렇게 하지 않을 것이라는 것을 확실히 알면서 "나중에 하는 게 어때?"라고 말할지도 모른다.

그러나 이 중 그 어느 것도 문제가 될 필요는 없다. 그런 생각이 그대로 있도록 허용하고 제 마음대로 왔다 갔다 하게 하라. 그런 생각의 존재를 깨닫기는 하되 주목하지는 마라. 마치 당신의 집을 지나쳐 달리는 자동차들이 도로에 있다는 사실을 알고 있지만 자동차가 한 대 지나갈 때마다 창밖을 내다보지 않듯이 무심히 생각을 대하라. 타이어의 마찰음이 당신을 혼란하게 하듯 생각이 당신을 사로잡는다면 그 순간에 그 사실을 인지하도록 하라. 서서히 지금 하고 있는 일에 다시 관심을 집중시키도록 하라.

이 연습은 7장에서 다룬 열 번의 심호흡에서 이미 배운 해제 기법과 근본적으로 같다. 규칙적으로 해제 기법을 연습하지 않았다면 지금 시작하도록 하라! 지시사항을 잘 읽고 따라해 보자. 더 읽어나가기 전에 5일 동안 적어도 하루 열 번씩 심호흡 연습을 하도록 하라. 이 책을 서둘러 읽으려고 해서는 안 된다는 사실을 명심하도록 하라. 여행하는 것과 같다고 생각하면 된다. 하루에 수많은 관광 명소를 다 보려고 서두르기보다는 천천히 여유 있게 즐긴다면 더 많은 것을 얻을 수 있을 것이다.

그러니 확장 연습을 할 때 배경음악처럼 생각이 왔다가 가게 내버려 두고 자신의 감각에 집중하도록 하라. 다음 사항을 기억하도록 하라.

- 감각의 본질은 신체에 일어나는 일련의 물리적 변화이다.
- 우리는 이런 변화를 주로 신체적 감각으로 알아차린다.

확장은 신체가 느끼는 감각을 인지하는 것(신체 자각)과 그 감각이 어디에 위치해 있는지를 자세히 관찰하는 것에서부터 출발한다. 그런 다음 감각을 더 자세하게 연구하는 것이다. 이것이야말로 아래에서 설명할 확장의 3단계 중 첫 번째이다.

확장의 3단계

확장의 3단계는 감각을 관찰하기, 감각에 호흡을 불어넣기, 감각이 왔다 가도록 내버려 두기다. 간단해 보이지 않는가? 사실 그렇다. 또 힘들 것도 없다. 하지만 쉽다는 말은 아니다. 유사流砂 이야기를 기억해 보라. 누워서 유사 위에 떠 있는 것은 간단하고 그리 힘이 드는 일도 아니다. 그렇지만 쉬운 일도 아니다. 왜냐고? 신체의 모든 감각을 동원해서 싸워야 하기 때문이다. 하지만 걱정할 것 없다. 일주일에 여러 차례 유사에 빠져보면 누워서 떠 있는 것 정도는 일도 아닐 것이다. 확장의 경우에도 마찬가지다. 연습하면 할수록 쉬워질 것이다.

그러니 확장의 3단계를 조금 자세히 살펴본 다음, 연습하도록 하자. 온갖 종류의 불쾌한 감정과 싸우려고 할 때마다 이 3단계 연습을 따라해 보도록 하라.

1단계 : 관찰하기

관찰하기란 신체의 감각을 자각한다는 의미다. 몇 초 동안 보디스캔을 하라. 무엇을 느끼고 있는지, 그리고 어디에 있는지를 인지해 보라. 이렇게 하는 과정에서 아마 몇 가지 불쾌한 감각을 알아차리게 될 것이다. 가장 괴로운 감각에 주목하도록 하라. 가령 목의 종기나 위의 결절, 심장의 긴장, 눈물이 흐르는 느낌을 깨닫도록 하라. 만약 전신이 불편한 느낌이 든다면 그중 가장 성가신 부분을 골라보도록 하라. 그 감각에 집중해 보라. 새로운 현상을 발견한 과학자의 자세로 호기심을 가지고 관찰해 보도록 하라. 조심스럽게 그 감각을 관찰해 보고 그런 감각이 어디서 시작되고 어디서 끝나는지 깨닫도록 하라. 외곽선을 그려본다면 어떤 모양이 될까? 신체의 표면인가, 안쪽인가, 아니면 양쪽 다인가? 신체 내부로 얼마나 들어가 있나? 가장 강렬한 곳은 어디인가? 가장 약한 곳은 어디인가? 중심과 가장자리는 얼마나 다른가? 그 안에 맥박과 떨림이 있는가? 가벼운가, 무거운가? 가만히 있는가, 움직이고 있는가? 따뜻한가, 차가운가?

2단계 : 호흡하기

호흡하기란 마치 감각을 위한 여분의 공간을 만드는 것처럼 감각의 주위와 안에 호흡을 불어넣는 것을 의미한다. 천천히 깊게 심호흡을 시작하고 숨을 들이마시기 전에 폐를 완전히 비워놓아야 한다는 사실을 명심해라. 천천히 심호흡을 하는 것이 매우 중요한 이유는 신체의 긴장 수준을 낮추어주기 때문이다. 심호흡을 함으로써 감정을 없애려 하지 않고 내면의 고요함을 얻을 수 있다. 심호흡은 감정의 폭풍 한가운데 있는 닻과 같다. 닻은 폭풍을 없애려고 하지 않고 폭풍이 지나갈 때까지 당신을 꽉 잡아준다. 그러니 천천히 심호흡을 하되 모든 감각에 직접 호흡을 불어넣고 있다고 상상하도록 하라. 마치 몸 안에 여분의 공간을 새로 만드는 것처럼 감각의 주위와 안으로 호흡이 흘러들어 가는 것을 느껴보라. 이런 감각을 느슨하게 풀어주도록 하라. 움직일 수 있는 방을 주도록 하라.

3단계 : 인정하기

인정하기란 그런 감각을 원하든 원하지 않든 간에 감각이 그곳에 있도록 허락한다는 뜻이다. 다시 말해서 그대로 둔다는 의미이다. 마음이 지금 일어나고 있는 일에 대하여 논평을 시작할 때 "말해줘서 고마워, 마음아"라고 말하고 관찰하는 자세로 돌아가는 것이다. 물론 이 일이 쉽지는 않을 것이다. 감각과 싸우거나 밀어내려고 하는 강한 충동을 느낄지 모르겠다. 만약 그렇다면 감각에 굴복하지 말고 그냥 이 충동을 인정하도록 하라(인정은 마치 "네가 거기 있구나. 네가 보여"라고 말하는 것과 같다. 알아보았다는 뜻으로 머리를 끄덕이는 것과 같다). 일단 그런 충동을 인정했다면 다시 감각 자체에 집중하도록 하라. 감각을 없애거나 바꾸려고 들지 마라. 만약 감각이 스스로 바뀐다면 괜찮다. 감각이 변화하지 않는다고 해도 괜찮다. 감각을 없애거나 바꾸는 것이 목표가 아니다. 목표는 감각과 평화를 유지하는 것이며 원하든 원하지 않든 그대로 두는 것이다.

어느 곳의 감각이든 감각과 싸우기를 완전히 포기할 때까지 몇 초 내지 몇 분 동안 그 감각에 집중할 필요가 있을 것이다. 필요하다면 인내심을 가져라. 가치 있는 기술을 배우려는 것이니까. 일단 이렇게 한 다음, 다시 보디 스캔을 하면서 다른 괴로운 감각이 있는지 살펴보도록 하라. 만약 그렇다면 그 감각에 집중해서 다시 한 번 이 절차를 반복하도록 하라. 필요하다면 다른 여러 감각에 대해 이 절차를 반복할 수도 있다. 감각과 더 이상 싸우지 않게 될 때까지 계속하도록 하라. 이 기법을 훈련하면 감각이 바뀌든 바뀌지 않든 간에 한두 가지 일이 생길 것이다. 이 기법은 감각을 변화시키는 것이 아니라 감각을 받아들이는 것을 다루는 것이기 때문에 감각이 바뀌는지 여부는 중요하지 않다.

도나와의 상담

확장 기법이 어떤 효과가 있는지 이해를 돕기 위해 도나와의 상담 기록을 보기로 하자. 이 기록은 네 번째 상담 내용이다. 그때 도나는 이미 해제 기법을 잘 훈련했다. 상담이 시작될 때 도나는 나와 마주 앉아 눈물을 흘리고 있었다.

러스 몹시 심란해 보이네요. 지금 어떤 기분을 느끼고 있나요?

도나 슬픔입니다(그녀는 나직하게 흐느낀다).

러스 (끄덕이면서) 다른 느낌은요?

도나 두려움이에요.

러스 무엇을 두려워하고 있나요?

도나 더 이상 견딜 수가 없어요.

러스 그러니까 당신은 더 이상 견딜 수가 없다는 생각을 하고 있군요.

도나 네.

러스 자, 그 생각에 대해 당신의 마음에게 알려줘서 고맙다고 말하세요(도나는 눈물을 흘리면서도 미소를 짓는다). 지금 당신의 마음이 당신에게 말하고 있는 다른 것이 있나요?

도나 마음이 갈기갈기 찢어질 것 같아요.

러스 당신의 마음은 당신을 그다지 신뢰하지 않는군요, 그렇죠?

도나 대체로 그래요.

러스 좋아요. 가치 있는 일을 하는 마음에게 다시 한번 고마움을 전하세요(도나는 다시 미소를 짓는다). 자, 이제 전에 내가 말한 투쟁 스위치를 기억하시죠? 투쟁 스위치가 켜지면 감정이 증폭되어서 아주 크고 불쾌한 덩어리가 되어버리지 않던가요?

도나 네.

러스 자, 이제부터 그 투쟁 스위치를 꺼버릴 겁니다. 싸우지 말고 당신의 감정과 경험을 생생하게 느껴보십시오.

도나 그렇게 할 수가 없어요.

러스 자, 물론 당신의 마음은 당신에게 "너는 할 수 없어"라고 말하겠지요. 그러면 다시 한번 마음에게 알려줘서 고맙다고 말하고 시작해 봅시다(도나는 침울하게 한숨을 쉬고는 머리를 끄덕인다). 좋아요. 자, 보디 스캔을 하면서 느낄 수 있는 모든 신체적 감각에 주의를 기울이세요. 그러면서 아주 천천히 심호흡을 하세요.

도나 네(그녀는 눈을 감고 천천히 심호흡을 한다).

러스 무엇을 인지하셨나요?

도나 목에 커다란 종기가 있어요.

러스 다른 것은요?

도나 억압감, 여기에(그녀는 가슴에 손을 얹는다) 아주 묵직한 것이 있어요.

러스 좋아요. 또 다른 것은요?

도나 복부에 메스꺼운 느낌이….

러스 그중에서 가장 당신을 괴롭히는 감각은 무엇인가요?

도나 가슴이에요!

러스 그렇군요. 자, 이제 그 감각에 집중하시고 그 감각을 관찰하세요. 마치 전에 본 적이 없는 신기한 것을 발견한 과학자의 자세로 관찰해 보도록 하세요. 천천히 호흡하면서 그 감각을 관찰해 보세요.

도나 네(20초간 침묵).

러스 자, 그 감각을 조심스럽게 연구해 봅시다. 그 감각에 대해 최대한 알아보자구요. 그 감각이 어디서 시작하고 어디서 끝나나요? 끝이 어디인가요? 외곽선을 그려본다면 어떤 모양이 될까요?

도나 가슴의 한가운데 있는 원 같아요.

러스 안으로 얼마나 깊이 들어가 있나요?

도나 가슴 중앙을 관통해서….

러스 구에 가까운가요, 아니면 원기둥에 가까운가요?

도나 바위 같아요.

러스 좋아요. 바위 같은 모양이군요. 무거운가요?

도나 몹시 무거워요!

러스 온도는요?

도나 차가워요.

러스 움직이고 있나요, 정지해 있나요?

도나 정지해 있어요.

러스 그 안에서 진동이나 맥박이 느껴지나요?

도나 조금 저려요.

러스 그렇군요. 차갑고 무겁고 저린 바위 같은 것이 가슴 중앙에 있군요. 자, 그 감각 안으로 숨을 들이마셔 보세요. 호흡이 그 감각의 안과 주위로 흘러가고 있다고 상상해 보세요.

도나 네(그녀는 머리를 끄덕이고 길게 심호흡을 한다).

러스 확장하는 듯한 느낌이 들지 않나요. 당신은 마음을 열고 그 감각을 위한 공간을 만들고 있어요.

도나 그러고 싶지 않아요. 그 감각을 없애버리고 싶어요.

러스 그렇군요. 자, 그 감각을 없애버리려고 하는 충동을 인정하면서 계속해 봅시다. 계속 관찰하면서 그 감각의 안으로 숨을 불어넣어 보세요. 이 감각을 좋아하고 바라고 인정하라는 말이 아닙니다. 단지 그 감각과 싸우지 않고 그 감각이 그대로 있도록 허락할 수 있는지를 알아보세요.

도나 못하겠어요. 너무 어려워요.

러스 그런 생각을 하는 마음에게 알려줘서 고맙다고 말하고 다시 관찰해 보세요. 명심하세요. 그 감각을 생각하지 말고 관찰하라는 말입니다. 당신은 지난 6개월 동안 이 감각과 더불어 살아왔습니다. 더 이상 시달리고 싶지는 않지요?

도나 맞아요. 해볼게요(그녀는 다시 한번 길게 심호흡을 한다. 그리고 30초간 침묵을 유지한다).

러스 자, 그 감각을 관찰하면서 그 안으로 숨을 불어넣으세요. 생각이 왔다가 가게 두세요. 그리고 그 생각과 더불어 머물러보세요. 생각을 짜서 밀어내는 것을 멈추세요. 생각을 위한 공간을 주세요. 그 생각을 좋아할 필요는 없어요. 단지 싸우지 말고 그냥 있게 두세요.

도나 알았어요(30초간 침묵).

러스 벌써 그런 느낌이 드나요? 생각과 싸우지 않고 그대로 있도록 허락할 수 있을 것 같나요?

도나 네.

러스 어때요?

도나 평화로워요(그녀가 미소 짓는다).

러스 평화롭다고요?

도나 네, 이상해요. 그것은 마치… 글쎄요, 마음이 가라앉은 것 같아요.

러스 여전히 가슴에 바위가 있나요?

도나 네.

러스 하지만 그 감각과 싸우지는 않고 있나요?

도나 네.

러스 여전히 괴롭지만 지금은 투쟁 스위치가 꺼져 있나요?

도나 네.

러스 그리고 평화로운가요?

도나 네, 이상하네요. 여전히 그 감각이 괴롭기는 하지만… 잘 모르겠지만… 어쨌거나 그것 때문에 두렵지는 않은 것 같아요.

러스 재미있지 않나요? 마음은 당신에게 "이건 너무 힘들어", "마음이 찢어질 것 같아", "이건 너무 버거워"라고 말하고 있어요. 하지만 그런 생각을 위한 공간을 만들어줄 수 있다는 사실을 직접 경험했잖아요. 자, 당신의 마음과 경험 중에서 어느 것을 믿으실래요?

도나 제 경험을 믿을래요(미소 짓는다).

러스 그 대답을 들으니 기쁘군요.

도나 하지만 여전히 기분이 좋지 않아요.

러스 물론 그럴 거예요. 어떻게 그렇지 않을 수 있겠어요? 당신이 느끼는 고통을 나는 단지 상상할 뿐이지요. 하지만 이 고통은 뭔가 특별하지 않나요?

도나 무슨 뜻인가요?

러스 자, 만약 당신이 가족을 마음 깊이 사랑하지 않았다면 지금 느끼고 있는 그런 감정은 없었겠지요. 슬픔은 직접적으로 사랑과 연결되어 있어요. 사랑이 없다면 슬픔이 있을 수 없지요. 자, 이제 선택을 하세요(루스는 도나 앞으로 손바닥을 내밀고 하나를 고르라고 한다). 만약 왼손을 택하면 삶에서 사랑하는 사람들과 의미 있는 관계를 가지게 되고 그 관계가 끝나면 이별과 슬픔, 고통도 갖게 될 것입니다. 오른손을 택하면 이런 슬픔과 이별을 느낄 필요는 없겠지만 사랑하는 사람들과 의미 있는 관계는 포기하게 될 것입니다. 어느 손을 고르시겠어요?

도나 (왼손을 골랐다. 사랑과 슬픔을)

러스 진심이죠? (도나는 끄덕인다) 좋아요. 고통스럽긴 하지만 슬픔은 당신의 중요한 부분이죠. 슬픔은 누군가를 진심으로 사랑하는 당신의 능력과 직접적으로 관련되어 있어요.

도나 그런 생각은 해보지 않았어요.

러스 그래서 이런 질문을 하는 겁니다. 슬픔을 위해 공간을 만들어줄 의향이 있나요? 슬픔에서부터 도망쳐 나오지 않고 이 슬픔이 그곳에 있게 둘 수 있나요?

도나 전에는 그러지 못했지만… 이제는 할 수 있어요.

러스 자신 있으시죠?

도나 네(그녀가 미소 짓는다), 자신 있어요.

물론 이것으로 도나와의 상담이 끝난 것은 아니었다. 하지만 도나에게는 가치 있는 배움의 경험이었다. 이제 그녀는 감정을 다루는 매우 색다른 방식, 즉 저항하거나 도피하지 않고 감정을 수용하는 방식을 터득하게 된 것이다.

이제 당신 차례야!

이제 이 장에서 가장 실용적인 부분을 다루기로 하자. 확장을 연습하기 위해 다루게 될 몇 가지 불쾌한 감정을 떠올려야 할 것이다. 고민스럽고 괴롭고 스트레스를 주는 것, 현재 문제가 되는 것, 가령 애초에 이 책을 집어 들게 한 그런 문제를 마음에 떠올려 보도록 하라. 일단 그런 문제들을 생각하고 있다면 불쾌한 기분이 들 때까지 그 생각에 집중하도록 하라.

아마도 "뭐라고요! 미쳤어요? 그런 불쾌한 기분을 다시는 느끼고 싶지 않아요!"라고 소리를 지를지도 모른다. 그건 나도 마찬가지다. 불쾌한 기분을 느끼고 싶어 하는 사람은 본 적이 없다. 여기서는 그런 기분을 기꺼이 느끼게 하려는 것이다. 뭔가를 적극적으로 원한다는 것은 그것을 좋아하는 것이다. 기꺼이 하려는 것은 간단히 말해서 그것을 인정한다는 의미이다.

기꺼이 하려는 마음이 왜 필요할까? 삶을 살아가는 동안 불쾌한 감정은 항상 생기게 마련이기 때문이다. 불쾌한 감정을 피하려고 한다면 불쾌한 불편함만 더 생길 뿐이다. 감정을 위해 공간을 만들고 비록 원하지 않더라도 기꺼이 감정을 느낌으로써 감정과의 관계를 변화시킬 수 있을 것이다. 그러면 불쾌한 감정이 주는 위협과 영향력이 훨씬 줄어들 것이다. 그로 인해 시간과 에너지, 주의력을 뺏기는 일도 줄어들 것이다.

우리 내면에 있는 악마를 외면하면 할수록, 보지 않으려고 애쓸수록 악마는 실제보다 크고 무섭게 보이게 된다. 똑바로 보이는 것보다 시야의 한구석에 힐끗 보이는 위협적인 형체가 훨씬 더 무서운 법이다. 공포 영화에서 항상 컴컴한 어둠 속에 웅크리고 있는 괴물을 촬영하는 이유가 바로 이 때문이다. 환한 대낮에 괴물이 나온다면 그다지 무섭지 않을 것이다.

"하지만 이 모든 것이 다소 자학적이지 않은가?"라고 반문할지도 모르겠다. 글쎄, 단지 고통을 위한 고통을 느끼고 있다면 그것은 마조히즘일 것이다. 확실히 어떤 치료의 경우에는 뚜렷한 이득이 없는데도 사람들이 감정에 빠지도록 권장하고 있다(적어도 내가 본 바에 의하면 그렇다). 하지만 ACT는 그렇지 않다. 중요한 목적이 있는 경우가 아니라면 당신을 불쾌한 감정에 노출시키는 것을 권하지 않는다.

당신의 왼쪽 발목에 경미한 관절염 증상이 있다고 가정해 보자. 시시때때로 발목이 붓고 쑤실 것이다. 그런데 의사가 당신에게 다리를 절단하자고 말한다고 가정해 보자. 사소한 불편 때문에 그런 수술을 하자는 데 동의할 사람은 없을 것이다. 그렇지 않은가? 하지만 그 다리에 골수암이 발견되었다면 생존하기 위해 다리를 절단하는 수밖에 없을 것이다. 이 경우에는 두말하지 않고 다리를 절단하는 데 동의하게 된다. 다리 절단이 중요한 것, 즉 생명에 관계된 문제이기 때문에 절단의 불쾌함을 수용하게 될 것이다.

감정적 불편함도 이와 마찬가지다. 아무런 목적 없이 감정에 빠지는 것은 무의미한 일이다.

ACT에서 불쾌함을 수용하는 목적은 오직 삶을 의미 있는 방향으로 개선하도록 도움을 주는 것밖에 없다. 따라서 우리는 불쾌한 감정을 떠올려 확장 연습을 함으로써 삶을 변화시키기 위한 가치 있는 기술을 배우고 있는 것이다.

이미 충분히 많은 이야기를 했다. 이제 좀 더 유익한 내용을 다루기로 하자. 확장의 3단계, 즉 관찰하기, 호흡하기, 인정하기이다. 175쪽에서 177쪽까지의 상세한 지시사항을 다시 잘 읽어보고, 위에서 제안한 것처럼 몇 가지 불쾌한 감정을 떠올려 보도록 하라. 이 기법을 연습할 때는 기대하지 않는 것이 중요하다. 그냥 어떤 일이 일어나는지 인지하기만 하면 된다. 만약 문제가 생긴다고 해도 염려하지 마라. 다음 장에서 그 문제를 어떻게 해결하는지를 배우게 될 테니까.

14

문제를 해결하는 확장

앞에서 언급했지만 되풀이해서 말하자면, 확장을 연습하는 것은 간단하지만 그다지 쉬운 일은 아니다. 그렇다면 의미 있는 도전이란 무엇인가? 자녀 양육, 건강 유지, 인간관계 형성, 경력 쌓기, 예술 작품 창작, 환경 보호 등 모든 의미 있는 일에는 어려움이 따른다. 확장 연습도 똑같다. 모든 새로운 기법들과 마찬가지로 확장 기법은 시작하기는 어렵지만 연습을 계속할수록 쉬워진다. 다음은 확장에 대해 흔히 제기되는 우려와 문제점에 대한 응답이다.

확장에 대해 자주 제기되는 질문

Ⓠ 감각을 위한 공간을 만들려고 노력했지만 너무 어려웠다. 어떻게 해

야 하나?

Ⓐ 아마도 한 번에 너무 많이 하려고 했을 것이다. 문제가 되는 한 가지 감각을 골라 거기에 집중하도록 하라. 몇 분이 걸릴지라도 오직 그 한 가지 감각만 받아들이는 것을 목표로 하라. 일단 그렇게 했으면 계속해서 다른 감각을 골라 진행하도록 하라.

Ⓠ 한 가지 감각에 집중한 채로 머무는 것이 너무 어렵다.

Ⓐ 그렇다. 처음에는 그렇게 하는 것이 어려울 수도 있다. 그러나 다른 기법들과 마찬가지로 연습을 하면 쉬워진다. 한 번에 한 가지 감각에만 집중하도록 하라. 만약 주의력이 다른 감각으로 가버리면 그것을 깨닫는 순간, 즉시 처음의 그 감각으로 주의를 돌리도록 하라.

Ⓠ 하지만 생각이 계속 마음을 혼란스럽게 한다.

Ⓐ 그렇다. 그게 바로 생각하는 자아의 본성이다. 생각은 끊임없이 당신을 경험에서 끌어내면서 혼란스럽게 한다. 그러니 생각이 수다를 떨기 시작하거든 그냥 "말해줘서 고마워, 마음아"라고 말하라. 아니면 스스로에게 "생각하기"라고 혼잣말을 하도록 하라. 그리고 천천히 다시 감각에 집중하도록 하라. 주의력이 산만해지고 있다는 생각이 들 때마다 무엇이 당신을 어지럽히는지 잠시 시간을 내어 적어보도록 하라(기억, 생각, 이미지). 그리고 천천히 다시 집중하라. 이런 일을 할 때마다 두 가지 가치 있는 기술을 배우게 된다. 당신이 언제 생각에 사로잡히게 되는지를(인지적 융합) 인지하는 법과 산만해진 뒤에 주의를 다시 집중하는 법을 익히게 된다.

Ⓠ 불쾌한 감정을 위한 공간을 만든 순간, 그 감정이 사라져 버렸다. 매번 이런 것을 기대해도 되는가?

Ⓐ 그렇지 않다. 확장을 연습할 때 재빨리 불쾌한 감정이 사라져 버리는

수가 많다. 하지만 해제 기법의 경우와 마찬가지로 이것은 거의 보너스일 뿐이고 주목적은 아니다. 확장의 목적은 단지 감정을 위한 공간을 만드는 것, 그리고 당신이 어떤 감정을 느끼든 그 감정과 싸우지 않고 그 감정을 있는 그대로 느끼는 것이다. 그런 감정은 종종 매우 빨리 움직이지만 때로는 그렇지 않을 때도 있다. 그래서 만약 유쾌한 기분을 기대하고 있다면 곧 실망하고 결국 다시 감정과 싸우게 될 것이다.

Ⓠ 감정이 사라졌다가도 곧 다시 돌아온다.

Ⓐ 불쾌한 감정은 대부분 반복적으로 떠오른다. 사랑하는 사람이 죽었다면 몇 주 동안, 몇 달 동안 슬픔의 파도에 잠기게 될 것이다. 또 암이나 다른 심각한 질병에 걸렸다는 진단을 받는다면 계속해서 두려움의 파도가 밀어닥칠 것이다. "파도를 멈출 수는 없지만 파도타기를 배울 수는 있다"는 속담도 있다.

Ⓠ 감정을 위한 공간을 만들었지만 바뀌지 않았다.

Ⓐ 때로 감정은 빨리 바뀌고 때로는 그렇지 않다. 감정이 당신의 계획에 따라 바뀌는 것이 아니라 그 나름대로 적당한 때 변한다는 사실을 받아들일 필요가 있다.

Ⓠ 좋다. 내 감정을 수용했다. 이제는 무엇을 하나?

Ⓐ 감정을 받아들인 다음, 당신에게 소중한 삶의 영역을 선택해서 당신의 가치에 따라 효과적인 행동을 취하도록 하라.

Ⓠ 왜 되풀이해서 행동과 가치를 언급하는가?

Ⓐ 행동은 중요하다. 왜냐하면 생각이나 감정과 달리 행동에 대해서는 직접적인 통제를 할 수 있다. 감정이 당신을 혼란스럽게 하는 상황에서 당신을 제대로 인도하고 자극하는 것은 가치이다. 그러므로 가치

는 매우 중요하다. 종종 두려움과 맞서게 될지라도 스스로 진심으로 인정하는 가치에 따라 행동함으로써 본질적으로 만족감과 보람을 얻을 수 있다. 만족, 기쁨, 사랑과 같은 유쾌한 감정은 가치에 따라 살 때 자연스럽게 얻어지는 부산물이다. 그러나 그런 것만 있는 것이 아니다. 다른 부산물들도 있다. 두려움, 슬픔, 분노, 좌절, 실망과 같은 불쾌한 감정들이다. 불쾌한 감정 없이 오로지 유쾌한 감정만을 가질 수는 없다. 이 때문에 우리는 유쾌한 감정, 어중간한 감정과 불쾌한 감정 등 모든 감정을 어떻게 수용할 것인가를 배워야 하는 것이다.

Ⓠ 수많은 자기 계발법은 기분이 나쁠 때 따뜻한 물로 목욕하기, 음악 듣기, 책 읽기, 뜨거운 코코아를 마시기, 마사지 받기, 애견과 산책하기, 좋아하는 운동을 하기, 친구와 시간 보내기 같은 일을 해볼 것을 권하고 있다. 당신은 그런 행동을 하지 말라고 제안하고 있는가?

Ⓐ 이것은 제2장에서 나왔던 질문과 비슷하다. 기분이 나쁠 때 도움이 되는 활동에 대해 온갖 충고를 들어왔을 것이다. 그리고 당신이 진심으로 그 활동에 가치를 두는 한, 다시 말해서 그런 활동이 진짜로 당신에게 의미가 있다는 생각으로 몰입하는 한 대체로 매우 만족스러울 것이다. 하지만 주로 불쾌한 감정으로부터 도피하기 위해 이런 활동을 한다면 그것은 도움이 되지 않을 것이다. 두려운 것으로부터 도망치고 있을 때 삶에 감사하기란 힘든 법이기 때문이다. 그러므로 ACT에서는 항상 수용이 우선 순위다. 먼저 감정을 위한 공간을 만들고 그 감정을 있는 그대로 수용하라. 그런 다음 "지금 이 순간에 진정으로 의미 있고 중요한 어떤 일을 할 수 있는가?"라고 질문하라. 이는 "어떻게 하면 더 좋은 기분을 느낄 수 있나?"라는 질문과는 완전히 다르다. 그리고 일단 진심으로 가치를 두는 활동을 정하고 행동으로 옮겨라.

이 3단계를 간단한 약자로 기억할 수 있다.

A = Accept 내면의 경험을 수용하라.
C = Choose 가치를 두는 방향을 선택하라.
T = Take action 행동으로 옮겨라.

물론 일단 불쾌한 감정을 완전히 수용하고 가치를 두는 활동과 종종 나타나기 시작하는 유쾌한 감정에 몰입하라. 하지만 앞에서 여러 번 말했듯, 이것은 단지 보너스일 뿐이며 주목적이 아니다. 주목적은 당신이 어떻게 느끼는지와 상관없이 의미 있는 활동에 전념하는 것이다. 이것이야말로 장기적으로 삶을 풍요롭게 하는 것이다.

Ⓠ 이제 나의 감정을 조금은 수용했지만 다시 감정과 싸우기 시작했다.

Ⓐ 보통 그렇다. 되풀이해서 수용하고, 수용하고, 또 수용해야 할 필요가 있다. 수용의 뜻이 일회적인 행동인 것처럼 보이기 때문에 수용이라는 단어를 잘못 이해하고 있다. 사실 수용은 계속 진행되는 과정이다. 수용하고 있다고 하는 편이 더 나은 표현이 아닐까?

Ⓠ 만약 업무 중이거나 아니면 가만히 앉아 확장을 연습할 수 없는 상황일 때 강한 감정이 찾아오면 어떻게 해야 하나?

Ⓐ 인내심을 가지면 확장은 거의 즉시 일어날 수 있다. 천천히 심호흡하고 보디 스캔을 하고 감정을 위한 공간을 만들어주는 데 불과 몇 초밖에 걸리지 않는다. 일단 그렇게 했다면 감정에 사로잡히기보다는 효과적인 행동을 하는 데 집중하라.

Ⓠ 천천히 심호흡하는 것이 꼭 필요한가?

Ⓐ 아니다. 그렇지는 않지만 대부분의 사람들에게 그렇게 하는 것이 도움이 된다. 확장 연습에서 다른 두 단계, 즉 관찰하기와 인정하기는 꼭 필요하다.

Ⓠ 감정이 당황스러운 부작용을 가져올 때, 이를테면 얼굴이 붉어질 때는 나의 감정을 어떻게 수용할 수 있나?

Ⓐ 가족 주치의 시절에 나는 어린이 환자의 상처를 봉합하는 일을 무척 싫어했다. 상처를 꿰맬 때 아이들은 보통 질겁하면서 비명을 질러대고 부모들이 말리면 울음을 터뜨린다. 그럴 때는 내가 마치 사디스트가 된 것 같았다. 종종 나는 몹시 불안했고 유감스럽게도 손이 떨리기 시작했다. 정말로 당황스러웠지만 그것 때문에 흥분했다면 내 손은 더욱 떨렸을 것이다. 손이 떨리는 것이 싫었지만 어쩔 수가 없었다. 신경이 날카로워지기만 하면 어김없이 손이 떨렸다(내가 폭탄 제거 전문가가 되지 않았던 것도 이 때문이다). 이런 상황에서 현명한 방법은 수용하는 것뿐이다. 나는 "상처를 봉합하기 시작할 때 내 손이 조금 떨릴 것입니다. 하지만 걱정할 필요는 없어요. 어린 환자의 상처를 꿰맬 때 흔히 있는 일이니까요. 그렇다고 해서 봉합하는 데 절대로 문제가 될 것은 없습니다"라고 부모들에게 설명하곤 했다. 그런 다음 봉합에 열중하면 점차 손이 떨리지 않게 되었다(항상 그런 건 아니었지만 대체로 그랬다. 손이 계속 떨리는 경우는 거의 없었지만 그런 경우에도 일단 수용한 후에는 손 떨림에 대처하기가 훨씬 쉬워졌다).

강한 감정을 가질 때 우리 몸은 온갖 거북한 반응을 보인다. 가령 홍조 현상이나 근육 경련, 전율, 발한, 위경련, 발기 불능이 될 수도 있으며 오르가슴을 느끼지 못할 수도 있고 기절, 구토 등의 현상이 나타날 수도 있다. 이런 반응들은 종종 투쟁 스위치를 켜두었을 때 일어나는 결과라는 사실을 기억하라. 투쟁 스위치를 켜두면 감정은 증폭되고(이를테면 불안에 대해 더욱 불안해진다), 따라서 신체적 반응은 더욱 커진다. 투쟁 스위치를 꺼놓으면 감정은 더욱 작고 빠르게 변화되고, 그로 인해 신체적 반응이 덜 강렬해진다. 만약 이런 반응과 싸우지 않고 수용한다면 훨씬 더 나은 상태가 된다. 만약 감정과 싸운다면 감정은 격렬해지고 신체적 반응은 더욱 나빠진다. 반대로, 신체적 반응을 수용할 때 종종 신체적 반응이 개선된다.

우리가 항상 수용과 행동이라는 양면의 과정에 관해 이야기하고 있다는 사실을 기억하라. 따라서 이런 신체적 반응을 수용하는 것이 그 첫 단계이다. 만약 효과적인 방법이 있다면 반드시 그렇게 하라. 효과적인 방법이 없다면 수용이 최고의 선택이다.

Ⓠ 당신에 대해 의심스러운 생각이 들기 시작한다. 당신은 불안하고 신경이 과민한 사람 같다.

🅐 ACT에서는 솔직함을 매우 강조한다. ACT 심리치료사들은 깨달은 사람인 체하거나 달관한 체하면서 돌아다니지 않는다. 우리는 기꺼이 스스로 인간이라는 사실을 인정하고 당신들과 똑같은 함정에 빠진다. 사실 우리는 종종 의뢰인들에게 "나를 본받으려 하거나 내가 완벽한 삶을 살아간다고 생각하지 마라. 이것은 마치 당신은 그쪽에서 당신 앞에 있는 산을 오르고 나는 이쪽에서 내 앞에 있는 산을 오르고 있는 것과 같다. 게다가 내가 이미 정상을 정복하고 그곳에서 쉬고 있는 것과는 다르다. 내가 올라간 산에서는 당신이 볼 수 없는 당신 산의 장애물이 보인다. 그래서 나는 당신에게 지적해 줄 수 있고 그 주변의 다른 길을 알려줄 수 있는 것이다"라고 말한다.

나 자신도 살아가면서 상당히 많은 불안을 경험하고 있다. 하지만 요즘은 불안에 잘 대처한다. 가령 대중 앞에서 말을 할 때 불안과 싸우지 않고 불안을 완전히 수용한다(누구보다도 그런 감정을 경험하는 것을 싫어하지만 내가 가치를 두는 일을 하기 위해 나는 기꺼이 그런 감정을 가지려는 것이다). 강단에 올라서기 바로 직전에 나의 불안은 최고조가 된다. 말을 하기 시작하면 불안이 가라앉거나 가라앉지 않거나 둘 중 한 가지 일이 일어난다. 보통은 불안이 재빨리 가라앉는다. 하지만 그렇지 않더라도 문제가 되지는 않는다. 이제는 내가 온전히 불안을 수용하기 때문이다.

내 삶을 돌아보면 수용이 나의 불안 수준을 얼마나 낮추어주었는지 알 수 있다. 주니어 닥터(레지던트, 영국에서는 의사를 junior doctor, senior doctor, consultant로 구분한다)였을 때 나는 종종 불안해했고, 그 결과 손은 종종 땀에 젖었다. 그때 나는 땀에 젖은 손 때문에 점점 더 불안해졌다. 어떻게 되었을까? 맞다. 상황은 더 나빠져서 손가락 사이에 물집이 잡히는 땀띠가 생겼다. 요즘도 내 손은 가끔씩 땀에 젖어 있지만 자주 그런 것은 아니다. 이제는 땀 때문에 걱정하지 않기 때문이다. 좀 더 옛날로 거슬러 올라가 보면 의과대학생이었을 때 나는 사회불안 장애로 무척 고생했고 불안을 떨쳐버리려고 과음을 했다. 그 결과 언제나 술에 취해 살았고 결국 어리석고 터무니없는 짓을 하기도 하고 끔찍한 숙취로 아침을 맞이하곤 했다. 오늘날에도 여전히 어떤 사회적 상황에서는 불안을 느끼지만 이제는 내가 불안을 수용하기 때문에 불안은 왔다가 가고 악순환의 고리로 증폭되지 않는다. 그 결과 과음이라는 불쾌한 부작용 없이 친목 행사를 즐기게 되었다(요즘은 거의 음주를 하지 않는다).

물론 아직도 불안을 제대로 다루지 못하는 때도 있고, 이 책에 써놓은 모든 것을 완전히 잊어버릴 때도 종종 있고, 쓸데없이 걱정하면서 집 안을 서성거리고 다닐 때도 있으며, 팀탐을 모조리 먹어치울 때도 있다. 하지만 나이를 먹어가면서 그런 행동을 덜 하게 되었고 나 자신을 다잡을 수 있게 되어 그런 행동을 하는 대신 더 효과적인 일을 하게 되었다.

당신들도 틀림없이 나와 똑같이 나아질 것이다. 때때로 이런 새로운 기법을 사용하게 될 것이고 보상을 받게 될 것이다. 때로는 그 모든 기법을 잊어버리기도 할 것이다. 삶을 살아가는 동안 당신은 끊임없이 감정에 사로잡혀 싸우게 될 것이다. 그것은 나쁜 소식이다. 다행스러운 것은 이런 일을 깨닫는 순간부터 당신은 훨씬 더 효과적으로 반응할 수 있다는 점이다.

Ⓠ 정말이지 나는 이런 수용 같은 것을 원하지 않는다. 틀림없이 감정을 다루는 더 쉬운 방법이 있을 것 같다.

Ⓐ 감정에 대한 당신의 경험을 믿을 필요가 있다. ACT는 특히 다양한 유형의 심리치료나 자기 계발 프로그램을 시도해 본 의뢰인들에게 효과적이다. 이런 사람들은 이미 통제 전략이 장기적으로 그다지 효과가 없다는 사실을 경험했기 때문이다. 당신은 최면, 시각화, 단언하기, 긍정적으로 사고하기 등 몇 가지 보편적 방법을 시도해 보고 실제로 그런 방법이 자기에게 장기적으로 그다지 효과적이지 않다는 사실을 알아볼 필요가 있을지도 모른다. 어쩌면 그런 다음에야 ACT를 받아들일 준비가 될지도 모른다. 하지만 그러기 전에 제2장을 다시 생각해 보자. 부정적인 생각과 감정을 통제하기 위해 동원했던 모든 방법을 다시 생각해 보고 자신에게 물어보라. "그 모든 방법이 장기적으로 효과가 있었던가? 결국 당신은 원하는 삶에 접근하게 되었는가?"

Ⓠ 이런 원칙은 모든 감정에 다 적용되는가?

Ⓐ 그렇다. 하지만 대체로 어중간한 감정이나 유쾌한 감정에는 별문제가 없다. 사람들은 보통 불쾌한 감정과 싸우려는 경향이 있다.

Ⓠ 내 몸 안의 감정을 느끼지 못한다. 감정이 전부 내 머리 안에 있다.

Ⓐ 때로 당신은 자신의 몸 안에서 일어나는 감정을 느끼지 못하는데 다른 사람들은 느끼고 있는 것처럼 보일 것이다. 만약 당신이 쉽게 감정을 느끼지 못한다면 당신이 자신의 몸과 연결이 끊어져 있다는 의미이다. 만약 그런 경우라면 신체 자각 연습(13장 참조)을 실시해 보라. 특히 흥분했거나 스트레스를 받았을 때 하루에 두 번씩 3, 4분 동안 연습해 보도록 하라. 오래지 않아 자신의 몸 안에서 감정을 찾아낼 수 있을 것이다. 일반적으로 가장 강렬하게 감정을 느끼는 주요 영역이 있다. 대개 앞이마, 관자놀이, 아래턱, 목, 어깨, 인후, 가슴 그

리고 복부 등이다.

Ⓠ 그러나 굉장히 흥분했을 때는 아무것도 느끼지 못한다. 마비되어 버린다.

Ⓐ 그러면 마비를 받아들이는 연습을 하라. 가장 마비된 느낌이 드는 신체 부위를 찾아 그 주변에서 확장 연습을 하라. 보통은 마비된 부위를 위해 공간을 만들어주면 다른 불쾌한 감정이 생겨나는 것을 발견하게 될 것이다. 그러면 그 주변에서 확장 연습을 할 수 있다.

Ⓠ 생각하는 자아는 확장과 서로 돕는가?

Ⓐ 그렇다. 그럴 것이다. 생각하는 자아는 당연히 싸움을 유발하지만 동시에 불쾌한 감정을 수용하는 데 도움을 줄 수도 있다. 생각하는 자아는 혼잣말하기 수용과 이미지 수용이라는 두 가지 방법으로 확장을 돕는다.

혼잣말하기 수용

확장을 연습할 때 어떤 사람들은 혼잣말하기가 매우 유용하다고 말한다. 다음과 같이 혼잣말을 하는 것을 좋아할지도 모르겠다.

- "이런 감정을 좋아하지는 않지만 이 감정을 수용할 공간을 가지고 있어."
- "이런 감정이 불쾌하긴 하지만 수용할 수 있어."
- "나는 …한 감정을 가지고 있어."
- "나는 이런 감정을 싫어해. 이런 감정을 원하지 않을뿐더러 이런 감정을 인정하고 싶지 않아. 하지만 지금 바로 여기서 그 감정을 수용하고 있어."

진정한 수용은 생각하는 과정이 아니라 관찰하는 자아와 더불어 열린 마음으로 호기심을 가지고 받아들이는 자세다. 그러므로 조용히 위의 문장들을 읽어보는 것만으로 감정을 진심으로 수용하게 되지는 않을 것이다(혼잣말로 "나는 행복해"라고 하는 것만으로 실제로 행복해지는 것은 아니다). 하지만 이런 말이 자극은 될 수 있다. 감정을 수용하도록 촉구하고 격려한다.

이미지 수용

이것은 3단계 확장 기법의 변형이다. 대체로 시각화를 잘하는 사람들에게 매우 유용하다. 먼저 자신의 몸을 천천히 살펴보고 가장 싫은 감각을 찾아내도록 하라. 마치 호기심 많은 과학자처럼 유심히 그 감각을 관찰하도록 하라. 이제 그 감각을 대상으로 시각화하도록 하라. 크기는 얼마만 하며 어떤 모양인가? 액체인가, 고체인가, 기체인가? 투명한가, 불투명한가? 무슨 색인가? 색깔이 변하는가? 온도는? 가벼운가, 무거운가, 중량이 없는가? 표면의 촉감은 어떤가? 거친가, 부드러운가, 축축한가, 건조한가, 찐득거리는가, 뾰족한가? 뜨거운가, 차가운가? 그 부위에서 무슨 소리가 나는가? 그 안에 진동이나 파동, 움직임이 있는가? 위치는 고정되어 있는가, 그렇지 않은가?

천천히 심호흡을 해보도록 하라. 이 대상의 주위와 안에 호흡을 불어넣도록 하라. 그 대상을 위한 공간을 만들어주어라. 대상을 밀어내려고 하지 마라. 대상을 좋아할 필요는 없다. 단지 그대로 두어라. 그 대상을 없애거나 바꾸려 들지 마라. 그 대상이 스스로 바뀌든 바뀌지 않든 상관없다. 목표는 대상을 수용하는 것이지 없애는 것이 아니다. 이런 감정과 더 이상 싸우지 않게 될 때까지 필요한 만큼 다른 감각에 대해서도 연습하라.

Ⓠ 얼마 동안이나 연습할 필요가 있을까?

Ⓐ 확장은 매우 탁월한 수용 기법으로서 확실히 많이 연습하면 할수록

효과적이다. 그러니 강한 감정과 부드러운 감정을 가지고 충분히 확장을 연습하도록 하라. 가능한 한 많이 연습하도록 하라. 이를테면 차가 막힐 때나 계산대에서 기다릴 때, 약속 시간에 늦게 나타나는 친구를 기다릴 때 확장 연습을 하도록 하라. 그 순간에 어떤 감정을 느끼고 있는지 깨닫도록 하라. 지루한가, 불안한가, 초조한가? 어떤 감정이든 간에 그 감정을 관찰하고 호흡하고 인정하고 원한다면 시각화해 보도록 하라. 그렇게 하면 적어도 단순히 감정과 싸우는 대신 건설적으로 새로운 기법을 개발하는 데 시간을 이용하게 될 것이다.

Ⓠ 계속해서 불쾌한 감정에 집중하는 것이 건강을 해치지는 않을까?

Ⓐ 더 나은 수용 기법을 발전시킬 수 있을 경우에만 불쾌한 감정에 집중하라고 했다. 삶에서 지나치게 감정에 집중한다면 문제만 초래할 뿐이다. 그렇게 하면 더 중요한 일에 집중하지 못한다. 수용 연습의 궁극적인 목표는 다음과 같은 것이다.

- 감정을 인지하는 것이지 감정에 사로잡히는 것이 아니다.
- 감정을 완전히 수용하고 감정이 왔다가 가는 것을 인정한다.
- 감정을 수용하는 것이 도움이 된다면 그때는 감정을 수용한다.
- 그렇지 않으면 가치를 두는 일에 집중한다.

Ⓠ 지금까지는 감각을 다루는 일에 초점을 두었는데 충동은 어떻게 다루는가?

Ⓐ 충동 파도타기라고 알려진 간단한 기법을 사용한다. 이 주제에 대해서는 다음 장에서 다루기로 하자.

15

충동 파도타기

감정은 우리 몸의 행동을 촉진한다. 즉, 모든 감정은 특정한 방식으로 행동하도록 자극한다. 그 자극을 충동이라고 한다. 화가 났을 때 우리는 소리를 지르거나 뭔가를 부수거나 사람을 치거나 아니면 “내 말이 다 맞아!” 하면서 자기가 옳다는 사실을 밝히려고 하는 충동을 느낀다. 슬플 때는 드러눕거나 울거나 몸을 웅크리거나 누군가에게 꼭 안기고 싶은 충동을 느끼기도 한다. 또 두려울 때는 도망가거나 숨거나 쥐 죽은 듯 조용히 있거나 서성거리거나 재빨리 말하고자 하는 충동이 일어나기도 한다.

우리는 주로 감정에서 비롯된 충동 외에도 많은 충동을 경험한다. 먹거나 마시거나 자거나 성행위를 하거나 운동을 하고 싶은 충동도 느낀다. 중독은 대체로 도박, 마약, 술 등에 빠지고 싶은 강렬한 충동을 야기한다. 식이 장애는 또한 음식을 먹거나 굶거나 구토를 하고 싶은 강한 충동을 동반한다.

이보다는 조금 덜 뚜렷한 충동도 있다. 불쾌한 감정이 일어날 때 우리는 종종 통제 전략을 사용하고 싶은 강한 충동을 느낀다. 가령 불안할 때마다 나는 몹시 초콜릿이 먹고 싶거나 영화를 보러 가고 싶어진다. 불안하면 스카치 위스키를 더블로 마시거나 담배를 피우거나 달리기를 하고 싶은 충동을 느끼는 사람들도 있다.

충동은 어떤 감정인가

충동을 깨닫지 못할 수도 있지만 충동은 신체의 특정한 부분에 훨씬 더 많이 영향을 미친다. 충동은 우리 몸의 어느 부분이 행동할 준비가 되어 있느냐에 달려 있다. 몸에 집중해 보면 이런 준비가 일어나는 것을 느낄 수가 있다. 가령 나는 초콜릿을 먹고 싶은 충동이 있을 때 먼저 입 안이 준비되는 것을 느낄 수 있다. 입 안에 침이 고이고 혀는 가만히 있지 못하고 입술을 핥기 시작한다. 그리고 마치 뭔가를 씹기를 원하는 것처럼 알 수 없는 긴장감이 턱에 느껴진다. 충동이 더욱 강해지면서 위가 약하게 꾸르륵대는 것을 느끼기도 한다. 충동이 점점 강해지면서 다리가 안절부절못하고 있는 것을 느끼기도 한다. 급기야는 일어나 초콜릿을 찾을 수 있는 곳으로 움직이려는 충동을 느낀다.

이런 감각은 막연하다. 여기서 긴장, 침착하지 못함, 안절부절못함 같은 단어들을 사용하고 있다는 사실에 주목하라. 이런 것들은 매우 표현하기 어려운 감각이다. 주로 행동으로 옮기게 하는 충동이기 때문이다. 하지만 누구나 이런 감각을 경험해 왔다. 그리고 충동을 다루는 데 있어서 요점은 충동을 자각하는 법을 배우는 것이다. 즉, 어디에서 충동이 일어나고 있으며 어떤 느낌이 드는지를 깨닫는 것이 중요하다(신체적 자각에 있어서는 더욱 그러하다).

다음번에 음식을 먹거나 마시거나 담배를 피우거나 고함치거나 도망가고 싶은 충동을 느낄 때는 보디 스캔을 하면서 어느 부분에서 그 감각을 느끼는지에 주의를 기울여 보자. 좀 더 주의를 기울인다면 갖가지 희미한 감각을 감지할 수 있을 것이다. 가령 안절부절못하는 다리에 집중한다면 움직일 준비를 하고 있는 다리 근육에 긴장과 탄력이 느껴지는 것을 알 수 있다. 혈류가 증가하고 신경의 전기적 활성이 변하기 때문에 따뜻하거나 찌릿한 느낌이 들 수도 있다.

충동을 능숙하게 다루려면 조금만 연습하면 된다. 연습을 하다 보면 충동에는 중요한 두 가지 요소가 있다는 사실을 발견하게 될 것이다.

1. 신체가 행동을 준비하고 있다는 사실을 알려주는 막연한 감각
2. 하고자 하는 행동에 관한 생각과 이미지

다시 초콜릿에 대한 나의 충동으로 돌아가 보자. 입과 위, 다리에 전해지는 그런 감각은 초콜릿을 먹는 데 대한 생각, 이미지와 동

시에 발생할 것이다. 마찬가지로 만약 사교 모임에 참석해서 불안을 느끼고 있다면 일찍 자리를 뜨는 게 어떨까 하는 생각이나 이미지가 떠오르면서 동시에 다리가 안절부절못하는 감각을 가지게 될 것이다.

행동할 것인가, 행동하지 않을 것인가

충동에 따라 행동하든지 행동하지 않든지 간에 둘 중 한 가지 방법으로 충동에 대처할 수 있다.

그러므로 일단 강한 충동을 느낀다면 다음과 같이 자신에게 물어볼 필요가 있다. 이 충동에 따라 행동한다면 내가 되고자 하는 사람처럼 행동하는 걸까? 그 행동이 내가 원하는 방식의 삶을 사는 데 도움이 될까?

이 두 질문에 대한 답이 "예"라면 그 충동에 따라 행동하는 것이 옳다. 가령 만약 당신이 누군가에게 불쾌하게 굴었다면 그 일에 대해 죄의식을 느끼고 사과하려는 충동을 가지게 될 것이다. 만약 그 행동이 당신이 되고자 하는 사람, 당신이 지키고자 하는 것과 일치하는 것이라면 그 사람에게 사과하는 것이 현명하다.

반대로 누군가에게 언짢게 대해왔고 여전히 그들에 대해 좋지 않은 감정을 갖고 있다고 가정해 보자. 이런 경우에는 사과하려는 충동보다 그들에게 심술궂은 편지를 쓰거나 다른 사람들에게 그들에 관한 악의에 찬 말을 하고 싶은 충동을 느낄 수도 있다. 만약 이런 행동이 당신이 되고자 하는 사람이나 살고자 하는 삶의 방향과 조화를 이루지 않는다면 그런 행동을 하지 않은 것이 현명하다.

이제 세 번째 시나리오를 상상해 보자. 당신이 마감 시간에 맞추기 위해 늦게까지 일하거나 공부하고 있을 때 친구에게서 한잔 하자는 전화가 걸려왔다고 상상하자. 일을 좀 더 해야 하기 때문에 친구의 제의를 거절한다. 친구는 기분이 상해서 외롭고 비참하고 같이 있어줄 사람이 아무도 없다고 투정을 부리면서 당신의 죄책감을 자극한다. 당신은 몇 시간만 더 일을 하고 난 다음에 그녀가 이쪽으로 오면 한잔 할 수 있을 거라고 대답한다. 그녀는 화가 나서 전화를 끊어버린다.

이런 상황에서 사람들은 매우 다양한 정서적 반응을 보이게 될 것이다. 정서적 반응은 학습 경력, 즉 직간접적으로 배운 모든 내용에 달려 있다. 말하자면 책이나 선생님, 부모님, TV, 영화, 노래, 비디오 게임, 친구, 가족, 동료에게서 얻은 간접적인 경험과 인간관계나 사교 예의, 의사소통, 협상에서 얻은 당신 자신의 직접적인 경험, 게다가 자신의 생각과 감정을 어떻게 연관시킬 것인지에 관해 배운 것까지 전부 학습 경력에 포함된다. 주어진 상황에 대한 정서적 반응은 문자 그대로 살아오면서 습득한 수백만 가지 학습 경험에 의해 만들어진다는 말이다. 따라서 감정이 단지 특정한 생각, 말하자면 부모님이 당신을 대우한 방식이나 뇌의 화학적 균형에서 비롯된다고 보는 것은 지나치게 단순화한 생각이다.

주어진 상황에서 어떻게 느껴야 하는지에 대해 옳은 것도 없고 잘못된 것도 없다. 마음은 이렇게 저렇게 느껴야 한다고 말하지만 그것은 마음이 그냥 해보는 소리일 뿐이다. 당신이 이러저러하게 느껴야 한다고 말해주는 사람들도 있겠지만 그것 역시 그냥 해보는 소리일 뿐이다. 현실은 간단하다. 당신이 느끼는 것이 바로 당신의 감정인 것이다. 현실과 싸워서 얻을 게 뭐가 있겠는가?

주어진 상황에서 우리가 느끼는 감정은 다음 세 가지에 따라 결정된다.

1. 뇌와 신경 체계의 기능과 구조, 현재의 건강과 행복 상태 등 신체적 상태와 그 상황이 발생하기 직전의 정서적 상태
2. 학습 경력, 즉 그 상황과 별로 관계가 없는 것까지 포함해서 살아오면서 직간접적으로 배운 모든 것
3. 당면한 특별한 상황

따라서 위의 시나리오에서 사람들이 다양한 정서적 반응을 보이는 것은 지극히 당연한 일이다. 또 다양한 정서적인 반응은 다른 충동을 일으킬 것이다. 만약 친구에게 화가 난다면 다시 그녀에게 전화해서 소리를 지르고 싶을 수도 있다. 죄책감을 느낀다면 친구에게 전화해서 사과하고 그녀와 화해하기 위해 계획을 바꾸고 싶은 충동을 느낄 수도 있다. 슬픔을 느낀다면 울 수도 있다. 만약 그 상황에 대처한 자신의 행동이 만족스럽고 죄책감에 빠지지 않는다면 허공에 주먹을 휘두르며 "예스"라고 소리치고 싶은 충동을 느끼

게 될지도 모른다. 그 상황이 괴롭게 느껴진다면 일을 그만두고 나가서 아이스크림을 먹고 싶은 충동을 느낄 수도 있다.

충동이 어떤 것이든 간에 맨 처음 단계는 그 충동을 깨닫는 것이다. "이런 행동을 하려는 충동을 느끼고 있군!"이라고 잠자코 인정하는 것이 도움이 된다. 제2단계는 자신의 가치에 비추어 그 충동을 점검해 보는 것이다. "이런 충동에 따라 행동하는 것이 내가 되고자 하는 사람이 되는 데 도움이 될까? 만약 '그렇다'는 대답이라면 그 충동을 계기로 삼아 거리낌 없이 그렇게 행동하면 된다. 하지만 만약 '아니오'라는 대답이라면 당신의 가치관에 맞는 다른 행동을 취해야 한다.

21세의 여대생인 리사의 경우를 예로 들어보자. 리사는 친구들과 친밀한 관계를 유지하는 일에 가치를 두고 있다. 친구들과 자주 만나 교제하는 것은 그녀의 삶에서 중요한 부분이다. 하지만 우울한 날에는 집에 혼자 있고 싶은 충동을 느낀다(우울한 기분일 때 흔히 이런 충동을 느낀다). 이런 경우에 주로 갈등이 생기게 된다. 그녀의 삶의 가치는 교제라는 방향을 가리키고 있는데 충동은 집에 혼자 있는 방향을 가리키고 있다. 어느 쪽이 그녀가 원하는 방향으로 삶을 이끌어가는 행동일까? 충동에 따라 혼자 집에 있는 것일까, 아니면 가치에 따라 집 밖에 나가서 친구를 만나는 쪽일까?

물론 만약 리사가 진심으로 집에 머무는 것에 가치를 둔다면, 이를테면 중요한 시험에 대비하여 공부를 하고자 한다면 문제는 달라진다. 그런 경우라면 집에 남아 있는 편이 삶을 원하는 방향으로 이

끌어갈 것이고, 따라서 충동에 따라 행동하는 것이 현명할 것이다.

밀고 당기기

만약 충동이 우리를 한 방향으로 밀어내고 가치는 우리를 다른 방향에서 당긴다면 어떻게 해야 할까? 우리는 충동과 싸우기를 원하지 않는다. 그렇게 되면 효과적인 행동에 집중할 수가 없기 때문이다. 그래서 ACT의 목표는 충동에 저항하거나 통제하거나 억압하기보다는 충분한 시간과 공간을 주어서 충동이 에너지를 모두 써버리게 하는 것, 다시 말하자면 확장을 연습하는 것이다. 확장을 연습하기 위해 매우 유용한 기법으로 충동 파도타기라고 불리는 것이 있다.

해변에 앉아서 파도를 본 적이 있는가? 파도가 마냥 밀려오고 밀려가는 광경을 지켜본 적이 있는가? 파도는 조그맣게 시작해서 엄청나게 커진다. 그러고는 점점 더 속력이 빨라지고 거대해진다. 파도는 최고조(파도의 물마루)에 도달할 때까지 계속해서 커지면서 전진하다가 일단 물마루에 도달한 다음에는 점차 잠잠해진다. 우리 몸의 충동에 있어서도 이와 똑같은 현상이 나타난다. 충동은 조그맣게 시작해서 서서히 커진다(보통은 이렇지만 때로는 놀라울 정도로 급격히 일어날 수도 있다).

우리는 종종 자신의 충동과 싸우기도 한다. 사람들이 충동에 저항한다거나 충동에 굴복한다고 말하는 것도 이 때문이다. 충동 파도타기는 충동에 저항하거나 통제하려고 하지 않고 다만 충동에 공간을 내주는 것이다. 파도에게 충분한 공간을 준다면 파도는 물마루에 도달할 것이고 다음에는 저절로 잠잠해질 것이다. 그러나 파도가 저항을 만나면 어떻게 될까? 해변이나 바위에 부딪쳐 부서지는 파도를 본 적이 있는가? 바위에 부딪칠 때 파도는 엄청난 소리와 위력을 과시하지 않던가!

충동 파도타기는 간단하면서도 효과적인 기법으로서 충동을 파도처럼 잠재우는 방식이다. 말하자면 파도가 잠잠해질 때까지 파도타기를 하는 것이다. 이 용어는 1980년대에 심리학자 앨런 말라트Alan Marlatt와 주디스 코돈Judith Cordon이 약물 중독에 관한 혁신적인 작업의 일환으로 내놓은 신조어이다. 그들이 중독성 충동에 이용했던 이 원칙은 하루 종일 이불 속에 있고자 하는 충동, 과정을 끝내고자 하는 충동, 두려운 도전을 회피하고 싶은 충동, 보살피고 있는 사람에게 소리를 지르고 싶은 충동 등 어떤 충동이든 우리가 느끼는 모든 충동에 똑같이 적용될 수 있다.

충동에 떠밀려 다니지 않고 충동 파도타기를 하려면 집중해서 다음과 같이 하면 된다.

- 신체 중 가장 강하게 충동을 느끼는 곳이 어디인지 관찰하라.
- "나는 이런 일을 하려는 충동이 있어"라고 인정하라.
- 충동이 일어나고 가라앉는 것을 그냥 지켜보라.
- 충동을 억압하거나 없애려고 하지 말라.

- 충동 안으로 숨을 불어넣어 충동을 위한 공간을 만들어라.
- 마음이 충동을 판단하거나 비평하거나 "그 일은 네가 감당할 수 없어"와 같은 쓸데없는 이야기를 할 때 그 이야기에 집중하지 말고 그냥 왔다가 가게 내버려 두어라.
- 재빨리 일어났다가 사라지는 충동도 있고 오래 남아 있는 충동도 있다. 충동이 제멋대로 일어나고 가라앉는 것을 인정하라.
- 충동을 크기 1에서 10까지 점수를 매기는 것이 도움이 될 것이다. 이를테면 "나는 담배를 피우고자 하는 충동을 가지고 있어. 이 충동의 크기는 7이야"처럼 점수를 매겨라.
- 충동을 위한 공간이 있다면 충동이 얼마나 크게 일어나는지는 상관없다. 결국 충동은 파도의 물마루에 도달할 것이고 그런 다음 사라질 것이다. 그러므로 충동을 관찰하고 숨을 불어넣고 인정하라.

이것이 충동 파도타기의 핵심이다. 다음은 누구나 쉽게 따라 할 수 있는 충동 파도타기 방법이다.

약어 OBSERVE

스스로 문제가 되는 충동을 발견할 때마다 따라할 수 있는 간단한 기법이 있다. 약어 OBSERVE로 간단히 쓸 수 있는 이 기법을 잘 기억하기 바란다.

O = Observe 관찰하기
B = Breathe 호흡하기
S = Surf 파도타기
E = Expand 확장하기
R = Refocus 재조명하기
V = Values 가치 두기
E = Engage 몰두하기

각 항목을 자세히 살펴보자.

Observe 관찰하기는 당신이 마치 호기심 많은 과학자처럼 충동을 관찰한다는 의미이다. 신체 어느 부위에 충동을 느끼는가? 그것은 어떤 느낌이 드는가? 관련된 생각과 이미지를 인정하고 조용히 충동을 깨닫도록 하라. 이를테면 "나는 도망가고자 하는 충동을 가지고 있다"라고 하면 된다.

Breathe 호흡하기는 천천히 심호흡을 하는 것이다. 충동 안으로 숨을 불어넣어 충동을 위한 공간을 만들어라.

Surf 파도타기는 마치 바다에서 파도를 타듯 충동을 다룬다는 의미이다. 어디서 충동을 느끼는지, 얼마나 강렬한 것인지 깨닫도록 하라. 충동이 어떤 식으로 커지는지, 최고조에 오르는지, 가라앉는지를 잠자코 인지하도록 하라. 충동의 크기를 1에서 10까지로 점수를 매길 수도 있고 충동이 커지고 최고조에 오르고 사그라짐에 따라 그 숫자가 증가하고 줄어드는 것을 인지하라. 충동을 몰아내려고 하지 마라. 충동이 일어났다가 저절로 가라앉는 대로 두도록 하라.

Expand 확장하기는 충동 안으로 호흡을 불어넣어 충동을 위한 공간을 만드는 것이다. 충동이 얼마나 크든 간에 당신보다 클 수는 없으니까! 충동을 있는 그대로 인정하고 싸우려 들지 마라. 충동을 위한 공간을 만들어준다면 조만간 충동은 최고조에 달해서 잠잠해지게 되어 있다.

Refocus 재조명하기는 쓸데없는 생각으로부터 스스로 벗어나게 함으로써 바로 지금 여기서 일어나고 있는 일에 집중하도록 하는 것이다.

Values 가치 두기는 마음속으로 중요하게 생각하는 것, 즉 당신이 되고자 하는 사람, 일구고 싶은 삶과 연결하는 시간을 갖는다는 의미다.

Engage 몰두하기는 당신이 선택한 모든 가치 있는 행동에 완전히 몰입한다는 뜻이다. 생각과 감정은 왔다 가게 내버려 두고 행동에 온전히 집중한다는 뜻이다.

OBSERVE는 매우 유용한 도구이다. 그러나 기억하기 어렵다고 생각하는 독자들도 많을 것이다. 그렇다면 간단히 기억할 수 있는 더 간단한 약자 ACT가 있다.

A = Accept 내면의 경험을 수용하라.

C = Choose 가치를 두는 방향을 선택하라.

T = Take action 행동으로 옮겨라.

균형 찾기

삶을 살아가는 동안 우리는 온종일 충동을 경험하고 있다. 대부분의 경우에 충동에 적절하게 대처하는 것은 그리 어려운 일이 아니다. ACT에서는 의미 있는 삶을 살아가는 데 방해가 되는 충동만을 다루고 있다. 이를테면 나는 꽤 자주 초콜릿을 먹고 싶은 충동에 따라 행동했지만 그것이 문제가 되지는 않았다. 하지만 매번 그 충동에 따라 행동했다면 지금쯤 내 몸은 아마도 코끼리처럼 불어났을 것이고 건강에 관한 나의 가치에서 많이 벗어나게 되었을 것이다. 그 반면에 내가 단 한 번도 그 충동에 따른 적이 없다면 쉽고도 만족스러운 즐거움 한 가지를 불필요하게 없애버린 셈이 될 것이다.

요컨대 균형이 필요하다는 말이다. 이러한 균형을 찾으려면 노력을 게을리하지 말아야 한다. 다시는 자멸적인 충동에 따라 행동하지 않겠다고 다짐하면서 스스로에게 터무니없는 기대를 하지 않도록 하라. 물론 앞으로도 그럴 것이다. 당신은 인간이니까. 살아가는 동안 당신은 수많은 실수를 거듭하게 될 것이다. 하지만 자신이 무슨 일을 하고 있는지 깨닫는 순간, 더욱 효과적인 일을 할 수 있게 된다는 사실을 기억하도록 하라. 갈수록 좀 더 빨리 자신을 다잡을 수 있게 된다.

충동 파도타기가 매우 유익하기는 하지만 다른 기법과 마찬가지로 충동 파도타기 역시 연습이 필요하다(우선 충동이 오고 있다는 사실을 알아야 한다). 가장 좋은 연습 방법은 골치 아픈 충동에 직면할 것 같은 상황에 스스로 처하는 것이다. 하지만 도전적인 상황이 아니라 삶을 의미 있는 방향으로 나아가게 하는 상황을 선택하도록 하라.

가치를 두는 방향으로 살아갈 때 당연히 발생하게 되는 두세 가지 힘든 상황을 선택해 보도록 하라. 운동을 하든 수업에 출석하든 데이트를 신청하든 새로운 업무를 시도하든 어떤 상황이라도 좋다. 일단 그런 상황에 처하거든 충동을 깨닫고, 충동 파도타기를 하고, 지금 하고 있는 일에 완전히 몰입하도록 하라.

물론 줄곧 하고 있는 일에 집중하는 것은 어렵다. 특히 생각하는 자아가 떠벌리기 시작한다면 더욱 그럴 것이다. 이 때문에 다음 장에서 이른바 연결이라는 과정을 알아보려고 한다. 연결은 생각과 감정에 사로잡혀 있기보다는 자신의 경험에 완전히 몰입하고 경험과 하나로 연결되는 것이다.

연결은 확장과 해제를 기반으로 하고 있으며 서로 겹치는 부분이 있다. 그러므로 여전히 생각이나 이미지와 싸우고 있다면 연결 기법이 도움이 될 것이다.

하지만 연결 기법을 시작하기 전에 잠시 앞에서 언급한 배 위의 악마들을 되돌아볼 필요가 있다.

16

더 많은 악마들

무서운 악마들이 득실거리고 있는 배로 돌아가 보자. 이제 당신은 다행스럽게도 악마들을 있는 그대로 보기 시작했고 악마들과 평화를 유지하고 있다. 덕분에 어디든 원하는 곳으로 배를 몰고 갈 수 있다. 불쾌한 감정이란 감각이나 충동(말과 이미지를 동반한)에 불과하다는 사실을 알게 될 때 악마와 다른 식으로 관계를 맺을 수 있다. 이제 당신은 불쾌한 감정이 일어나도 그것과 싸우지 않고 그대로 두고 더 가치 있는 일에 집중할 수 있게 되었으니까.

당연히 악마들 때문에 몇 번은 항로를 벗어나게 될 것이다(왜 당연히라고 할까? 그 이유는 당신이 성인군자가 아니라 보통 사람이기 때문이다). 하지만 놀랍지 않은가. 배가 잘못된 방향으로 향하고 있다는 사실을 깨달은 순간, 즉각 방향을 되돌릴 수 있다. 곧바로 말이다! 깨달았기 때문에 가능한 것이다.

물론 때로는 해변에서 너무 멀리 떨어져 있을 수도 있다. 실제로 이때 자주 떠오르는 생각은 바로 "나는 내 삶에서 성취하고 싶은 것에서 너무 멀어졌어. 이제 와서 애쓴들 무슨 소용이 있나?"라는 악마다. 요컨대 해변으로 배를 돌리는 바로 그 순간, 당신은 원하는 방향으로 향하고 있다는 것이다. 그것은 물론 바다 한가운데서 정처 없이 표류하고 있는 것보다 훨씬 보람 있는 일이다.

내면에 도사리고 있는 악마 알아내기

9장에서 생각과 이미지에 관한 주된 악마들을 열거해 보았다. 이제 감정과 감각과 충동에 관한 주된 악마들에 대해 알아보기로 하자. 우선 무의식적으로 마음에 떠오르는 생각과 감정에 주목하면서 다음 일곱 가지 문항을 읽어보자.

1. 인생에서 이루고자 하는 주요한 변화는 무엇인가?
2. 고통스러운 생각과 감정이 더 이상 방해가 되지 않는다면 얼마나 다르게 행동을 할 것인가?
3. 시간과 에너지가 괴로운 감정 때문에 쓰이지 않는다면 어떤 계획과 활동을 시작하거나 계속할 것인가?
4. 두려움이 더 이상 문제가 되지 않는다면 무슨 일을 할 것인가?(쓸데없는 생각과 불쾌한 감정이 방해하지 않는다면)
5. 누구와 어떤 종류의 관계를 구축하고 싶은가?

6. 건강과 체력을 어떻게 개선하고 싶은가?

7. 직장에서 어떤 변화를 도모하고 싶은가?

이 항목을 읽는 동안 아마도 갖가지 쓸데없는 생각과 불쾌한 감정을 느꼈을 것이다. 이런 질문을 읽기만 해도 당장 그런 생각과 감정을 경험하고 있다면 나중에 행동에 집중할 때 분명히 그런 것이 방해가 될 것이다. 그러므로 잠시 시간을 내서 다음 문항에 대한 답을 적어보도록 하라(아니면 적어도 몇 분 동안 생각해 보도록 하라).

- 당신이 가치를 두는 방향으로 배를 몰고 있을 때 어떤 악마들이 갑판 위로 올라올 것 같은가?
- 어떤 감정과 충동, 감각이 방해물이 될 것 같은가?
- 어떤 생각과 이미지가 방해물이 될 것 같은가?

…

다음 단계는 이 악마를 이용해서 해제 그리고/또는 확장 기법을 연습하는 것이다. 며칠 동안 이런 악마를 만나서 그 악마가 무엇인지 알아보고 악마와 평화를 유지할 수 있는 기회가 주어진다면 어떤 가치 있는 행동을 할 수 있을지 생각해 보라. 몇 가지 목표를 세우고 당신이 하고자 하는 활동과 시간과 장소를 일일이 기술하라. 그런 다음 그 활동에 온전히 몰두하도록 하라.

만약 이런 일을 하는 것이 여의치 않다 해도 낙심하지 마라. 뒷부분에서 더 나은 세상을 만들어줄 유용한 기법들을 더 배우게 될 것이다.

17

타임머신

딴생각에 빠져 있던 나는 "여보, 정신을 어디 두고 있어요?"라는 아내의 말에 깜짝 놀라 정신을 차렸다. 우리는 일식당에서 식사를 끝내가던 중이었고 몇 분 동안 나는 그녀가 말하는 것을 한마디도 듣지 않고 있었던 것이다. 더 정확히 말하면, 이야기를 듣고는 있었지만 그 이야기에 귀를 기울이지 않고 있었다. "정신을 어디 두고 있어요?"라는 말은 아주 딱 맞는 표현이었다. 내 몸은 거기 있었지만 내 마음은 수만 마일 밖에 있었으니까. 그때 나는 골치 아픈 일과 가족 문제에 관한 생각으로 완전히 넋이 나가 있었던 것이다.

누구나 늘 겪는 일이다. 머리를 끄덕이면서 귀담아듣는 척 대화를 하고 있지만 다른 할 일에 관해 생각하거나 조금 전에 일어난 일을 곰곰이 생각하느라 살짝 정신이 나가 있어서 주의를 기울이지 않는 것이다. 우리는 종종 이처럼 듣고 있는 척하면서 딴생각을 하고 있다가 때로 들켜서 당혹스러워하곤 한다. 상대방이 "듣고 있는 거야?"라고 물으면 "물론이지"라고 큰소리치면서 얼렁뚱땅 빠져나가기도 하고 "아니, 미안해. 다른 일을 좀 생각하고 있었어"라고 자백하기도 한다.

생각하는 자아는 끊임없이 생각을 만들어낸다. 결국 생각하는 자아가 하는 일이 그런 것이니까. 하지만 생각은 지금 여기서, 이 순간에 하고 있는 일로부터 너무 자주 멀어지게 만든다. 한참 동안 운전을 해서 목적지에 도달했는데 여행 기억이 하나도 나지 않았던 적은 없었던가? 아니면 가고 있는 곳을 안다고 생각했는데 가보니 엉뚱한 곳이었던 적은 없었는가? 그렇게 된 이유는 도로에 집중하지 않았기 때문이다. 백일몽, 계획하기, 걱정하기, 문제 해결하기, 기억하기, 공상하기 등 이 모든 일이 생각하는 자아의 활동으로 인한 것이다. 살아가는 동안 우리는 얼마나 습관적으로 이런 일을 겪는가.

가령 음식 먹을 때의 행위를 보자. 음식을 먹을 때 우리는 완전히 집중해서 먹는 일이 거의 없다. 우리는 종종 사람들과 이야기를 하면서, 뭔가를 읽으면서, TV를 보면서, 심지어는 책상 앞에 앉아 일을 하면서 음식을 먹는다. 다른 일을 전혀 하지 않고 순전히 음식 먹는 행위에만 집중한 적이 얼마나 있었는가? 대부분의 사람들에게 매우 드문 일일 것이다.

"오늘 뭘 했니?"라는 질문을 받았는데 기억이 나지 않았던 적이 있는가? 먹고 있다는 사실을 깨닫지도 못하고 뭔가를 먹고 있는 자신을 발견한 적이 있는가? 아니면 책 한 페이지를 다 읽고도 단어 하나도 생각나지 않았던 경험이 있는가?

흔히 생각에 빠졌다, 마음이 심란하다, 생각에 몰두했다고들 한다. 이런 말은 모두 지금 여기서 하고 있는 일이 아니라 마음이 만들어내는 곳에 주의력이 가 있다는 뜻이다. 말하자면 관찰하는 자아가 생각하는 자아에 의해 혼란스러워졌다는 뜻이다. 이런 상태를 얼이 빠졌다고들 일컫지만 완전히 정신이 없는 상태는 아니다. 다만 주의력이 다른 곳을 헤매느라 분주한 것이다.

생각하는 자아는 타임머신과 같다. 생각하는 자아는 끊임없이 우리를 미래로, 아니면 과거로 데려간다. 우리는 미래의 일을 걱정하거나 계획하거나 꿈꾸는 데 엄청난 시간을 허비하고 있으며 이미 지나간 과거를 되돌아보는 데 엄청난 시간을 허비하고 있다. 이것은 진화의 관점에서 보면 완전히 이해가 된다. 조상 대대로부터 살아남기 위해 생각은 미리 계획을 세우고 문제를 예상해야 한다. 또 과거를 되돌아보고 과거의 경험에서 배워야 한다. 하지만 지금 여기에 관해 생각하고 있을 때조차도 마음은 현재의 상황을 받아들이는 대신 현실과 싸우면서 대체로 판단하거나 비평하고 있다. 이런 끊임없는 마음의 활동은 대단히 산만하다. 하루의 대부분 동안 생각하는 자아는 우리의 관심을 지금 하고 있는 일에서 다른 데로 완전히 돌려버린다.

어떤 사람과 대화를 하면서 "말할 것이 하나도 없어", "그는 내가 지겹다고 생각하는구나", "세금을 내야 해" 같은 생각에 주의를 기울이고 있다고 가정해 보자. 그런 생각에 집중할수록 대화에는 열중하지 못하게 된다. 수상 스키를 타고 있건, 사랑을 하고 있건 간에 생각에 사로잡혀 있을수록 행동에 몰입하지 못하게 된다는 사실은 어디서나 똑같이 적용된다.

물론 가령 체스 게임이나 퍼즐 놀이를 할 때 놀이 과정의 일부로 창조적이거나 건설적인 생각이 필요한 경우도 있다. 그런 때조차도 생각은 지금 하고 있는 일에서 당신을 끌어낼 수 있다. 체스를 하는 동안 가능한 경우의 수들을 골똘히 생각하고 있다면 문제 될 것 없다. 그런 생각은 그 게임에 몰입하도록 하기 때문이다. 하지만 "질 것 같아"라든가 "얘가 너무 잘하는데, 혹시 나를 멍청하다고 생각하지 않을까?", "스티븐 스필버그의 새 영화가 개봉되었을까?" 같은 생각에 집중하고 있다면 그런 생각은 당신을 하던 게임에서 끌어내려고 하는 것이다.

가령 새로운 광고 캠페인 아이디어를 생각하고 있거나 속으로 연설을 연습하고 있거나 중요한 계획을 구상하고 있거나 단순히 퍼즐 게임을 풀고 있거나 인생에 대해 철학적 탐구를 하는 등 해야 할 일에 대한 생각에 열중해야 하는 경우도 분명히 있다. 하지만 대부분의 시간 동안 우리는 생각에 빠진 나머지 우리 삶에 온전히 몰두하지 못할 뿐만 아니라 우리를 둘러싸고 있는 경이로운 세상과 소통하지 못하고 있다. 가족이나 친구와의 관계에서도 마음은 딴 데 두게 되고 심지어 자기 자신과도 연결되지 못하고 있다.

연결이란 무엇인가

연결이란 지금 이 순간의 경험과 온전히 소통하는 과정이다. 연결은 바로 지금 여기의 경험에 활짝 깨어 있는 상태로 마음을 열고 호기심과 이해심을 가지고 그 경험을 받아들인다는 의미이다.

연결을 연습할 때 우리는 과거나 미래에 가 있는 자신을 끌어내 마음을 열고 호기심과 이해심을 가지고 지금 여기로 데려오는 것이다. 왜 이렇게 해야 하는가? 중요한 세 가지 이유가 있다.

1. 단 한 번뿐인 삶이다. 그러니 최고의 삶으로 만들어라. 오직 반만 현재에 머무른다면 삶을 놓치고 있는 것이다. 이는 선글라스를 끼고 영화를 보는 것이며 귀마개를 하고서 좋은 음악을 듣는 것이며 치과에서 치료를 받고 마취가 덜 풀린 입으로 맛있는 음식을 먹는 것과 같다. 진심으로 풍요롭고 만족스러운 삶을 음미하려면 살아가는 동안 바로 여기에 있어야 한다.
2. 레오 톨스토이Leo Tolstoy는 "중요한 시간은 바로 이 순간뿐이다"라고 말했다. 지금 이 순간! 우리가 힘을 발휘할 수 있는 유일한 시간이기에 가장 중요한 시간이다. 의미 있는 삶을 일구기 위해서는 행동을 취할 필요가 있다. 그리고 행동할 수 있는 힘은 오직 이 순간에 존재한다. 과거는 이미 일어났고 미래는 아직 존재하지 않는 것이기에 오직 지금 여기에서만 행동할 수 있다.
3. 행동하라는 말은 지나간 행동을 의미하는 것이 아니다. 행동

이란 효과적인 행동, 가치 있는 방향으로 나아가는 데 도움이 되는 행동을 말한다. 효과적으로 행동하려면 심리적으로 현재에 있을 필요가 있다. 지금 무슨 일이 일어나고 있는지, 어떻게 반응하고 어떻게 응답하고 싶은지를 자각할 필요가 있다.

이것은 ACT의 A에 세 가지 특별한 말을 덧붙일 필요가 있다는 의미이다.

A = 내면의 경험을 수용하고 현재에 있어라.
C = 가치 있는 방향을 선택하라.
T = 행동하라.

연결은 활짝 깬 상태로 지금 일어나고 있는 일을 자각하고 온전히 세상에 전념하며 매 순간 삶의 충만함을 음미하는 것을 의미한다. 누구든 살아오는 동안 이런 일을 여러 번 경험했을 것이다. 아마도 여러분은 시골길을 산책하면서 마주친 들판과 야생동물, 나무와 꽃들로 눈이 즐거웠을 것이다. 향기로운 여름날의 미풍이 스치는 느낌을 즐겼을 것이다. 지저귀는 새소리도 들었으리라. 연인과 밀어를 속삭이는 동안에는 그의 말 한마디 한마디에 매달리고 눈을 응시하면서 더할 나위 없는 애틋함을 느꼈을 것이다. 사랑하는 아이나 애완동물과 노는 동안에는 세상일은 아랑곳하지 않고 그들과의 놀이에 푹 빠져들었을 것이다.

이런 예를 보면 알 수 있듯, 연결은 흔히 새롭고 강렬하며 자극적이고 즐거운 상황에서 자연스럽게 일어난다. 안타깝게도 연결이 오래 지속되는 일은 매우 드물다. 곧 생각하는 자아가 튀어나와 의견과 판단, 이야기를 늘어놓음으로써 우리를 경험에서 끌어낸다. 최상류층의 삶에서조차 생활의 대부분을 차지하는 익숙하고 진부한, 그다지 재미없는 상황에서는 대체로 연결이 일어나지 않는다.

연결과 관찰하는 자아

연결은 관찰하는 자아를 통해 일어난다. 연결이란 생각하는 자아에 의해 영향을 받거나 흐트러지지 않고 바로 지금 여기에서 일어나고 있는 일에 온전히 집중한다는 의미이다. 관찰하는 자아는 원래 비판단적이다. 판단은 생각이며 생각하는 자아가 만들어내는 것이기 때문에 관찰하는 자아는 경험을 판단하지 않는다. 관찰하는 자아는 현실과의 싸움에 휘말리지 않으며 저항하지 않고 매사를 있는 그대로 본다. 뭔가가 나쁘거나 잘못되었거나 불공평하다고 판단하기 시작할 때 비로소 우리는 저항하게 된다.

생각하는 자아는 우리가 있는 그대로의 모습이어서는 안 된다고 말한다. 말하자면 현실은 잘못되어 있고 우리 생각이 맞다는 것이다. 생각하는 자아는 만약 우리가 달라진다면 세상은 더 나은 곳이 될 것이고 우리는 더 행복해질 것이라고 말한다. 요컨대 생각하는 자아는 짙은 색의 선글라스와 같다. 이 선글라스는 지루함이나 심란함, 저항을 통해 우리를 현실과 단절시킴으로써 우리의 세계관을 흐릿하고 어둡게 만든다.

반면에 관찰하는 자아는 지루함을 느낄 수 없다. 관찰하는 자아는 관찰하는 모든 대상을 열린 마음으로 흥미를 가지고 기록한다. 지루해지기 쉬운 것은 생각하는 자아다. 왜냐하면 지루함은 원래 생각하는 과정이기 때문에 "다른 일을 하고 있다면 삶이 더 재미있고 만족스러울 텐데" 같은 이야기를 지어낸다. 생각하는 자아가 쉽게 지겨워지는 것은 이미 다 알고 있다고 생각하기 때문이다. 생각하는 자아는 거기 가봤고 그 일을 해봤으며 쇼도 보고 기념 티셔츠까지 샀다. 우리가 길을 걸어가고 있거나 출근길에 운전을 하거나 음식을 먹거나 수다를 떨거나 샤워를 할 때 생각하는 자아는 이 모든 일을 당연한 것으로 받아들인다. 결국 이런 일들은 전에도 수없이 해본 것이다. 그래서 생각하는 자아는 우리를 지금의 현실과 연결하도록 돕기보다는 우리를 유괴해서 다른 시간과 장소로 데려간다. 따라서 생각하는 자아가 쇼를 시작하면 우리를 둘러싼 세계의 풍요로움을 거의 깨닫지 못한 채 우리는 반만 깨어 있는 상태에서 대부분의 시간을 흘려보내게 된다.

다행스러운 점은 관찰하는 자아는 항상 여기 있고 이용 가능하다는 것이다. 관찰하는 자아를 통해 우리는 새롭거나 신나거나 익숙하거나 불유쾌하거나 상관없이 인간이 겪는 모든 방대한 경험에 연결될 수 있다. 놀랍게도 마음을 열고 흥미를 가진 태도로 불쾌한 경험에 온전히 집중할 때 종종 두려워했던 일이 전보다 훨씬 덜 성가신 것처럼 보이게 된다. 마찬가지로 매우 익숙하고 진부한 경험이라도 진심으로 연결될 때 종종 새롭고 흥미 있는 각도에서 보게 된다. 이런 사실을 직접 경험하기 위해 다음에 나오는 연습을 따라 하도록 하라.

이 책과 연결하기

이 연습의 목표는 지금 손에 들고 있는 이 책을 새롭게 보는 것이다. 즉 새로운 눈으로 보는 것이다. 그러므로 스스로 전에 이런 물체를 본 적이 없는 다른 행성에서 온 외계인이라고 상상해 보라. 책을 들어 손에 잡고 무게를 느껴보라. 손바닥에 대고 책 표지를 느껴보라. 손가락으로 페이지를 훑으면서 질감을 느껴보라. 표지를 쓰다듬으면서 그 질감도 느껴보라. 펼친 책을 코에 대고 종이 냄새를 맡아보라. 천천히 페이지를 넘기면서 책장이 넘어가는 소리를 들어보라. 책장이 넘어가는 소리를 들으면서 몇 페이지를 넘기고 책장이 넘어가는 동안 명암이 어떻게 바뀌는지 살펴보라. 집게손가락과 엄지손가락으로 20페이지쯤을 쥐고서 천천히 한꺼번에 튀겨보라. 그 촉감과 소리와 움직임을 깨닫도록 하라. 책의 앞표지를 보라. 표면에서 빛이 어떻게 반사하는지 살펴보라. 한 가지 색이 다른 색과 만나는 경계를 살펴보라. 단어 사이의 공간의 형태를 눈여겨보라. 책의 뒤표지도 똑같이 해보도록 하라. 아무 쪽이나 한 페이지를 잡고 여백에 의해 만들어지는 형태를 눈여겨보라.

…

외계인 경험에서 무엇을 발견했는가? 이 책을 꽤 읽어왔지만 지금까지 이 모든 다양한 양상을 당연한 것으로 받아들였을 것이다. 삶의 온갖 측면에 있어서도 마찬가지다. 다음 몇 장에서는 몇 가지 다른 양상의 연결, 특히 고통스러운 경험을 다룰 때 연결을 사용하는 법에 대해 다루려고 한다. 이 장의 나머지 부분에서는 깨어나기, 즉 주변의 세상을 좀 더 자각하고 생각하는 자아가 주의를 산만하게 할 때마다 다시 집중하는 것에만 중점을 둘 것이다.

간단한 연결 연습

다음의 간단한 연결 연습은 신체의 감각이나 주변에서 나는 소리와 같은 경험과 연결하도록 요구할 것이다.

생각과 감정의 형태로 마음이 혼란스러워질 때,

- 생각과 감정은 왔다가 가게 내버려 두고 연결된 상태로 머물러라.
- 주의력이 산만해질 때(장담하건대 반드시 그렇게 된다), 그 사실을 깨닫는 순간에 그것을 인정하도록 하라.
- "말해줘서 고마워, 마음아"라고 혼잣말을 하라. 그런 다음 잠자코 다시 연습에 집중하라.

다음에 간단한 네 가지 연습이 있다. 각각 연습하는 데 30초밖에 걸리지 않으므로 시간이 없어서 연습하지 못할 이유는 없다. 이 연습을 전부 하는 데 드는 시간은 고작 2분이다.

환경과 연결하기

일단 이 단락을 다 읽었으면 책을 내려놓고 주변을 살펴보라. 보고 듣고 만지고 맛보고 냄새 맡을 수 있는 것을 될 수 있는 한 많이 깨닫도록 하라. 온도는 어떤가? 공기가 움직이고 있는가, 정체되어 있는가? 어떤 종류의 빛이 있는가, 어디에서부터 나오는 빛인가? 적어도 들을 수 있는 다섯 가지 소리와 볼 수 있는 다섯 가지 물체, 그리고 몸이 느낄 수 있는 다섯 가지를 깨닫도록 하라. 이를테면 어깨에 닿는 셔츠라든가 얼굴에 닿는 공기, 바닥에 닿는 발, 의자에 기대어 있는 등과 같은 것이다. 이제 책을 내려놓고 30초 동안 느껴보고 어떤 일이 일어나는지 깨닫도록 하라.

신체 자각

이 항목을 읽으면서 자신의 몸과 연결해 보도록 하라. 다리와 팔이 어디에 있는지, 척추의 위치가 어디인지 깨닫도록 하라. 마음속으로 머리에서 발끝까지 자세히 훑어보라. 머리, 가슴, 팔, 배, 다리에서 무엇을 느낄 수 있는지 인지하라. 책을 내려놓고 눈을 감고 30초 동안 이것을 연습해 보고 어떤 일이 일어나는지 살펴보도록 하라.

호흡 자각

이 항목을 읽으면서 호흡과 연결해 보도록 하라. 흉곽의 오르내림과 콧구멍으로 드나드는 공기를 깨닫도록 하라. 코를 통해 들어가는 공기를 따라가 보라. 폐가 얼마나 부푸는지 느껴보고 배가 얼마나 불룩해지는지 느껴보라. 폐에서 공기가 빠질 때 밖으로 빠지는 공기를 따라가 보라. 책을 내려놓고 눈을 감고 30초 동안 이것을 연습해 보고 어떤 일이 일어나는지 살펴보도록 하라.

소리 자각

이 연습에서는 들을 수 있는 소리에만 집중하도록 하라. 당신의 호흡과 움직임에서 나는 소리를 인지하고 방 안과 방 밖에서 들리는 소리를 깨닫도록 하라. 책을 내려놓고 눈을 감고 30초 동안 이것을 연습해 보고 어떤 일이 일어나는지 살펴보도록 하라.

…

무엇을 깨달았는가? 아마도 두 가지 사실을 알게 되었을 것이다.

1. 평소에 깨닫지 못했을 뿐, 늘 감각의 향연 한가운데 있다는 것
2. 생각과 감정에 의해 마음이 산만해지기가 매우 쉽다는 것

현재의 순간에 머물러 있는 능력을 향상시키려면 주변에서 무슨 일이 일어나는지를 인지하고 날마다 다음 두 가지 연습을 해보도록 하라.

다섯 가지 인지하기

이 방법은 자신에게 집중하고 환경과 연결하는 간단한 연습이다. 날마다 몇 번씩 연습하라. 특히 생각과 감정에 사로잡혀 있는 자신을 발견할 때마다 연습하라. 그렇게 하면 곧 지금 여기로 돌아올 수 있다는 사실을 알게 될 것이다.

1. 잠시 멈추어라.
2. 주위를 둘러보고 볼 수 있는 다섯 가지를 깨닫도록 하라.
3. 주의 깊게 듣고 들을 수 있는 다섯 가지를 깨닫도록 하라.
4. 몸으로 느낄 수 있는 다섯 가지를 깨닫도록 하라.

매일 산책을 하면서 줄곧 무엇을 보고 듣고 냄새 맡고 몸으로 느낄 수 있는지를 인지하고 연결이 끊어진 것을 깨닫는 즉시 다시 집중하면 이 기법은 더욱 발전될 수 있다.

아침 일과와 연결하기

이 닦기, 머리 빗기, 샤워하기와 같이 매일 아침마다 하는 활동을 골라보라. 오감을 총동원해서 하고 있는 일에 완전히 집중하라. 예를 들어 샤워 중이라면 샤워기 꼭지에서 물이 분무될 때, 물이 몸에 부딪힐 때, 배수구로 물이 빠질 때 나는 다양한 소리를 깨닫도록 하라. 물의 온도를 인지하고 머리카락에 떨어지는 물의 촉감을 느껴보라. 물이 등과 다리에 흘러내리는 느낌을 인지하라. 비누와 샴푸의 향을 느껴보고 피부에 닿았을 때의 느낌을 인지하라. 커튼이나 벽에 나타나는 물 자국을 인지하라. 수증기가 자욱하게 낀 것을 인지하고 몸을 문지르거나 샴푸할 때 팔의 움직임을 인지하라.

생각과 감정이 일어나거든 그 생각과 감정을 알아차린 다음 그대로 내버려 두고 다시 샤워에 집중하라. 주의가 산만해져 있다는 사실을 깨닫는 순간, 마음에게 알려줘서 고맙다고 말하고 다시 샤워에 집중하라.

처음 시작하는 사람들은 매일 아침 일과 중 한 가지와 연결하는 연습을 하라. 그런 다음 능력이 향상되면 다른 일과로 연습을 확대하도록 하라.

연결 기법이 고통스러운 삶의 경험을 다루는 데 어떻게 도움이 되는지는 다음 장들에서 살펴보기로 하자. 그러는 사이에 우리는 새로운 시각으로 세계를 보는 법도 연습하게 될 것이다. 또한 타임머신이 당신을 다른 데로 데려간다는 사실을 깨달을 때마다 자신을 다잡아 지금 여기로 데려올 수 있게 된다.

18

더러워진 개

술라가 33세가 되었을 때 제일 친한 친구가 동네 카페에서 그녀를 위한 생일 파티를 준비했다. 처음에 술라는 친한 친구들과 가족들이 자기를 축하하기 위해 모였다는 생각에 아주 기뻤고 감동했다. 하지만 밤이 이슥해 감에 따라 그녀는 슬프고 외롭다는 생각이 들었다. 그녀의 생각하는 자아는 방을 둘러보면서 "넌 독신인 데다가 외톨이구나"라고 이야기하고 있었다. "네 친구들을 봐. 전부 오래된 관계를 맺고 있거나 결혼해서 아이들도 있잖아. 그런데 넌 아직 남자친구도 하나 없구나! 넌 33세라구. 맙소사! 세월이 얼마나 빠른데… 곧 나이가 많아 애도 못 낳게 될걸. 다들 봐. 얼마나 재미나게 잘 살고 있는지. 인생을 함께할 사람만 있다면 사는 게 신날 텐데. 밤마다 혼자 텅 빈 집으로 들어가는 기분이 어떤지 누가 알겠니? 생일을 축하해 주면 뭐해? 앞에 기다리고 있는 것은 늙고 외롭고 가련한… 어쩌면 자포자기해서 전혀 어울리지 않는 사람과 결혼하게 될지도 몰라. 그래 봐야 좋을 것도 없잖아."

〈되는 것도 없고 우울한 라디오 쇼〉는 최대 음량으로 끊임없이 흘러나오고 있었다. 술라가 이 프로그램에 빠져들수록 주위에서 벌어지고 있는 파티에서 더욱더 멀어지게 되었다. 그녀는 음식에 거의 손도 대지 않았고 대화에 귀를 기울이지도 않았다. 자신을 둘러싸고 있는 따뜻함과 기쁨, 사랑에서 점점 멀어져 갔다.

물론 술라는 독신에다 점점 늙어가고 있는데 친구들은 대부분 안정된 관계를 맺고 있다는 것은 사실이다. 하지만 중요한 문제는 '그 이야기가 유익한가'라는 사실을 기억하라. 이 경우에 확실히 도움이 되지 않는다. 이 이야기는 절대로 한 번으로 끝나지 않는다. 〈독신인데다가 외톨이〉 이야기는 거의 일 년 내내 술라를 비참하게 만드는 주된 이유가 되어왔다. 이로 인해 그녀는 점점 더 우울해졌다.

친구들이 자기들의 관계에 대해 이야기할 때면 술라는 질투에 사로잡혀 제정신이 아니었다. 커플들과 시간을 같이 보내면서 그녀는 완전히 거부당하는 듯한 감정을 느꼈다. 연결 기법은 술라가 회복하는 데 매우 중요한 역할을 했다. 이 기법 덕분에 그녀는 삶의 부족한 부분에 초점을 두는 대신에 지니고 있는 좋은 것들을 즐길 수 있게 되었다(하지만 이 기법을 하루아침에 인생을 변화시키는 직방이라고 생각하지는 말아주길 바란다). 안타깝게도 술라의 경우는 너무 흔한 이야기다. 불쾌한 생각과 감정에 초점을 두면 둘수록 현재의 순간과 동떨어지게 된다. 특히 우울증과 불안 장애가 있는 사람들이 흔히 이런 경향이 있다. 특히 불안 장애가 있는 경우에 미래에 대한 이야기에 사로잡히는 경향이 있다. 즉, 일이 잘못될 수도 있고 그 일을 잘못 처리할 수도 있다는 생각을 하기 쉽다. 또 우울증이 있는 경우에 과거의 이야기에 사로잡히는 경향이 있다. 실제로 잘못되었던 온갖 일과 그 일이 얼마나 나쁜 영향을 미쳤는지를 곰곰이 생각하는 것이다. 이때 생각하는 자아는 지나온 일을 이용해서 미래도 그와 다를 바가 없을 것이라고 확신시키려 든다. 이런 이야기는 매우 강력해서 그 이야기에 완전히 집중하지 않을 수 없다.

그다지 놀랄 일도 아니다. 무쾌감증은 우울증의 일반적 증상이다. 무쾌감증이란 전에는 재미를 느꼈던 활동에서 전혀 즐거움을 느낄 수 없는 상태를 말한다. 결국 지금 하고 있는 일과 연결하고 있지 않다면 즐기기는 어렵다. 하지만 그 반대의 경우도 마찬가지다. 유쾌한 활동과 연결되어 있으면 있을수록 그 활동이 더욱 만족스러워질 것이다. 그러므로 연결은 삶에서 최고의 것을 얻기 위해 매우 중요한 기술이다.

유쾌한 경험과 연결하기

연결의 진가를 알려면 적어도 하루에 한 가지씩 유쾌한 행동을 가지고 연습해 보도록 하라. 연결이 회피 지향적 활동이 아니라 가치 지향적 활동이라는 사실을 확인하라. 말하자면 나쁜 감정을 회피하려고 하는 활동이 아니라 삶에서 진정으로 중요하고 의미 있고 가치 있는 부분이기 때문에 하는 활동이라는 것이다. 반드시 거창한 활동일 필요는 없다. 그냥 음식을 먹거나 고양이를 쓰다듬거나 애견을 산책시키거나 새소리를 듣거나 아이들을 껴안아 주거나 콜라를 한 잔 마시거나 일광욕을 하거나 좋아하는 음악을 듣거나 친구와 수다를 떠는 등 소소한 일상에서 연결을 연습할 수 있다.

이제 이런 활동을 하면서 마치 처음으로 경험하는 것처럼 상상해 보라. 실제로 보고 듣고 냄새 맡고 만지고 맛볼 수 있는 모든 대상에 집중하라. 연결이 끊어진 것을 깨닫는 순간, 마음에게 알려줘서 고맙다고 말하고 다시 하던 일에 집중하라.

이렇게 해서 하루가 끝나갈 때 온전히 이 순간에 존재하는 것이 어떤 것이었는지 돌이켜 보라. 유쾌한 일과 온전히 연결하는 것이 힘들다면 불쾌한 일과 그토록 쉽게 분리되는 것은 당연한 일이다. 우연히 불쾌한 사건과 마주치게 될 때마다 우리는 자연스럽게 그 일을 없애거나 회피하기 위해 애를 쓰게 된다. 하지만 그 일을 없애는 것이 최선이 아니라면 어떻게 하겠는가? 불쾌한 상황이 삶의 질을 향상시키기 위해 꼭 필요한 것이라면 어떻게 하겠는가?

가령 어느 때인가는 건강을 유지하기 위해 수술을 해야 하는 경우도 있고 치과 치료를 받아야 하거나 날마다 귀찮은 근육 스트레칭을 해야 하는 수도 있다. 또 안정된 재정 상태를 유지하기 위해 부기를 잘해서 연말 세금 환급을 받도록 해야 한다. 깨끗한 집에서 살고 싶다면 온갖 귀찮은 집안일을 해야 할 것이고 더 나은 직업을 원한다면 꽤 스트레스가 되는 면접에 응해야 할 수도 있다.

그렇다면 왜 이런 상황에서 연결이 도움이 될까? 우선 연결은 투쟁 스위치를 끄는 데 도움이 된다. 불쾌한 상황과 싸우면 싸울수록 불쾌한 생각과 감정은 더 많이 생긴다. 자연히 상황을 더욱 악화시킬 뿐이다. 두 번째로 생각하는 자아의 이야기를 제쳐두고 온전히 집중할 때 우리는 이런 일들이 예상했던 것보다는 훨씬 덜 불쾌하다는 사실을 발견하게 된다. 아마도 확장 기법을 써서 이런 것을 이미 경험했을 것이다. 마음을 열고 흥미를 갖고 잠자코 불쾌한 감정을 관찰해 보면 결코 생각만큼 불쾌한 감정은 아닐 것이다.

더러워진 개 목욕시키기

최근에 애완견을 데리고 공원에 산책을 나갔는데, 개가 바닥에 떨어져 있는 죽은 새에게로 급히 달려갔다. 내 개는 그런 더러운 짓을 좋아한다. 달려가더니 코를 대고 썩어가는 냄새를 맡았다. 그래서 도리 없이 개를 목욕시켜야 했다. 그날 저녁에 처리해야 할 중요한 일이 있는데 달갑잖은 일로 몇 시간을 날리게 되어 무척 암담했다. 마음은 온갖 판단을 하고 있었다. "멍청한 개 같으니라고! 하필이면 오늘같이 바쁜 날을 잡았냐? 웩! 냄새가 지독해!" 그리고 점점 신경질이 나고 화가 났다. 하지만 욕조에 따뜻한 물을 채웠을 때 내가 무슨 짓을 하고 있는지 깨닫고는 의식적으로 다르게 반응하기로 했다.

사실 누구도 개를 씻기려고 하지 않았고 냄새 나는 개를 그냥 내버려 둘 수는 없었다(개는 신경도 쓰지 않겠지만 말이다). 개를 목욕시키고 털을 말리자면 한 시간 반이나 걸릴 것이다. 그래서 내가 선택권을 가지고 있다는 생각을 해보았다. 다음에 할 온갖 일을 생각하면서 현재의 경험과 단절되어 괴롭고 짜증스러운 시간을 보내면서 가능한 일을 빨리 끝내려고 서두를 수도 있다. 아니면 내 경험과 연결해서 그 일에 최선을 다할 수도 있었다. 어느 쪽을 선택하든 마찬가지로 한 시간 반은 족히 걸릴 것이다.

더러워진 개를 어떻게 목욕시키는 것이 좋겠는가? 지금 이 순간에 머물면서 그 일에 대한 판단을 하지 말고 지금 일어나고 있는 일에 전념하는 것이다. 그래서 나는 그 역겨운 냄새를 맡으면서 혐오와 분노의 감정을 위한 방을 만들었다. 쓸데없는 생각이 왔다가 가게 두고 오감을 동원해서 연결에 집중했다. 손에 느껴지는 따뜻한 물에 집중하고 개에게 부드러운 소리로 말을 걸면서 개의 반응에 집중했다. 젖은 털의 느낌, 샴푸의 향기, 바뀌는 물 색깔, 첨벙거리는 소리, 팔의 움직임, 개의 움직임, 물의 움직임에 흥미를 가지고 마음을 열고 집중했다.

그 일을 즐겼다는 건 거짓말일 것이다. 하지만 경험과 완전히 분리되어 서둘러 일을 처리했던 앞의 경우에 비해 훨씬 풍요로운 경험이었다. 게다가 나에게나 개에게나 훨씬 스트레스가 적었던 것은 예상치 않은 보너스였다. 그렇지만 늘 그렇듯이 내가 말하는 것보다는 여러분 자신의 경험을 믿도록 하라. 불쾌하고 지겹고 달갑잖은 일을 할 때 연결을 연습하고 어떤 일이 일어나는지 깨닫도록 하라. 그리고 그 일이 진정으로 가치 있는 일이고 장기적으로 삶을 향상시키는 데 도움이 되는 행동이라는 사실을 확신하라. 다음 몇 가지 연습은 진부한 일상과 연결하는 데 도움이 될 것이다.

유익한 일과 연결하기

좋아하지는 않지만 장기적으로 유익한 집안일을 골라라. 다림질, 설거지, 진공청소기로 청소하기, 세차, 건강한 식사 준비하기, 쓰레기 내놓기, 아이들 목욕시키기, 구두 닦기, 차고 정리하기 등 어쨌거나 피하고 싶은 허드렛일을 골라라. 그런 다음 그 일을 할 때마다 연결을 연습하라. 기대를 가지지 말고 그냥 어떤 일이 일어나는지 깨닫도록 하라. 가령 다림질을 하고 있다면 옷의 색깔과 모양을 깨닫도록 하라. 주름과 그림자에 의해 만들어진 옷의 형태를 인지하라. 주름이 없어지면서 옷의 형태가 바뀌는 것을 인지하라. 증기가 나오는 소리와 다리미판이 삐걱거리는 소리, 다리미가 옷 위에서 움직일 때 나는 작은 소리를 인지하라. 다리미를 쥐고 있는 손의 모양, 팔과 어깨의 움직임을 인지하라.

지루하거나 짜증스러운 감정이 생기면 그 감정을 위한 공간을 만들어주고 다시 지금 하고 있는 일에 집중하라. 생각이 떠오르면 그 생각이 왔다가 가게 놔두고 지금 하고 있는 일에 집중하라. 주의력이 흐트러졌다는 사실을 깨닫는 순간, 조용히 마음에 고맙다고 말하고 마음을 혼란스럽게 했던 것을 단지 지각하고서, 지금 하고 있는 일로 주의를 되돌려라.

회피하던 일과 연결하기

한동안 미뤄놓았던 일을 선택하라. 20분 뒤에 그 일을 시작하라. 그 시간 동안, 경험에 온전히 집중하라. 오감을 통해 그 경험과 온전히 연결하고 감정을 위한 방을 만들고 생각을 해제시켜라. 20분이 지난 뒤 멈추거나 계속하거나 마음대로 하라. 당신의 일이 완전해질 때까지 이것을 매일 20분씩 하라.

삶을 굳건하게 하라

연결을 연습하는 것은 근육을 강화하는 것과 같다. 더 많이 연습할수록 삶을 변화시킬 힘을 더 많이 얻게 된다. 많은 사람들은 변화에 수반되는 불쾌한 감정을 받아들이고 싶지 않기 때문에 삶을 획기적으로 향상시킬 수 있는 중대한 변화를 이루지 못한다. 가령 바닥에서부터 다시 시작하는 것이 싫어서 좀 더 의미 있는 직업으로 바꾸기를 회피한다. 또는 거절당하는 것이 싫어서 데이트 신청을 하지 않을 수도 있다. 연결, 해제, 확장 기법을 배울수록 그런 불쾌한 감정으로 인해 손해를 보는 일이 줄어들 것이다. 하루 한 번씩 즐겁고 가치 있는 행동과 불쾌한 행동을 연결해 보도록 하라. 장기적으로 충분히 보람 있는 일이 될 것이다.

19

마음 챙김

이제 다소 주제에서 벗어난 이야기를 해보자. 이 장에서는 ACT와 인간의 고통을 다루는 다른 기법들 간의 차이점과 유사점에 대해 살펴보려고 한다. 하지만 먼저 마음 챙김이라는 새로운 단어를 소개하고 정의를 내려야겠다. 마음 챙김은 온전한 마음을 갖는 것과는 관계가 없다. 이 때문에 다소 혼란스러울지도 모르겠다. 다른 책들은 마음 챙김에 대해 각각 다른 정의를 내릴 것이다. 영성 서적이나 종교 서적은 스포츠 심리학이나 효과적인 리더십에 관한 책과는 매우 다른 정의를 내릴 것이다. 그러니 여기서는 마음 챙김을 마음 열어 호기심과 이해심을 가지고 지금 여기의 경험을 의식적으로 자각하는 것이라고 정의하기로 하자.

이 정의는 몇 가지 사실을 말해주고 있다. 먼저 마음 챙김은 의식적인 과정이다. 즉, 일부러 하는 일이다. 두 번째로 마음 챙김은 생각하는 과정이 아니라 자각을 일컫는 말이다. 세 번째로 마음 챙김은 의식을 지금 이 순간으로 가져가는 것을 일컫는다. 다시 말하자면 지금 여기서 벌어지고 있는 일에 집중하는 것이다. 네 번째로 마음 챙김은 특별한 자세로 깨닫는 것을 일컫는다. 즉, 경험에 대해 싸우거나 판단하거나 회피하기보다는 마음을 열고 호기심과 이해심을 가지고 자각하는 것이다.

마음 챙김을 연습할 때 우리는 자신의 생각에 사로잡혀 있기보다는 오감을 통해 직접적으로 세상과 연결한다. 판단과 불평, 비판을 왔다가 가게 내버려 두고 그 대신 지금 이 순간에 온전히 집중하게 된다. 자신의 생각에 마음을 모을 때 우리는 생각을 있는 그대로 보고 가게 내버려 둘 수도 있다. 자신의 감정에 마음을 모을 때 우리는 감정을 위한 방을 만들어주고 그대로 놔둘 수 있다. 그리고 지금 여기의 경험에 온전히 마음을 모을 때 우리는 그 경험과 깊이 연결된다. 그러니 해제, 확장, 연결은 모두 마음 챙김 기법이다. 따라서 ACT는 명백히 마음 챙김에 기초한 치료법이다. 이 장에서는 ACT와 마음 챙김에 기초한 다른 기법과의 중요한 차이를 알아보기로 하자.

ACT는 행동을 다루는 기법이다

ACT는 행동 심리학의 전통에 확고한 기반을 두고 있다. 행동주의 심리학은 인간의 행동을 이해하고 예견하고 행동에 영향을 주고자 연구하는 학문이다. ACT의 주요 개념은 실행할 수 있음이다(이 개념은 이 책에서 줄곧 언급되고 있지만 지금까지도 이 개념에 이름을 붙이지 않았다). 주어진 어떤 행동을 실행할 수 있다는 것은 풍요롭고 의미 있는 삶을 창조하는 방향으로, 장기적으로 얼마나 효과적인가를 의미한다. ACT에서는 우리가 삶을 개선하기 위해 행동하는 데 도움이 되는 마음 챙김 기법을 배운다. 불가사의한 경지에 들어서거나 고매한 진리를 만나기 위해 마음 챙김 훈련을 하는 것이 아니다. 어떤 상황에서 만약 해제, 확장, 연결이 효과적으로 행동하는 데 도움이 된다면 이 기법들을 연습하는 것이 좋다. 반대로 만약 이 기법들이 도움이 되지 않는다면 사용할 필요가 없다! 결론은 항상 같다. 내가 원하는 삶을 일구는 데 이것이 과연 도움이 되는가가 언제나 중요하다.

ACT는 종교적/영적 신념 체계가 아니다

ACT의 개념은 대체로 수많은 다른 종교와 유사한가? 특히 자신의 가치에 따라 살아가라는 신념과 유사한가? 하지만 대부분의 종교가 진부한 기성 가치를 권장하고 있는 데 반해 ACT는 자신만의 가치를 명확히 알고 그 가치와 연결하라고 요구하고 있다. 게다가 ACT는 특별한 신념 체계를 받아들이도록 종용하지 않는다(이 책에서 자주 "내가 말한다고 해서 믿지 말고 당신 자신의 경험을 믿어라"라고 충고하고 있는 것도 이 때문이다). ACT는 당신의 신념이 삶을 풍부하게 하는 것이라면 그것이 가장 중요하다는 관점을 고수하고 있다.

흔히 사람들은 ACT와 불교가 유사하다고 생각한다. 둘 다 마음 챙김 훈련을 강조하고 자신의 가치에 따라 살아가기를 권장하며 똑같이 심리적 고통을 정상적인 인간 마음의 자연스러운 과정에서 생겨나는 보편적인 인간 현상으로 가정하고 있다. ACT와 불교는 또한 행복을 추구하고 고통을 피하고자 하는 인간의 보편적인 시도가 흔히 더 큰 고통으로 우리를 밀어 넣을 뿐이라고 생각하는 점에서도 일치하고 있다. 스티븐 헤이즈는 "ACT는 현대 심리학의 행동치료 원칙에 근거하고 있고 불교는 수천 년에 걸쳐 내려온 영적, 종교적 전통에 뿌리를 두고 있는 점을 고려할 때 ACT와 불교가 매우 유사하다는 것은 주목할 만하다"고 말한다.

이런 유사점을 감안할 때, ACT가 종교적, 영적인 전통과는 전혀 무관하며 의식적으로 불교의 영향을 받은 바가 없다는 사실을 강조하는 것은 중요하다. 불교와 달리 ACT는 의례적인 명상이나 기도를 권장하지 않고 종교 의식이나 성가, 기도 문구, 신조가 없으며 어떤 식으로든 공인된 가치나 초자연적이고 종교적인 신념을 권장하지 않는다. ACT는 인간의 행동에 대한 최첨단 연구에 확고한 기반을 두고 있으며, 특히 인간 마음의 작용에 관한 최근 연구 결과에 기반을 두고 있다. 스티븐 헤이즈 연구진이 이 획기적인 연구에 많은 공헌을 한 바 있다. 헤이즈는 거의 20년 전에 상관적인 틀 이론 Relational Frame Theory이라는 인간의 언어와 인식에 대한 혁신적인 이론을 내놓았다. 그 이후로 이 이론을 지지하는 방대한 분량의 연구 결과가 쏟아져 나왔다(이 사실만으로도 ACT는 세간의 이목을 끌었다. 다른 어떤 서구의 정신치료도 인간의 언어와 인식에 대한 기초 연구에 입각해서 발전한 경우는 없었다. 상관적인 틀 이론에 대해 더 알고 싶다면 다음 사이트를 방문해 보기 바란다: www.contextualpsychology.org/rft).

ACT는 명상이 아니다

ACT 연습들은 대부분 명상과 같은 느낌이 있으며 그중에는 정식 마음 챙김 명상 훈련과 매우 흡사한 것도 있다(특히 호흡에 집중하기가 그렇다). 하지만 심리학자 켈리 윌슨은 "명상을 배우고 싶다면 구루에게 가라"고 말한다.

ACT는 명상을 다루는 것이 아니다. 결가부좌 같은 좌법坐法도 없고 비밀스러운 진언眞言이나 염주, 만수향萬壽香이나 초도 없다. ACT는 인생에서 중요한 변화를 꾀하는 것을 목적으로 하는 마음 챙김 기법을 실용적으로 적용하는 것이다(앞에서 말했듯, 날마다 마음 챙김 명상 훈련을 하면 이 책에 나오는 기법들을 익히는 데 매우 도움이 될 것이다). 관심이 있다면 존 카바트-진Jon Kabat-Zinn의 명저 『당신이 어디를 가든 거기엔 당신이 있다Wherever You Go, There You Are: Mindfulness Meditation in Everyday Life』를 읽어보도록 하라.

ACT는 깨달음에 이르는 길이 아니다

깨달음에 이르는 길에 대한 영성 서적이나 뉴에이지 서적이 시중에 많이 나와 있는데 하나같이 바로 지금 이 순간에 사는 것을 강조한다. 하지만 ACT는 같은 부류가 아니다(ACT는 깨달음을 얻고자 하는 것이 아니라 삶을 창조하는 것에 관한 것이다).

흥미롭게도 이런 책들은 대부분 온전히 현재에 삶으로써 고통 없는 존재가 된다고 약속하고 있다. 이것은 독자들을 행복의 함정에 빠뜨리는 우를 범하는 것이다. 많은 책들이 마음 챙김의 개념을 가르치는 의미 있는 일을 하고 있지만 고통 없는 존재를 추구하는 시도는 어느 것이든 실패하게 되어 있다. 어떤 인생이든 고통을 수반한다는 뻔한 현실을 외면하려 할수록, 괴로운 일이 생길 때마다 그것과 싸우게 되고 결과적으로 더 고통을 겪게 된다. 그런 책들과는 확연히 다르게 ACT는 삶에서 불가피하게 마주치게 되는 고통을 수용하면서 풍요롭고 의미 있고 만족스러운 삶을 창조하는 데 도움을 주는 것을 목표로 하고 있다.

일반적으로 깨달음에 이르는 다양한 길을 제안하는 책에서 자주 마주치게 되는, 그러나 특별히 도움이 되지 않는 생각은 바로 부정적인 것은 부자연스러운 것이라는 새빨간 거짓말이다. 진화 생물학에서는 달리 말하고 있다. 부정적인 것은 당연할 뿐 아니라 부득이한 것이라는 생각에서부터 마음이 진화해 왔다는 것이다. 인간이 부정적인 것을 부자연스러운 것으로 보게 되면 바로 그것 때문에 인간 본성과 스스로 싸우게 되어 있다.

ACT는 단지 한 사람의 인생 경험에만 기초한 것이 아니다

대부분의 자기 계발서는 책을 저술하고 그것에 대해 이야기하는 한 사람의 인생 경험에 기초를 두고 있다. 말하자면 "이것이 내가 경험한 방식이다. 그러니 당신에게도 효과가 있을 것이다"라는 논리다. 문제는 시도하거나 시험해 보지 않은 수많은 생각을 제기한다는 점이다. 단지 저자가 어떤 방법을 사용해서 암을 치유하거나 정신 질환을 극복하거나 자신의 삶을 변화시켰다는 이유만으로 그 방법이 다른 사람에게도 똑같이 효과가 있지는 않을 것이다. 이와 반대로 세계적인 과학적 연구 프로그램에 기초한 ACT가 제시하는 방법은 효과가 있다는 사실이 거듭해서 밝혀졌다.

요컨대, ACT는 종교적이거나 신비적인 영성의 길이 아니다(다소 유사한 점이 있다 하더라도). ACT는 각자의 내면적 경험을 수용함으로써 의미 있는 삶을 창조하는 것을 다루는 것이다. 또 실행할 수 있는가 하는 것이 언제나 결정적 요소이다. 그래서 만약 이 책에서든 다른 자기 계발서에서든 당신이 원하는 삶을 일구는 방향에 도움이 되는 것이 있다면 그 책을 이용하도록 하라. 하지만 이 책이나 다른 책에서 읽었다는 이유만으로 그대로 믿지는 마라. 자신의 경험이 항상 다른 사람의 충고보다 중요한 법이니까 말이다.

지금까지 주제에서 약간 벗어난 이야기를 했다. 이제 되돌아가서 우리의 여행을 계속하기로 하자. 다음 장에서는 연결에 대해 좀 더 알아보고 삶의 방해물을 극복하는 데 도움이 될 여러 가지 놀라운 방법을 살펴보기로 하자.

20

숨 쉬고 있다면 살아 있는 것이다

마치 악몽을 꾸거나 돌아버린 것 같다. 아무것도 현실 같지가 않다. 뭔가 끔찍한 일이 일어날 것만 같다. 무엇보다 어지럽고 몽롱해져서 제대로 생각할 수가 없다. 게다가 얼굴은 한 방 맞은 것 같고 손과 발이 사정없이 저려온다. 가슴이 답답하고 심장은 미친 듯이 뛰고 기절하거나 심장 마비를 일으킬 것만 같다. 그래서 신선한 공기를 마시려고 밖으로 나간다. 하지만 숨을 제대로 쉬지 못할 것 같다. 질식할 것 같다.

공황 발작을 묘사하고 있는 이 사람은 11장에서 만난 적 있는 비서 레이첼이다. 공황 발작이 일어날 때 환자들이 대체로 경험하는 증상은 심장이 마구 뛰고 얼굴이 붉어지고 가슴은 죄어오고 몽롱해지고 손발이 저려오고 비현실감이 들고 기절하거나 죽거나 미칠 것 같은 두려움과 숨이 막힐 것처럼 두려운 감정 등이다.

11장에서 언급했듯, 이 문제의 핵심은 불안에 대해 불안을 일으키는 투쟁 스위치에 있다. 하지만 그보다 더 중요한 부분은 전문용어로 과호흡 증후군으로 알려진 빠르고 얕은 호흡이다. 스트레스를 받고 기분 나쁘고 화나고 불안할 때마다 호흡수가 증가한다. 이런 증상은 10장에서 다룬 투쟁-도피 반응의 일부다. 호흡이 빨라지면 혈액 속에 산소를 더 많이 공급하게 된다. 이것은 싸우거나 도망갈 준비를 하는 데 도움을 주기 위한 것이다. 하지만 이것은 신체의 화학적 불균형을 일으키면서 혈류 속에 있는 가스 수준을 변화시킨다. 게다가 이런 불균형은 심박수를 증가시키고 혈압을 상승시키고 근육을 더욱 긴장하게 하는 등 신체의 물리적 변화를 유발한다.

이 책의 모든 호흡 연습에서 천천히 심호흡을 하라고 하는 이유가 바로 여기 있다. 스트레스를 받았을 때 천천히 심호흡하면 신체의 긴장 수준을 낮출 수 있을 것이다. 천천히 호흡하면 불쾌한 감정을 통제하거나 없애는 것이 아니라 불쾌한 감정을 더 효과적으로 다루는 데 도움이 될 것이다.

더욱이 이 장에서 연결 기법을 연습하는 과정에서도 호흡이 유능한 조수 역할을 하게 될 것이다. 감정의 폭풍 속에서 당신을 견고하게 붙잡아 줄 닻처럼 말이다. 그러니 스트레스를 받을 때 천천히 심호흡하는 것은 언제나 도움이 된다. 특히 때때로 숨도 제대로 쉬지 못할 것같이 느껴질 때 천천히 심호흡을 하는 것이 매우 중요하다.

만약 너무 스트레스를 받아서 숨을 제대로 쉴 수가 없을 것 같다면, 즉 산소가 부족하거나 신선한 공기가 필요하거나 폐를 열어놓을 수 없을 것 같다면 그것은 너무 빨리 숨을 쉬는 탓에 폐를 비울 시간을 주지 않고 있기 때문일 것이다. 폐를 비우지 않고서는 제대로 숨을 쉴 수 없다. 이미 꽉 차 있는 공간으로 공기를 불어넣으려고 하기 때문이다.

먼저 해야 할 일은 숨을 완전히 내쉬고 물리적으로 가능한 한 폐를 비우는 일이다. 일단 폐를 비운 다음에는 다시 숨을 들이쉴 수 있다. 숨을 천천히 들이쉴수록 더 좋다. 혈류 내 가스의 균형을 바로잡는 데 도움이 되기 때문이다.

한 가지 경계해야 할 점은 호흡을 통제 전략으로 사용하려고 하는 것이다. 말하자면 불쾌한 감정을 없애거나 이완의 감정을 가지려는 수단으로 호흡을 이용하는 것이다. 이 책에 있는 다른 수용 기법들과 마찬가지로 이완도 종종 부산물로 생겨나기도 하지만 이완을 기대하거나 얻으려고 애쓰지는 마라. 그랬다가는 다시 통제의 악순환에 빠지게 될 것이다.

지금 이 순간

호흡은 참으로 대단한 것이다. 호흡은 우리를 살아 있게 할 뿐만 아니라 살아 있음을 깨닫게 한다. 상쾌하고 청명한 아침에 일어나서 신선한 공기를 들이쉴 때 어떤 기분이 드는가? 스트레스가 많은 어떤 일이 끝난 뒤에 깊은 안도의 한숨을 내쉴 때 어떤 기분이 드는가? 죽는 순간까지 멈추지 않는 호흡은 우리를 지금 이 순간과 연결되어 있도록 완벽한 도움을 준다.

천천히 심호흡을 여섯 번 하고 가능한 폐를 비워놓도록 하라. 일단 폐를 비운 다음에 숨을 들이쉬지 마라. 그렇지 않으면 폐를 지나치게 부풀릴 것이다(만약 이렇게 되면 알게 될 것이다. 왜냐하면 가슴이 거북할 정도로 꽉 차 있기 때문이다). 숨을 완전히 내쉰 뒤에 천천히 호흡하면 폐는 저절로 기분 좋게 가득 찰 것이다. 숨을 들이쉬면서 배가 불룩해지는 것을 깨닫게 될 것이다(여기서 횡격막을 이용하고 있다는 사실을 알 수 있다. 횡격막은 가슴에 더 넓은 공간을 만들기 위해 위를 내리누름으로써 폐가 부풀어 오르는 것을 돕는다). 숨을 쉴 때 가슴과 위의 움직임과 연결하도록 하라. 가슴과 위가 부풀어 오르고 내려갈 때마다 어떤 느낌이 드는지를 인지하도록 하라. 이제 책을 내려놓고 천천히 여섯 번 심호흡을 하라.

…

무엇을 알아차렸는가? 아마도 다음과 같은 것을 깨달았을 것이다.

1. 긴장을 완화하는 감각
2. 신체와 연결하는 감각
3. 속도를 늦추는 감각
4. 내려놓는 감각

5. 마음이 고요한 느낌
6. 이런 식으로 호흡하는 것이 생소하거나 어려워서 느끼는 현기증과 불쾌감, 어려움의 감각

아마 위에서 다섯 번째까지의 반응 가운데 한 가지 이상을 경험했을 것이다. 하지만 마지막 반응을 경험했다면 연결하지 마라. 얕고 빠른 호흡을 하는 습관이 있을수록 이 연습이 낯설고 어렵게 느껴질 것이다. 특히 빨리 호흡하는 사람이라면 처음에 현기증이나 불쾌감을 느꼈을 수도 있다. 그렇다면 당신에게는 이 연습이 훨씬 더 중요하다. 한 시간마다, 아니면 두 시간마다 열 번에서 스무 번씩 이런 식으로 심호흡을 연습한다면 일주일 안에 훨씬 자연스럽고 편안함을 느끼게 될 것이다.

호흡을 이처럼 바꾸면 잠시 동안 다람쥐 쳇바퀴 돌듯 무의미한 일상에서 물러나 쓸데없는 것들을 내려놓고 삶의 속도를 늦추어 마음을 모으는 데 도움이 될 것이다. 더욱 중요한 것은 심호흡은 지금 여기서 일어나는 일과 연결하는 데 많은 도움이 된다는 것이다. 이 말이 사실인지 확인하려면 다시 연습하기 바란다. 하지만 서두르지 말고 먼저 지시사항을 읽어보도록 하라.

천천히 여섯 번 심호흡을 하라. 처음 세 번은 가슴과 배에 집중하면서 호흡과 연결하도록 하라. 그다음 세 번은 집중력을 확장시켜 호흡을 자각하는 동시에 주변과 온전히 연결하도록 하라. 다시 말해서 호흡을 인식하는 동시에 보고 만지고 맛보고 냄새 맡을 수

있는 것을 깨닫도록 하라. 준비되었는가? 책을 내려놓고 시작해 보자.

…

무엇을 깨달았는가? 대부분의 사람들은 지금 이 순간, 즉 자기가 있는 장소와 하고 있는 일에 더욱 연결되게 되었다고 말한다. 이제 조금 다른 연습을 해보자. 다시 연습을 시작하기 전에 먼저 지시사항을 읽도록 하라.

이번에는 천천히 아홉 번 심호흡을 하라. 처음 세 번은 호흡에 집중하라. 그다음 세 번은 호흡에 집중하면서 마음속에 무슨 생각이 지나가는지 깨닫도록 하라(무슨 생각이 지나가든 그대로 내버려 두어라). 마지막 세 번은 호흡에 집중하고 보디 스캔을 하면서 무엇을 느낄 수 있는지 깨닫도록 하라(무엇을 느끼든 그 감각을 위한 방을 만들어 주어라). 이제 책을 내려놓고 시작해 보자.

…

이런 식으로 다양한 방법으로 연습을 하다 보면 빠르게 자각 수준이 높아지고 생각과 감정을 수용하고 마음을 모을 수 있게 된다. 이제 당신은 더 이상 자동조종 상태에 있지 않게 된다.

이제 한 번 더 변화시켜 열두 번 심호흡을 해보자. 이 부분은 호흡 연습 중에서 가장 중요한 것이므로 절대로 건너뛰어서는 안 된다.

천천히 열두 번 심호흡을 하라. 처음 세 번은 호흡에 집중하고, 다음 세 번은 호흡에 집중하면서 마음속에 무슨 생각이 지나가는지 깨닫도록 하라(무슨 생각이 지나가든 그대로 내버려 두어라). 그다음 세 번은 호흡을 집중하고 보디 스캔을 하면서 무엇을 느낄 수 있는지 깨닫도록 하라(무엇을 느끼든지 그 감각을 위한 방을 만들어주도록 하라). 마지막 세 번은 호흡과 연결하면서 동시에 주변과도 연결하도록 하라. 여전히 호흡을 자각하면서 보고 듣고 맛보고 만지고 냄새 맡을 수 있는 것을 깨닫도록 하라. 준비되었는가? 이제 책을 내려놓고 따라해 보자.

…

호흡과 연결하기 개념은 자각 수준을 높이고 생각과 감정을 수용하고 지금 있는 장소, 지금 하고 있는 일과 연결시킨다. 이렇게 되면 삶의 질을 높이는 효과적인 행동을 하기에 최상의 심리 상태에 머물게 되어 그 순간에 해야 할 일에 집중할 수 있게 된다.

호흡과 연결하기는 반드시 열두 번 호흡일 필요는 없다. 더 짧게 하든 길게 하든 마음대로 해도 상관없다. 지금부터 7장에서 다룬 대로 열 번 심호흡을 하는 데서 그치지 말고 하루 종일 호흡과 연결하기를 시작하라. 신호 대기 중에도, 계산대에서 기다릴 때도, 아침에 잠자리에서 일어나기 전에도, 점심시간에도, 컴퓨터 부팅을 기다릴 때에도, 배우자의 외출 준비를 기다릴 때에도 연습할 수 있다.

길게 하든 짧게 하든 다양하게 호흡을 연습해 보도록 하라. 신호 대기 3, 4분 동안 천천히 심호흡을 할 수 있을 것이다. 식료품 가게의 계산대에서 기다릴 때도 심호흡을 할 수 있을 것이다. 횟수를 정확하게 지켜야 한다거나 지시사항을 그대로 따를 필요도 없다.

특히 스트레스를 받거나 생각과 감정에 완전히 사로잡혀 있다고 느낄 때는 언제든지 호흡과 연결하기를 시작하도록 하라. 긴장 상태에서 한 차례 심호흡을 하는 것만으로도 정신을 차릴 수 있는 귀중한 몇 초를 벌 수 있다.

한 차례 심호흡의 힘

죽어버리겠다고 말하는 의뢰인을 만나면 나는 당연히 극심한 불안을 느낀다. 그 순간 내가 생각과 감정에 사로잡혀 넋이 빠져 있다면 의뢰인에게 도움이 되지 않을 것이다. 그래서 나는 즉시 천천히 심호흡을 한다. 잠시 불안을 위한 방을 만들어주어 쓸데없는 생각이 지나가게 내버려 두고 전적으로 의뢰인에게 집중한다. 위기가 해결될 때까지 생각과 감정이 왔다 가게 놔두면서 하고 있는 일에 완전히 연결된 채로 머문다. 이런 식으로 호흡하기는 닻과 같은 역할을 한다. 호흡이 불안을 없애지는 못하지만 넋을 잃고 있는 것을 멈추게 한다. 내가 효과적인 활동을 하는 데 집중하고 있는 동안 호흡은 뒤에서 끊임없이 내 마음을 진정시키는 유능한 조수와 같다.

자동차 사고로 남편과 자식을 잃은 도나를 기억하는가? 그 후 몇 달 동안 그녀의 마음은 느닷없이 격렬한 슬픔에 휩싸이곤 했을 것이다. 단 한 차례 심호흡을 하는 것만으로도 슬픔의 파도가 그녀를 집어삼키지 못하게 막아줄 수 있는 발판을 찾을 수 있게 된다는 사실을 도나는 깨닫게 되었다. 슬픔 속으로 숨을 불어넣고 슬픔을 위한 방을 만들어줌으로써 그녀는 지금 여기의 경험과 다시 연결될 수 있었다. 이런 엄청난 슬픔은 흔히 술을 마시고 싶은 강한 충동을 유발한다. 이때 한 번만 심호흡을 해도 상황은 달라진다. 심호흡을 함으로써 무슨 일이 일어나고 있는지 깨달을 수 있는 귀중한 몇 초를 얻을 수 있다. 그런 다음에 그녀는 충동에 따라 행동을 할 것인지 말 것인지를 의식적으로 선택할 수 있게 되었다.

미셸을 기억하는가? 그녀는 아무짝에도 쓸데없는 생각에 시달리면서 살아간다. 그녀의 상사는 자주 시간 외 업무를 시키는데, 그녀는 자신이 가치 있는 존재라는 사실을 증명하려고 늦게까지 사무실을 지키고 있었다. 치료가 진행되면서 그녀는 이런 습관을 벗어나고 싶어했다. 초과 근무가 그녀의 가족으로부터 가치 있는 시간을 빼앗는 것이라는 사실을 깨달았기 때문이다(게다가 초과 근무에 대한 초과 수당도 없었다). 그녀는 상사에게 "예"라고 대답하는 습관을 깨는 것이 어려웠다. 직장 생활을 하는 동안 줄곧 그래왔으니까. 그래서 "싫다"고 대답하는 것이 엄청나게 두려운 일로 느껴졌다("화를 내면 어떡하지?", "내가 게으르다고 생각하면 어쩌나?"). 하지만 미셸은 자신이 원하는 방향으로 삶을 살아가기 위해 기꺼이 두려움을 받아들이기로 했다.

다음번에 직장 상사가 퇴근 시간 10분 전에 긴급한 일을 부탁했을 때 미셸은 곧장 "예"라고 말하고 싶은 충동을 느꼈지만 그렇게 하는 대신 길게 심호흡을 했다. 그 몇 초만으로도 그녀는 정신을 차릴 수 있었고 “죄송하지만 지금은 안 되겠어요. 집에 가야 하거든요. 내일 아침에 그 일부터 처리할게요”라고 말했다.

상사는 놀란 것 같았다. 미셸의 불안은 하늘까지 뚫을 것 같았고 마음은 온갖 종류의 공포 이야기를 해대고 있었다. 하지만 그녀는 호흡과 연결하고 생각과 감정을 위한 방을 만들었고 여전히 지금 여기의 상황에 집중해 있었다. 잠시 어색한 침묵이 흘렀다. 그 당시에는 그 순간이 몇 시간이나 되는 것 같았다. 놀랍게도 상사는 이내 미소를 짓더니 “그럼 그렇게 해요”라고 말했다.

도전을 꿈꾸는가

정말로 연결을 잘하고 싶다면 다음과 같이 매일 하루에 10분씩 호흡에 연결하기를 연습하도록 하라.

눈을 감은 채 편히 앉거나 누워라. 처음 6분 동안 호흡과 연결하라. 흉곽이 천천히 올라가고 내려가는 것을 인지하고, 폐로 공기가 드나들 때 공기의 흐름을 따라가 보라. 온갖 생각과 감정이 왔다가 가게 내버려 두고 주의가 산만해지는 것을 깨닫게 될 때마다 천천히 다시 집중하라(이 연습을 계속해서 되풀이할 필요가 있을 것이다). 다음 3분 동안은 자각을 확장해서 호흡과 마찬가지로 감정과 신체도 의식하도록 하라. 마지막 3분 동안은 눈을 뜨고 몸과 감정과 호흡과 연결하는 것처럼 주변 상황과 연결해 보도록 하라.

첫 주 동안 이 연습을 하루에 10분씩 하고 일주일마다 2, 3분씩 시간을 늘려 한 번에 20분씩 할 수 있도록 하라. 이 연습은 매우 효과적인 마음 챙김 기법으로, 규칙적으로 연습하면 신체적으로나 정신적으로 놀랄 만한 효과를 보게 될 것이다.

위기에 처했을 때 어떻게 해야 될까

아무리 나쁜 상황에 처해 엄청난 고통을 겪고 있더라도 먼저 심호흡을 한 다음에 대처하도록 하라. 숨을 쉬고 있다면 살아 있는 것이다. 살아 있는 한 희망이 있다. 위기에 처했을 때 몇 차례 심호흡을 하면 지금 이 순간에 머물면서 지금 무슨 일이 일어나고 있는지, 어떻게 반응할지를 깨닫고 그 상황에서 취할 수 있는 효과적인 행동에 관해 생각할 수 있는 귀중한 시간을 벌게 된다. 때로는 곧바로 행동을 취할 필요가 없을 수도 있다. 이럴 때는 지금 이 순간에 머물면서 지금 느끼는 감정을 받아들이는 일이 가장 효과적인 행동이다.

감정이 아니라 호흡을 조절하라

수시로 호흡과 연결하기 기법을 사용한다면 심호흡을 하는 것이 습관으로 굳어질 것이다. 여기서 습관화한다는 것이 중요하다. 습관이 되지 않으면 가장 필요한 순간에 호흡과 연결하지 못하게 되기 때문이다. 특히 생각과 감정에 사로잡힐 때마다 반드시 호흡과 연결하기를 연습하도록 하라. 다른 수용 기법들과 마찬가지로, 기분이 좋아지기 위한 통제 전략으로 이 기법을 사용하지 않도록 하라. 호흡과 연결하기를 하면 흔히 고요한 느낌이나 안도의 느낌과 같은 근사한 기분이 들 것이다. 하지만 이는 단지 유쾌한 부산물일 뿐이며 반드시 얻게 되는 것은 아니니다. 그러니 고요한 느낌이나 안도의 느낌을 기대하거나 억지로 그런 기분을 느끼려고 하지 마라.

호흡과 연결하기를 할 때 어떤 기분이 들든 그대로 인정하도록 하라. 그 감정을 위한 방을 따로 만들어라. 그 감정을 좋아할 필요는 없다. 단지 그대로 두어라.

생각하는 자아의 역할은 무엇인가

지금까지 연결에 대해 배우는 동안 우리는 마음을 열고 호기심과 이해심을 가지고 관찰하는 자아에 초점을 두었다. 또 생각하는 자아를 대체로 방해물, 즉 이야기를 가지고 우리를 혼란스럽게 하고 연결을 방해하는 존재로 보았다. 하지만 지혜롭게 사용하기만 한다면 생각하는 자아도 우리에게 매우 유익한 존재가 될 수 있다. 다음 장에서는 이 문제를 다루기로 하자.

21

있는 그대로 말하라

다음과 같은 생각이 익숙한가? "일을 제대로 하지 않고 있군. 망치고 있다구!", "소용없어. 지금 포기하는 게 나을지도 몰라", "이건 너무 지겨워", "이건 완전히 시간 낭비야", "넌 허튼소리만 하는 바보구나! 왜 이 책에서 읽은 대로 연습하지 않는 거니?", "얼간이 같으니라구! 새로운 기법을 사용하려는 걸 까맣게 잊어버렸지"와 같은 생각들 말이다.

이 책을 연습하는 중에 틀림없이 생각하는 자아가 이처럼 마구 질책하는 말을 쏟아낼 것이다. 하지만 기억하라. 당신을 기분 나쁘게 하려고 일부러 그러는 것이 아니다. 생각하는 자아는 자기가 진화해 온 대로 하고 있을 뿐이다.

알다시피 관찰하는 자아는 판단을 하지 않는다. 관찰하는 자아는 야생동물 다큐멘터리 촬영을 하는 카메라와 같다. 사자가 영양을 죽일 때 그 일이 옳거나 그르거나 카메라는 판단하지 않는다. 다만 무슨 일이 일어나고 있는지를 기록할 뿐이다.

반면에 생각하는 자아는 판단하기를 좋아한다. 생각하는 자아가 하루 종일, 해가 떠서 질 때까지 하는 일이 바로 판단하기다. 수십만 년 전으로 거슬러 올라가 보면 쉽게 이해가 될 것이다. 우리 조상들은 살아남기 위해 판단을 해야 했다. "저 시커먼 물체가 바위일까, 곰일까?", "이 과일은 먹어도 안전한 걸까? 독이 있지나 않을까?", "저쪽에 있는 사람이 친구일까, 적일까?" 잘못된 판단을 내리면 목숨이 달아나는 상황이다. 그래서 수십만 년에 걸쳐 인간의 마음은 판단하는 일에 아주 능숙해졌고, 그 결과 오늘날까지 판단하는 일을 멈추지 않고 있다. "이런 일이 일어나서는 안 돼", "그런 짓을 할 수 없어", "이건 나빠", "저건 한심해", "공평하지 않아!"

물론 인간의 행복을 위해 판단력이 꼭 필요한 것이기는 하지만 알다시피 우리 마음이 하는 판단은 대체로 아주 쓸데없는 것이다. 판단으로 인해 자기 자신과 싸우거나 감정이나 현실과 싸우게 되는 경우가 너무 많다. ACT에서는 그런 판단에 사로잡히기보다는 판단이 왔다가 가게 놔두고 그냥 "판단이구나"라고 인정하는 것을 목표로 하고 있다. 쓸데없는 생각을 다룰 때와 똑같다.

연결을 돕기 위해 생각하는 자아를 사용할 때 판단적으로 말하기보다는 사실적 묘사를 해야 할 필요가 있다.

사실적 묘사

사실적 묘사란 무엇을 의미하는가? 예를 들어 "줄리아 로버츠Julia Roberts는 영화배우이다"라는 말을 몇 가지 판단적 묘사와 비교해 보자.

- 줄리아 로버츠는 수려하다.
- 줄리아 로버츠는 대단히 재능 있는 배우다.
- 줄리아 로버츠는 자기 일에 대한 보수를 무척 많이 받는다.

"줄리아 로버츠는 영화배우다"라는 문장은 비판단적인 사실이다. 줄리아 로버츠는 영화배우이며 여자다. 다음의 세 문장, 즉 "줄리아 로버츠는 수려하다", "그녀는 재능 있다", "그녀는 많이 번다"는 것은 판단이다. 어느 것도 사실이 아니며 오직 의견일 뿐이다.

경험에 대해 부정적인 판단을 할 때 우리는 쉽게 싸움에 휘말리게 된다. 하지만 사실적인 표현으로 경험을 묘사하면 실제로 일어나고 있는 일과 연결하는 데 도움이 된다.

이를테면 "…라는 생각을 하고 있어", "…라는 이미지를 그리고 있어", "…라는 감정을 가지고 있어", "…라는 충동을 가지고 있어", "…라는 판단을 하고 있어" 같은 표현을 사용할 때 이미 어느 정도 연결되는 경험을 한 적이 있다.

이런 표현은 전부 현재의 경험에 대한 사실적 묘사다. 제각기 생각과 이미지, 감정, 충동, 판단 등을 가지고 있는 이 순간에, 지금 일어나고 있는 일만을 말하고 있다. 이런 표현을 함으로써 우리는 지금 일어나고 있는 일과 연결되고, 열린 마음과 자각을 가지고 현재에 머물게 된다. 실황 중계를 하는 식으로 이 기법을 연마할 수도 있다.

실황 중계란 시시각각으로 일어나고 있는 일에 대해 판단적 묘사가 아니라 사실적인 묘사를 진행하는 것을 의미한다. 이렇게 하면 강렬한 감정 한가운데서도 지금 이 순간에 머물 수 있게 된다.

끔찍한 슬픔에 휩싸인 도나가 이 기법을 어떻게 이용했는지 보자. 슬픔의 파도가 그녀를 덮쳤을 때 그녀는 스스로에게 "슬픈 감정이 다시 나타났군. 아주 묵직하게 가슴을 누르는 걸 느낄 수 있어. 슬픔을 좋아하지는 않지만 슬픔을 위해 방을 만들어줄 수 있을 거야. 숨을 깊이 들이마시고 이제 슬픔 안으로 숨을 불어넣어. 그렇지. 방을 만들어주고 그대로 놔둬야지. 이제는 와인을 마시고 싶은 충동이 생겼네. 내 입 안에 충동을 느낄 수 있어. 입은 바싹 마르고 손이 떨리고 다리에 힘이 빠지는 걸 느낄 수 있어. 이제는 붉은 병의 이미지까지 그리고 있네. 게다가 마음이 어서 가서 한잔 하라고 재촉하는군. 그 충동이 점점 강해지고 있어. 강도가 10 중 7은 될 거야. 울고 싶은 기분이 들어. 좋아하지는 않지만 그 감정을 받아들일 수 있어. 그 감정 안으로 숨을 불어넣어. 다시 호흡하고… 방을 만들어주고… 이제 술 마시고 싶은 충동이 10 중의 8이야. 그 충동 안으로 숨을 불어넣고…."

때때로 도나는 슬픔의 감정이 얼마나 강렬한지, 또 얼마나 빨리 바뀌는지에 따라서 몇 분에서 거의 한 시간에 이르기까지 어디서든 이 연습을 하곤 했다. 그 결과 그녀는 현재에 머무를 수 있게 되었고 술을 마시는 대신 가치 있는 행동에 집중할 수 있게 되었다. 이따금 이런 선택을 실황 중계에 추가하기도 했다. "자, 이번에는 어떤 일에 가치를 두지? 글쎄, 저녁에 건강식을 만들려고 했지. 이게 내가 가치 있게 생각하는 일일까? 맞아, 그렇지. 그럼 이제 감자 다지는 일에 집중해야지."

일단 가치 있는 행동을 택하면 도나는 오감을 총동원해서 그 일과 완전히 연결되려고 했다. 이를테면 조심스럽게 감자의 모양과 결을 관찰했고 껍질을 벗기고 얇게 써는 소리와 감자를 자르고 다지는 칼의 느낌과 팔과 손, 목의 움직임을 관찰했다.

슬퍼하는 과정을 되풀이하면서 시간이 지날수록 도나는 이런 감정과 충동에 시달리는 일이 훨씬 줄어들었다. 또 확장, 해제, 연결을 더 잘 할 수 있게 되자 점차 생각하는 자아의 도움이 필요 없게 되었다.

실황 중계가 매우 도움이 된다고 생각하는 사람들도 있지만 그렇지 않은 사람들도 있다. 그렇다면 왜 생각하는 자아의 실황 중계를 그대로 두고 어떻게 작용하는지 보지 않는가? 무엇이든 도움이 된다면 사용하도록 하라. 도움이 되지 않는다면 사용하지 마라.

연결에 대해서는 뒷부분에서 행동하기 위해 연결을 사용할 때 다시 다루기로 하자.

22

중대한 이야기

자신에 대해 가장 싫어하는 것이 무엇인가? 개인적으로, 혹은 집단적으로 많은 사람들에게 이 질문을 해보았다. 다음은 가장 일반적인 대답이다.

- 나는 너무 소심해/무서워/불안해/가난해/나약해/수동적이야/떳떳하지 못해.
- 나는 바보야/어리석어/엉터리야/시간을 허비해.
- 나는 뚱뚱해/못생겼어/건강하지 않아/게을러/운동신경이 둔해.
- 나는 비판적이야/화를 잘 내/욕심쟁이야/싸움쟁이야/밉살스러워/질투가 많아.
- 나는 낙오자야/실패자야/멍청이야.

- 나는 일 중독자야/초콜릿 중독자야/알코올 중독자야.
- 나는 너무 강박적이야/지배적이야/괴팍해/완벽주의자야.
- 나는 따분해/둔해/평범해/심각해/의욕이 없어/무식해/무지해.
- 나는 열정/책임/방향/목적/영감이 없어.

여기에 열거한 것은 몇 가지 예일 뿐이다. 얼마든지 다른 대답을 예상할 수 있다. 누구나 개인적으로 싫어하는 것이 있지만 모든 대답은 기본적으로 같은 주제를 갖고 있다. "현재의 나는 부족하다. 내게는 잘못된 부분과 부족한 것이 있다"는 것이다. 우리 마음이 끊임없이 이런 메시지를 보내기 때문이다.

얼마나 열심히 노력했든, 얼마나 많은 것을 성취했든 생각하는 자아는 언제든 우리에게서 모자라고 부족한 부분을 찾아낼 수 있다. 인간 마음의 진화를 생각해 볼 때 이것은 놀라운 일이 아니다. 살아남아야 한다고 하는 우리 조상들의 생각은 끊임없이 다른 구성원과 자신을 비교함으로써 무리에서 배척당하지 않고 살아남는 데 도움을 주었다. 말하자면 항상 자신의 약점을 살피고 개선하여 집단에 더 쓸모 있는 존재가 되어야 하는 것이었다(그러면 쫓겨날 가능성도 줄어든다).

문제는 오랜 세월 동안 마음이 끊임없이 우리의 결함을 지적해 대는 삶을 살아온 결과, 어떤 효과가 있었는가 하는 점이다. 우리는 자신에 대해 더 좋은 느낌을 가지게 되었는가? 그로 인해 자존감이나 자기 수용이 한층 더 발전되었는가?

명백히 그렇지 않다. 생각하는 자아의 부족한 점을 지적하는 성향으로 인해 우리는 결국 실패하고 불충분하고 무가치하고 호감이 가지 않고 사랑스럽지 않고 무능력하고 열등하고 무지하고 매력 없는 사람인 것처럼 느끼게 된다. 이런 것을 일반적으로 낮은 자존감이라고 말한다.

낮은 자존감

23세의 심리치료사 수지는 "너무 외로워. 나 자신에 대해 좀 더 자신감이 있다면 더 사교적인 사람이 될 수도 있을 텐데. 하지만 난 항상 너무 의기소침해 있어. 자존감이 필요해"라고 말한다.

한편 35세의 정원사인 안토니오는 "수고에 비해 내가 받는 보수는 너무 적어. 그것 때문에 나 자신에게 무척 화가 나. 하지만 더 많은 보수를 요구하는 것이 쉬운 일이 아니야. 나는 자존감이 없어"라고 말한다.

도처에 낮은 자존감이 만연해 있다. 위에서 예를 든 두 경우처럼, 낮은 자존감은 사회성 부족에서부터 적절한 대가를 요구하지 못하는 것에까지 거의 모든 문제의 원인으로 지적되고 있다. 의뢰인들 중에는 종종 차라리 자존감이 없어졌으면 좋겠다고 하는 사람도 있고 자존감이 높아졌으면 좋겠다고 하는 사람도 있다. 나는 항상 그들에게 이렇게 묻는다. "자존감이란 실제로 무엇을 의미합니까?" 이 질문에 대해 수년 동안 놀랄 만큼 다양한 대답을 들어왔다. 대체로 매우 복잡한 대답이었지만 실제로 그 대답은 아주 간단하다. 자존감이란 당신이 어떤 종류의 사람인가에 대한 당신의 의견이다. 높은 자존감이란 긍정적인 의견이고 낮은 자존감이란 부정적인 의견일 뿐이다.

결국 당신은 자존감을 가지고 있다는 것이다. 자존감은 당신이 어떤 종류의 인간인가에 대한 생각 꾸러미다. 중요한 것은 자존감은 사실이 아니라 단지 의견일 뿐이라는 점이다. 그렇다. 자존감은 진실이 아니라, 단지 생각하는 자아에 의해 만들어진 지극히 주관적인 판단에 지나지 않는 의견일 뿐이다. "그 말도 맞아. 하지만 자신에 대해 좋은 견해를 갖는 게 중요하지 않을까?"라고 말할지도 모르겠다.

글쎄, 꼭 그렇지는 않다. 먼저 의견이 무엇인지부터 생각해 보자. 의견은 이야기이고 이야기는 단어에 지나지 않는다. 두 번째로 의견은 사실적 묘사가 아닌 판단일 뿐이다(기억해 보자. "줄리아 로버츠는 영화배우다"는 사실적 묘사, "줄리아 로버츠는 매우 재능 있는 배우다"는 의견/판단). 따라서 자존감은 기본적으로 생각하는 자아가 인간인 우리 자신에 대해 만들어낸 의견이다. 자, 높은 자존감을 원한다고 가정해 보자. 높은 자존감을 얻기 위해 어떻게 하겠는가? 그러려면 보통 생각하는 자아가 자신을 괜찮은 사람이라고 확신할 때까지 수없이 생각하고 판단하고 협상하려 들 것이다. 이를테면 다음과 같은 주장을 하게 될지 모르겠다. "나는 내 일을 잘 하고 있고 규칙적으로 운동하고 있고 건강하게 먹고 있고 가족과 많은 시간을 보내고 있고 친구들은 나를 좋아해. 그리고 나는 어려움에 처한 사람들에게 도움을 주고 있어. 그러니 기본적으로 나는 괜찮은 사람인 거야"라는 말이다.

게다가 실제로 괜찮은 사람이라는 마지막 말을 조금이라도 믿을 수 있다면 높은 자존감을 가진 것이다. 이런 식의 접근에서 문제는 계속해서 자신이 괜찮은 사람이라는 걸 증명해야 한다는 것이다. 끊임없이 좋은 평판을 정당화하고 〈그다지 괜찮지 않아〉 이야기의 도전에 맞서야 할 것이다. 그렇게 하려면 상당한 시간과 노력이 필요하다. 사실 영원히 끝나지 않는 체스 게임과 다를 바가 없다.

자신의 생각과 감정이 말이 되는 체스 게임을 상상해 보라. 체스판 위에서 한쪽은 검은 말, 즉 나쁜 생각과 감정을 가지고 있고 다른 쪽은 흰 말, 즉 좋은 생각과 감정을 가지고 있다. 그들 사이에 끊임없이 전쟁이 벌어져 흰 말이 검은 말을 공격하고 검은 말이 흰 말을 공격하고 있다. 삶을 살아가면서 우리는 이런 식의 게임에 사로잡혀 엄청난 시간을 허비하고 있다. 하지만 양쪽 다 무한히 많은 말이 있기 때문에 이 게임은 영원히 끝이 나지 않을 것이다. 얼마나 많은 말들이 나가떨어지든 간에 항상 대신해 줄 다른 말들이 있으니까 말이다.

이제 자존감을 높이려는 생각에 당신은 "사장이 월급을 올려줬어", "일주일에 세 번 헬스클럽에 다녀", "큰 어려움에 처한 친한 친구를 돕고 있어" 같은 생각을 함으로써 가능한 한 흰 말을 많이 모은다.

체스판 전체에 흰 말을 늘어놓으면 점차 자존감이 높아질 것이다. 하지만 문제는 검은 말 군단이 반격을 하려고 기다리고 있다는 것이다. 당신이 미끄러져 넘어지는 순간, 즉 "나는 괜찮은 사람이야"라는 주장을 정당화하기 위해 이용하고 있는 일을 그만두는 순간에 검은 말들이 공격을 할 것이고 당신의 자존감은 빗물에 던져진 각설탕처럼 녹아버린다.

며칠 동안 운동을 게을리하면 "봤지? 오래 못 갈 줄 알고 있었어! 넌 구제불능이야!", 친구에게 화를 내고는 자신에게 "그러고도 네가 친구냐?" 하고, 직장에서 실수하면 "이런, 멍청이! 자기 일도 제대로 처리하지 못하다니!" 하고 생각한다.

그러면 몇 마리의 흰 말을 다시 끌어모아야 한다. "나 자신을 사랑하고 보듬고 인정해", "나는 놀라운 사람이야. 사랑으로 가득 차 있고 강하고 용기 있어"라고 하는 등 스스로에 대해 긍정적인 강화를 하는 사람들도 있다. 이런 말을 하는 경우에도 문제는 대부분의 사람이 자신이 하고 있는 말을 실제로는 믿지는 않는다는 점이다. 이런 말은 "나는 슈퍼맨이야", "나는 원더우먼이야"라는 말과 다르지 않다. 자주 이런 혼잣말을 한다고 해서 그 말을 믿게 되는 건 아니지 않은가?

또 다른 문제점은 당신이 사용하는 긍정적인 강화가 그것이 진실인지와 무관하게 당연히 부정적 반응도 초래한다는 것이다(흰 말은 항상 검은 말을 끌어당긴다). 이 점을 설명하기 위해 다음을 연습해 보자.

상대방의 유혹

다음 문장들을 천천히 읽고 그 말을 믿도록 해보라. 그렇게 하면서 생각하는 자아가 어떤 반응을 보이는지 알아보라. 즉, 머릿속에 무의식적으로 어떤 생각이 떠오르는지를 깨닫도록 하라.

- 나는 인간이다.
- 나는 훌륭한 인간이다.
- 나는 훌륭하고 사랑스러운 인간이다.
- 나는 훌륭하고 사랑스럽고 가치 있는 인간이다.
- 나는 완벽하고 완전하며 이상적이다.

이런 생각을 믿으려고 할 때 어떤 일이 생겼는가? 많은 사람들이 긍정적인 생각을 자주 하고 그 생각을 믿으려고 하면 할수록 "농담하고 있니?", "바보 같은 소리 그만하지 그래?", "그러고 싶은 거겠지?", "농담 한번 잘 한다!" 같은 부정적인 생각으로 더욱 저항하게 된다.

소수의 사람들은 실제로 위와 같은 말에 동화되어 잠시나마 굉장한 기분을 느낀다. 하지만 그 느낌은 오래 지속되지 못하고 곧이어 검은 말의 반격이 시작된다.

이제 "나는 쓸모가 없어. 하찮은 사람이야. 무가치한 인간쓰레기야" 같은 문장 하나를 더 붙여서 같은 연습을 해보자.

이번에는 어떤가? 많은 사람들은 "잠깐만, 난 나쁜 사람이 아니야!", "아니야, 나는 그 말을 믿지 않아" 같은 긍정적인 생각을 만들어내 자기 변호를 한다.

마찬가지로 소수의 사람들은 이 생각에 완전히 동화되어 기분이 엉망이 된다.

사실 우리는 자신에 대한 좋은 이야기나 나쁜 이야기를 무수히 많이 찾아낼 수 있고 우리가 자존감에 몰두하는 한 끊임없이 생겨나는 부정적인 생각과 끝없는 전투를 벌이게 되는 이런 체스 게임을 하느라 엄청난 시간을 허비하고 있다.

검은 말이 "너는 어째서 그런 바보 멍청이냐?"라면서 당신을 질책할 때 흰 말을 끌어모으고 있다고 생각해 보자. 흰 말이 나타나 "물론 넌 바보가 아니야. 단지 실수를 했을 뿐이지. 괜찮아. 누구나 실수를 하는걸"이라는 말로 당신을 도와주기를 기대하면서 말이다. 하지만 다른 검은 말이 나타나서 "장난하냐? 지난번에 네가 망쳐버린 일을 봐라!"라고 한다. 그러면 다른 흰 말이 나서서 "야, 이번에는 달라. 연습을 많이 했어"라고 말한다. 다시 검은 말이 "오, 그렇게 생각되겠지? 넌 저능아니까. 절대 제대로 못할 거야!"라고 반격한다.

검은 말과 흰 말이 다투어 앞으로 나서면서 전투는 점점 치열해진다. 그다음은 어떻게 될까? 당신이 체스 게임에 온통 주의를 빼앗기고 있는 한, 어떤 일과도 연결되지 못하게 된다. 그렇게 되면 삶과 당신을 둘러싼 세상과 동떨어지고 당신은 자기 생각과의 싸움에서 완전히 패배하게 된다.

이것이 진정으로 당신이 원하던 삶인가? 생각과 지루한 전투를 벌이면서 스스로 좋은 사람이라는 것을 증명해 보이고 계속해서 가치 있는 사람이라는 것을 정당화하고 존경을 얻어내는 것이? 이런 전쟁을 그만두는 편이 낫지 않을까?

자존감 내려놓기

자존감이 낮으면 비참한 기분이 든다. 하지만 자존감이 높으면 높은 자존감을 유지하려고 긴장하게 된다(게다가 항상 다시 떨어질지도 모른다는 걱정을 하게 된다). 그러면 자존감을 있는 그대로 내버려 두면, 즉 한 인간으로서 자신을 판단하는 일을 완전히 그만둔다면 삶이 어떻게 되겠는가?

물론 생각하는 자아는 여전히 갖가지 판단을 만들어내겠지만 당신은 그런 것을 단지 단어와 그림으로 보게 될 것이고, 싸우지 않고 그런 것이 왔다가 가도록 내버려 두게 될 것이다(도움이 될 해제 기법을 사용하고 싶다면 마음에게 알려줘서 고맙다고 인사하고 "…라는 생각을 하고 있는데 기분이 그다지 좋지 않아"라고 인정하려고 노력할 수 있다. 아니면 단순히 〈그다지 좋지 않아〉 이야기라고 이름을 붙일 수도 있다).

이런 개념에 대해 어떻게 생각하는가? 이상한가? 놀라운가? 엉뚱한가? 틀림없이 다음과 같이 질문할 것이다.

Ⓠ 값지고 의미 있는 삶을 창조하려면 자존감이 필요하지 않은가?

Ⓐ 아니, 그럴 필요는 없다. 오직 당신의 가치와 행동을 연결하기만 하면 된다.

Ⓠ 높은 자존감이 있으면 더 쉽지 않을까?

Ⓐ 때로는 그럴 때도 있지만 대체로는 그렇지 않다.

Ⓠ 왜 그렇지 않은가?

Ⓐ 줄곧 높은 자존감을 계속 유지하려면 실제로 가치 있게 생각하는 일에서부터 벗어나게 되기 쉽기 때문이다. 자존감을 높이려고 저녁 늦게까지 사무실에서 일하느라 가족들과 함께할 시간을 놓쳐버린 미셸을 생각해 보라. 잠깐 동안은 높은 자존감을 가져서 기분이 좋겠지만 장기적으로 높은 자존감을 유지하려고 하다 보면 지치게 될 것이다. 인간의 마음은 그런 식으로 진화해 왔기 때문에 〈그다지 좋지 않아〉 이야기는 항상 이런저런 다른 형태의 이야기로 되풀이될 것이다. 그런 것과 싸우면서 여생을 보내고 싶은가? 그런 수고를 하지 않고도 만족스러운 삶을 살 수 있는데 왜 자신을 들볶는가?

Ⓠ 하지만 자존감이 높은 사람들은 행복하지 않은가?

Ⓐ 반드시 그렇지는 않다. 높은 자존감이 오히려 갖가지 문제를 만들어내기도 한다. 자존감이 높은 사람들은 건방지거나 독선적이거나 이기적이거나 자기중심적이거나 자아도취적이거나 그릇된 우월감을 가지기 쉽다. 이 책에서 말하는 행복, 즉 풍요롭고 의미 있고 만족스

러운 삶을 누릴 수 있도록 하는 행복은 자존감과는 무관하다.

Ⓠ 그러면 어떻게 하라는 것인가?

Ⓐ 자신을 증명하려 들지 마라. 스스로를 좋은 사람이라고 생각하려고 애쓰지 마라. 자신의 가치를 정당화하려고 하지 마라. 생각하는 자아가 어떤 판단을 하든 있는 그대로 보고 가게 내버려 두어라. 동시에 자신의 가치와 조화되는 행동을 취하라. 의미 있는 것을 행동으로 옮김으로써 삶을 향상시켜라. 잘못해서 그런 가치에서 벗어났을 때(확신컨대, 종종 그런 일이 있을 것이다), 마음이 하는 가혹한 자기 판단을 믿지 마라. 그런 부정적인 판단은 왔다가 가게 내버려 두어라. 그 대신에 지금 일어나고 있는 일을 받아들이고 돌아볼 필요가 없다는 사실을 인정하라. 지금 있는 장소와 하고 있는 일에 자신을 연결하고 가치 있는 방향을 선택해서 행동하도록 하라.
자존감을 얻으려는 전투에서 빠져나온 다음에 해야 할 일은 자기 수용이다.

자기 수용

자기 수용이란 체스 게임에서 당신이 검은 말도 흰 말도 아닌 자기 자신을 있는 그대로 괜찮은 존재로 인정한다는 의미다. 당신은 말이라기보다는 체스판이라고 할 수 있다. 체스판은 끊임없이 말들과 무한히 접촉하지만 싸움에 휘말려 들지 않는다.

말하자면 체스판 위의 말들은 인지, 즉 생각이나 이미지, 기억에 지나지 않는다. 당신이 생각인가? 이를테면 당신이 〈그다지 좋지 않아〉라는 말인가? 아니면 당신은 머릿속의 그림에 지나지 않는 이미지인가? 당신은 과거에 일어났던 일을 기록한 것일 뿐인 기억인가?

이런 질문이 골치 아프게 여겨지더라도 걱정하지 마라. 당신만 그렇게 생각하는 게 아니다. 그러면 이 문제는 잠시 제쳐두고, 다음 시나리오를 생각해 보도록 하자.

아프리카 다큐멘터리

아프리카 다큐멘터리를 본 적이 있는가? 무엇을 보았는가? 악어와 사자, 영양, 고릴라, 기린 같은 야생동물들을 보았는가? 아프리카 부족의 춤이나 부족 간의 전투, 아니면 정치적 분쟁을 보았는가? 강렬한 색채가 넘치는 시장이나 굉장한 산을 보았는가? 아름답고 평온한 시골 마을을 보았는가? 탄혼투성이의 빈민가를 보았는가? 굶주린 어린이들을 보았는가? 다큐멘터리를 보고 많은 것을 알 수 있겠지만 한 가지 분명한 것은 아프리카 다큐멘터리가 아프리카 그 자체는 아니라는 사실이다.

다큐멘터리가 아프리카의 인상을 심어줄 수는 있다. 다큐멘터리는 아프리카의 인상적인 풍광과 소리를 보여주지만 실제로 여행했을 때의 경험과 같을 수는 없다. 아무리 잘 만든 영화라 하더라도, 또 아무리 믿을 만한 영화라 하더라도 그것은 아프리카에 관한 기록영화일 뿐이며 아프리카 자체와 똑같지는 않다.

마찬가지로 당신에 관한 다큐멘터리 역시 당신과 똑같지 않을 것이다. 천 시간 분량의 다큐멘터리가 당신의 삶에서 중요한 장면을 모두 담고 있고 당신이 아는 모든 사람을 인터뷰하고 당신의 가장 내밀한 비밀에 이르기까지 시시콜콜 기록하고 있다고 하더라도 그 다큐멘터리는 당신 자신이 될 수 없다.

이 점을 더 분명히 알려면 지구상에서 당신이 가장 사랑하는 사람을 생각해 보라. 자, 누구와 더불어 시간을 보내고 싶은가? 실제로 살아 있는 사람인가? 아니면 그 사람에 관한 다큐멘터리인가?

결국 있는 그대로인 우리 자신과 우리에 관해 만들어진 다큐멘터리 사이에는 엄청난 차이가 있다. 다큐멘터리가 아무리 정직하게 만들어졌다 하더라도 말이다. 실망스럽게도 그 다큐멘터리는 큰 그림의 일부만을 보여주기 때문에 정직하게라는 말을 특별히 강조했다. 값싼 비디오가 나온 이후 수백 시간짜리는 아니더라도 수십 시간짜리 TV 다큐멘터리가 주류를 이루게 되었다. 그러다 보니 부득이하게 상당 부분 편집이 이루어졌다.

게다가 생각하는 자아의 편집에 비하면, 영화감독의 편집은 아무것도 아니다. 생각하는 자아는 우리의 전 생애 경험(문자 그대로 수천 시간짜리 기록 보관용 필름) 가운데 소수의 인상적인 기억들만 선택하고 관련된 판단과 의견으로 그 기억을 편집해서 〈이것이 바로 나다!〉라는 제목으로 감동적인 다큐멘터리를 만드는 것이다. 그런데 문제는 우리가 다큐멘터리를 볼 때 그것이 매우 심하게 편집된 필름이라는 사실을 잊어버린다는 점이다. 우리는 자신이 그 다큐멘터리라고 믿어버린다. 하지만 아프리카 다큐멘터리가 아프리카가 아닌 것과 마찬가지로 당신에 관한 다큐멘터리도 당신이 아니다.

당신의 자기 이미지, 자존감, 자신과 같은 유형의 인간에 관한 견해 등 이 모든 것은 단지 생각과 기억에 지나지 않는다. 그런 것들이 당신은 아니다.

그러면 곧바로 "하지만 만약 내가 나의 생각과 기억이 아니라면 도대체 나는 누구란 말인가?"라고 반문할지도 모르겠다. 좋은 지적이다.

23

당신은 당신이 생각하는 사람이 아니다

"나는 생각한다. 고로 나는 존재한다." 이 불후의 명제는 프랑스의 철학자 르네 데카르트Rene Descartes가 남긴 명언으로 서양 문명에 상당한 영향을 미쳤다. 서구인들은 생각하는 자아가 인류 발전의 절정이라고 믿어왔다. 우리는 "마음을 계발하라"는 말을 듣는다. "스스로 생각하는 것을 배워라." 수평적 사고, 합리적 사고, 논리적 사고, 긍정적 사고, 분석적 사고, 낙관적 사고 등이 대단히 바람직한 것으로 장려되고 있다. 사실 사고 기법은 인생의 많은 문제를 해결하는 데 있어서 매우 중요하다. 실제로 이 책의 3부에서는 효과적인 사고의 중요성을 강조하고 있다. 인간의 의식에는 생각하는 자아만 있는 것이 아니라 관찰하는 자아도 있다.

"나는 생각한다. 고로 나는 존재한다"고 데카르트는 말했다. 다시 말하자면 내가 생각을 하고 있다는 사실은 내가 존재한다는 사실을 증명한다는 것이다. 하지만 여기서 "그런 생각을 관찰하는 것은 누구인가?"라는 의문이 제기된다. "나다"라고 대답할지 모르겠다. 그러면 이 나라는 사람은 누구란 말인가?

다소 혼란스럽지 않은가? 하지만 상관없다. 출발하기에 딱 좋은 상태다. 우리는 또 한 번 중대한 패러다임의 변화를 겪고 있고 강력한 반응을 기대하고 있다.

다음의 연습은 행크 로브, 스티븐 헤이즈, 로베르토 아사지올리 Roberto Assagioli가 고안한 기법과 유사하다. 이 연습은 전부 의문문으로 끝나는 일련의 짧은 단락으로 구성되어 있다. 다음 각각의 질문을 읽어보면서 즉각적인 반응, 즉 곧바로 마음에 떠오르는 생각과 감정을 관찰하기 바란다.

나는 누구인가

읽으면서 지금 하고 있는 일을 관찰하라. 읽고 있는 행동에 몰두하고 있음을 인지하라. 책 페이지를 가로질러 이동하는 눈의 움직임을 깨닫도록 하라. 시선이 문장 안에서, 단어에서 단어로 움직이고 있는 것을 지켜보도록 하라. 이제 "누가 관찰하고 있는가?"라고 자신에게 물어보라.

…

이 질문에 대해 어떤 반응이 생기는가? 아마도 "나!", "내가!" 같은 생각이 들었을 것이다. 이치에 맞는 생각보다는 혼란스럽거나 초조한 감정, 마음이 텅 비는 느낌이 드는 것을 관찰했을 것이다. 관찰한 것이 생각이든 감정이든 혼란이든 텅 빈 마음이든 무엇이든 간에 관찰했을 것이다. 그렇다면 자신에게 물어보라. "누가 관찰하고 있었는가?"

…

자, 이 시점에서 어떤 반응이 생기든 그냥 관찰하라. "나!", "내가!" 같은 생각이 든다면 그냥 그 생각을 관찰하라. 만약 혼란스럽고 초조한 감정이 생기더라도 그냥 그 감정을 관찰하라. "이 감정과 함께 어디로 가는 거지?", 혹은 "이해할 수 없어" 같은 생각이 든다면 그냥 그 생각을 관찰하라. 관찰하면서 자신에게 물어보라. "누가 관찰하고 있는가?"

…

이제 지금 이 순간에 앉아 있는 당신의 자세를 관찰하라. 다리와 발에 어떤 기분을 느끼고 있는지 관찰하라. 발가락을 조금 흔들어 보고 어떻게 느껴지는지 관찰하라. 자신에게 물어보라. "누가 관찰하고 있는가?"

…

위의 질문들에 대한 대답은 아마도 "나!", "내가!"였을 것이다. 그러면 이번에는 이런 질문을 해보자. 이 모든 관찰을 하고 있는 나는 생각이나 이미지, 감각인가? 아니면 그것은 당신이 생각과 이미지와 감각을 관찰하는 지점인가?

관찰하는 자아

위의 연습에서 어떤 생각과 이미지와 감각이 생겨나든 간에 그런 것들과 분리되어 있는 당신의 한 부분이 있어서 물러설 수도 있고 그런 것들을 관찰할 수도 있다는 사실을 경험했을 것이다. 이 부분이 바로 내가 관찰하는 자아라고 불러왔던 것이다. 관찰하는 자아에서 당신은 생각과 감정, 감각, 기억, 이미지, 충동, 풍경, 소리, 냄새, 맛 등을 관찰한다.

무엇을 생각하고 무엇을 느끼고 무엇을 지각하고 무엇을 하든 간에 당신의 이 부분은 관찰하면서 항상 거기에 있다. 당신이 생각하고 있는 것이 무엇인지를 아는 것은 이 부분이 생각을 관찰할 수 있기 때문이다. 당신이 느끼거나 지각하는 것을 아는 것은 이 부분이 감정과 감각을 관찰할 수 있기 때문이다. 당신이 하고 있는 행동을 아는 것은 이 부분이 행동을 관찰할 수 있기 때문이다. 관찰하는 자아가 없다면 당신은 자각 능력을 가질 수 없다.

태어나서 죽을 때까지 바뀌지 않는 것은 당신의 어느 부분인지 생각해 보자. 생각과 이미지는 줄곧 바뀐다(지난 5분간 얼마나 많은 생각이 내 머릿속을 지나갔는가?). 생각과 이미지는 때로는 유쾌하고 때로는 고통스럽고 때로는 유익하고 때로는 방해가 된다. 하지만 한 가지 분명한 것은 생각과 이미지는 계속해서 변한다는 사실이다. 이제 잠시 눈을 감고 20초간 생각을 관찰해 보라. 이렇게 할 때 생각이 공간상 어디에 위치해 있는지 깨닫도록 하라. 당신 위에 있는가? 당신 앞에 있는가? 당신 안에 있는가? 또 그 생각이 어떤 형태

인지 깨닫도록 하라. 사진인가? 단어인가? 소리인가? 생각을 관찰했으면 당신이 그 생각을 관찰하고 있다는 사실을 깨닫도록 하라. 당신의 그런 생각들이 있다는 것, 그리고 그 생각들을 관찰하는 당신이 있다는 것에 주목하라.

(이제 20초간 이 연습을 한 다음, 눈을 뜨고 계속해서 읽도록 하라.)

…

생각과 이미지와 마찬가지로 감정과 감각도 끊임없이 변화한다. 때로는 슬프고 때로는 행복하다. 때로는 고요하고 때로는 화가 난다. 또 때로는 건강하고 때로는 아프다. 때로는 에너지가 넘치고 때로는 피곤하다(지난 24시간 동안 얼마나 다양한 감각과 감정을 경험했는가?). 자, 잠시 눈을 감고 20초간 감정과 감각을 관찰해 보라. 감정을 관찰하면서 당신이 그 감정을 관찰하고 있다는 사실을 깨닫도록 하라. 감각이 있고 그 감각을 관찰하는 당신이 있다는 사실에 주목하라.

(이제 20초간 이 연습을 한 다음, 눈을 뜨고 계속해서 읽도록 하라.)

…

신체는 끊임없이 변한다. 현재 당신이 가지고 있는 신체는 당신이 아기였을 때나 어린이였을 때, 10대였을 때의 신체가 아니다. 새로 생겨난 것도 있고 사라진 것도 있을 것이다. 10년 전에는 없었던 흉터와 주름, 점이 생겼을 것이다. 피부는 6주마다 재생된다. 간은 3개월을 주기로 세포가 모두 새로 바뀐다. 사실 7년을 주기로 우리 몸의 세포는 모조리 새로운 것으로 바뀐다. 자, 잠시 동안 눈을 감고 20초간 몸을 관찰해 보자. 관찰하는 동안 발가락, 귀, 팔꿈치, 무릎 등 원하는 신체 일부를 즉시 관찰할 수 있는지 인지해 보도록 하라. 신체를 관찰하는 동안 신체를 관찰하고 있다는 사실을 깨닫도록 하라. 신체에는 다양한 부분이 있다는 사실과 그 신체를 관찰하는 당신이 있다는 사실에 주목하라.

(이제 20초간 이 연습을 한 다음, 눈을 뜨고 계속해서 읽도록 하라.)

…

삶을 살아가는 동안 당신이 하고 있는 역할과 생각, 이미지, 감정, 감각, 신체는 모두 끊임없이 변화한다. 하지만 생각과 이미지를 관찰하는 나는 변하지 않는다. 감정과 감각을 관찰하는 나는 변하지 않는다. 신체를 관찰하는 나는 변하지 않는다.

이제 자신에게 물어보라. "이 모든 것을 관찰하는 지점의 나는 좋은 것인가 나쁜 것인가? 아니면 그냥 거기 있을 뿐인가?"

관찰하는 자아의 특성

아마도 이 질문에 "그냥 거기 있을 뿐"이라고 답했을 것이다. 관찰하는 자아가 할 수 있는 것은 관찰하는 것뿐이기 때문에 관찰하는 자아는 좋다, 나쁘다, 옳다, 그르다고 판단될 수 없다. 만약 잘못된 일을 하거나 나쁜 짓을 저지른다고 해도 관찰하는 자아와는 아무런 관계가 없다. 관찰하는 자아는 단지 당신이 한 일을 인지하고 그 사실을 자각하도록 도울 뿐이다(그렇게 함으로써 관찰하는 자아로부터 배우게 된다). 게다가 판단은 생각이고 관찰하는 자아는 생각할 수 없기 때문에 결코 당신을 판단할 수 없는 것이다.

관찰하는 자아는 현실과 싸우게 만드는 판단이나 비평 같은 사고 과정을 거치지 않고 사물을 있는 그대로 본다. 그런 까닭에 관찰하는 자아는 가장 진실하고 순수한 형식으로 수용한다.

관찰하는 자아는 어떻게든 변하지 않는다. 관찰하는 자아는 늘 거기에 있으면서 추호도 흐트러지지 않고 완벽하게 작용한다. 당신이 해야 할 일은 관찰하는 자아와 소통하는 것뿐이다.

관찰하는 자아는 손상되지 않는다. 아프거나 나이가 들거나 상처를 입어 당신의 몸이 물리적으로 손상되었다면 관찰하는 자아는 그 손상을 알아차린다. 또 고통이 생기면 관찰하는 자아는 고통을 깨닫는다. 결과적으로 나쁜 생각이나 기억이 생기면 관찰하는 자아는 그런 것도 인지한다. 하지만 신체적 손상이나 고통스러운 감정이나 나쁜 생각과 기억조차도 관찰하는 자아에 손상을 끼치지는 못한다.

요약하면 다음과 같다.

- 관찰하는 자아는 태어나서 죽을 때까지 거기에 있고 변하지 않는다.
- 관찰하는 자아는 당신이 하는 모든 일을 관찰하지만 판단하지 않는다.
- 관찰하는 자아는 어떤 경우에도 손상되거나 상처 입지 않는다.

- 관찰하는 자아는 항상 거기에 있다. 그 존재에 대해 전혀 모르거나 잊고 있을 때도 거기에 있다.
- 관찰하는 자아는 진정한 수용의 원천이다.
- 관찰하는 자아는 물질이 아니다. 그것은 물리적 질료로 만들어진 것이 아니다.
- 관찰하는 자아는 어떻게든 변하지 않는다. 따라서 그것은 완전하다.

요약을 살펴보면, 사람들이 ACT와 다른 종교를 비교하는 이유를 알 수 있을 것이다. 하지만 ACT는 종교적, 영적 신념과는 관련이 없으며 관찰하는 자아에 대해 특별한 기대도 하지 않는다. 그러니 관찰하는 자아를 마음대로 개념화하고 부르고 싶은 대로 이름 붙이면 된다.

생각과 감각, 이미지를 날씨에 비유한다면 관찰하는 자아는 하늘과 같은 것이라고 생각한다. 날씨는 하루에도 수없이 변화한다. 날씨가 어떻든 간에 하늘은 언제나 그 날씨가 깃들 방을 가지고 있다. 천둥 번개가 치든 태양이 작열하든 하늘은 아무런 해를 입지 않는다. 인명 피해를 가져오고 땅 위의 모든 것을 파괴하는 태풍이나 해일이라 해도 하늘에 피해를 줄 수는 없다. 물론 시간이 지남에 따라 날씨는 변화를 거듭하지만 하늘은 전과 다름없이 맑고 순수함을 유지하고 있다(인간의 의식을 무변광대한 하늘에 비유하는 이런 은유는 그야말로 케케묵은 이야기로 고대의 종교적, 영적인 전설에서 찾아볼 수 있다!).

삶을 관찰하는 자아

삶을 살아가는 동안 우리는 관찰하는 자아를 잠깐씩 깨달을 수 있을 뿐이다. 대부분의 시간 동안 관찰하는 자아는 줄곧 되풀이되는 생각의 흐름에 의해 가려져 있기 때문이다. 보통 일상생활에서 때때로 구름에 의해 완전히 가려져 버리는 하늘과 같다. 하지만 우리는 하늘을 볼 수 없을 때조차도 하늘이 거기에 있다는 사실을 안다. 우리가 구름 위로 높이 뛰어오른다면 언제나 하늘을 볼 수 있을 것이다.

마찬가지로 생각을 넘어서면 관찰하는 자아를 발견할 수 있다. 부정적인 자기 판단이나 자기 제한적 믿음에 의해 상처받지 않고 그런 것들을 관찰할 수 있는 관점, 즉 관찰하는 자아의 관점에서 나는 누구인가에 관한 다큐멘터리를 볼 수 있고 생각하는 자아에 의해 편집된 말과 그림의 조합일 뿐인 다큐멘터리를 있는 그대로 볼 수 있다. 생각하는 자아는 그 다큐멘터리가 당신이라고 말한다. 하지만 당신이 해야 할 일은 뒤로 물러나서 다큐멘터리를 관찰하면서 누가 관찰하고 있는지를 깨닫고 지금 이 순간에 당신의 본성이 존재한다는 사실을 깨닫는 것이다!

관찰하는 자아에 주파수를 맞추는 것은 아주 쉬운 일이다. 눈에 보이는 것이든 소리든 냄새든 맛이든 감각이든 생각이든 감정이든 움직임이든 신체 일부든 물질적인 질료든 간에 지금 당신이 깨닫고 있는 것을 선택하라. 문자 그대로 무엇이든 그 대상에 집중하고 마치 호기심 많은 과학자처럼 세밀히 관찰하도록 하라. 관찰하면서 누가 관찰하고 있는지를 깨닫도록 하라.

바로 그거다. 지금 이 순간, 스스로 관찰하는 것을 관찰하는 순간에 당신은 관찰하는 자아다. 지금 이 순간, 당신은 자각을 자각하고 의식을 의식한다. 물론 이런 상태로 몇 초 이상 머물지 못한다. 거의 즉시 생각하는 자아가 눈앞에서 일어나고 있는 일을 분석하고 논평하려 들거나 갖가지 기억이나 이미지를 떠올리려 할 것이다. 이런 인식에 사로잡히게 되면 관찰하는 자아는 또다시 가려진다.

그럼에도 관찰하는 자아는 항상 그 자리에 있어서 원하기만 하면 언제든지 곧바로 연결될 수 있다는 사실은 위안이 된다. 실제로 당신은 남은 생애를 살아가는 동안 줄곧 나는 누구인가에 관한 이야기에 사로잡히게 된다. 이런 일은 죽는 날까지 되풀이될 것이다. 마음은 원래 그렇게 생겨먹었으니까 말이다. 하지만 이제 그런 이야기가 아닌 직접적인 경험을 가지기를 바란다. 그러면 무슨 일이 일어나고 있는지를 깨닫는 순간, 말하자면 마음이 만들어내는 이야기에 동화되고 있거나 다큐멘터리가 바로 자신이라고 믿는 것을 깨닫는 순간에 즉시 물러나서 관찰할 수 있게 된다. 이때 당신이 할 일은 자신은 관찰하고 있다는 것과 그 순간 당신의 본성이 거기에 있다는 사실을 깨닫는 것이다.

마지막

이것으로 2부를 마감하려 한다. 3부에서는 자신이 원하는 삶을 일구는 행동에 관해 다루기로 하자. 행동을 취하는 동안 우리는 불가피하게 수많은 두려움을 직면하게 되고 불쾌한 생각과 감정을 마주치게 된다. 하지만 해제, 확장, 연결을 통해 차츰 그런 방해물을 극복하는 법을 배울 수 있다. 아무리 불쾌한 생각과 감정에 시달리더라도 당신의 내면 깊숙한 곳에는 있는 그대로의 본성이 결코 손상되지 않는 안전한 장소가 있다는 것을 알게 될 것이다.

3

가치

The Happiness Trap

24

가슴이 원하는 것을 따르라

도스토옙스키Dostoyevsky는 "인간 존재의 비밀은 단지 사는 것뿐만 아니라 무엇을 위해 사는가이다"라고 말했다. 이 말에 대해 진지하게 생각해 본 적이 있는가? 아니면 "도대체 인생이란 무엇인가? 무엇 때문에 여기에 있는가? 나의 삶을 가치 있는 것으로 만드는 것은 무엇인가?" 같은 의문을 품어본 적이 있는가?

사람들 대부분이 이런 의문에 대해 깊이 고민해 보지 않았다는 사실은 놀라운 일이다. 우리는 날마다 똑같은 일상을 되풀이하고 있다. 하지만 풍요롭고 의미 있고 만족스러운 삶을 창조하기 위해 우리가 무슨 일을 하고 있는지, 왜 그 일을 하고 있는지를 곰곰이 생각해 볼 필요가 있다. 그러니 이제 다음과 같이 자신에게 물어보라.

- 마음속 깊이 중요하게 생각하는 것은 무엇인가?
- 당신의 삶이 어떤 것이기를 바라는가?
- 어떤 종류의 사람이 되고 싶은가?
- 어떤 종류의 관계를 구축하고 싶은가?
- 만약 감정과 싸우거나 두려움을 피하지 않는다면 어떤 일을 하는 데 시간과 에너지를 집중하고 싶은가?

이 모든 질문에 대한 대답이 혀끝에서 뱅뱅 돌 뿐 생각이 나지 않는다고 해도 걱정하지 마라. 이 문제에 대해서는 이어지는 몇 장에 걸쳐 깊이 있게 탐구할 것이다. 그러니 당신의 대답은 곧 당신의 가치와 연결될 것이다.

당신의 가치

가치에 대해서는 이 책에서 이미 여러 번 다루었다.

가치란

- 마음속 깊이 바라는 것이며 우리가 되고자 하는 사람, 지키고자 하는 것, 우리를 둘러싼 세계에 연결시키고자 하는 것이다.
- 삶을 살아가는 동안 우리를 자극하고 이끌어가는 중요한 동기다.

가치를 따라가는 삶을 살아가면 비록 좋지 않은 일이 일어날 때에도 활력과 기쁨을 얻게 될 뿐만 아니라 삶이 더욱 풍요롭고 의미 있고 충만해지는 경험을 하게 된다. 내 친구 프레드의 경우를 보자.

프레드가 경영하던 벤처 기업이 완전히 망해버리는 바람에 그 부부는 집을 포함하여 전 재산을 날리게 되었다. 하루아침에 알거지가 된 그들은 도시에서 시골로 이사 가기로 했다. 그러던 중 그 지역의 기숙학교에서 일거리를 얻게 되었다. 그 학교는 외국 학생들, 주로 중국과 한국 출신의 10대들이 다니는 학교였다.

이 일은 프레드의 사업 경험과는 전혀 연관이 없는 일이었다. 그의 임무는 기숙사의 질서와 보안을 유지하고 학생들의 숙제를 책임지며 제시간에 잠자리에 들게 하는 일이었다. 그는 기숙사에서 숙직하면서 학생들의 다음 날 수업을 준비시켰다.

사람들 대부분은 프레드와 같은 경우가 되면 몹시 침울해진다. 사업체와 집과 엄청난 돈을 다 날리고 이제는 일주일에 5일 동안 아내와 떨어져 지내야 하는 저임금 일자리에 매달려 있는 것이다.

하지만 프레드는 두 가지 선택밖에 없다는 사실을 깨달았다. 말하자면 자신의 실패에 사로잡혀 자신을 학대하면서 스스로 비참해질 수도 있었고 아니면 자신의 실패를 최대한 이용할 수도 있었다.

다행히 그는 후자를 택했다.

프레드는 항상 남을 가르치고 지도하고 도와주는 일에 가치를 두었는데 이제는 이런 가치를 일터에서 찾을 수 있게 되었다. 그래서 그는 아이들에게 다림질하는 법과 간단한 요리법 같은 유용한 기술을 가르치기 시작했다. 또 학교 최초의 장기 자랑 대회를 준비했고 아이들이 학교생활에 대한 재미있는 다큐멘터리를 찍을 수 있도록 도와주었다. 이렇게 하다가 결국 학생들의 비공식적인 카운슬러가 되었다. 많은 학생들이 친구 관계의 어려움, 가족 문제, 학습 문제 등 갖가지 고민거리에 대해 그의 도움과 충고를 구하러 왔다. 이런 일은 어느 것도 프레드의 업무가 아니었고 별도의 수당도 없었다. 그는 남을 돌보고 베푸는 일에 가치를 두고 있기 때문에 그냥 순수한 마음으로 그 일을 했다. 그 결과 그저 따분한 일에 지나지 않았던 그 직업이 의미 있고 만족스러운 일이 되었다.

동시에 프레드는 자신의 경력을 포기하지 않았다. 돈을 벌기 위해 잠시 이 일을 하면서도 진정으로 원하는 직업을 찾는 일도 게을리하지 않았다. 연극과 음악 공연에 조예가 깊은 그는 뛰어난 기획자이자 매니저로 일한 적이 있었고 이 분야의 일을 가장 하고 싶어 했다. 몇 달 동안 여러 가지 일을 해본 뒤에 프레드는 결국 지역 예술제의 주최자로 일하게 되었다. 그 일은 매우 만족스러웠다. 보수도 괜찮았을 뿐 아니라 아내와 더 많은 시간을 보낼 수 있었다.

프레드의 이야기는 삶이 고달파질 때도 어떻게 가치에 따라 살 수 있는지를 보여주는 좋은 본보기다. 또 그런 가치를 일터로 가져감으로써 원하지 않는 직업을 가졌을 때도 어떻게 일에서 만족을 찾을 것인가에 대한 좋은 예가 되기도 한다. 이런 식으로 우리는 더 나은 직업을 탐색하고 있는 동안에도 지금 가진 것 안에서 만족을 찾을 수 있다.

가치 대 목표

가치가 목표와 같은 것이 아니라는 것을 깨닫는 것은 중요하다. 가치는 계속 움직여 나가고자 하는 방향이다. 이를테면 끝없이 계속되는 과정이다. 가령 다정하고 친절한 배우자가 되려는 열망이 가치라면 그 가치는 남은 생애 동안 계속 진행되는 것이다. 다정하고 친절한 마음을 멈추는 순간, 더 이상 그 가치에 따라 사는 것이 아니다.

목표는 달성되거나 완성될 수 있는 원하는 결과다. 이를테면 결혼을 열망하는 것은 목표다. 일단 성취되었다면 그 목표는 이루어진 것이고 이제 목표가 아니게 된다. 만약 당신이 결혼했다면 배우자에게 얼마나 다정하고 친절하든, 무신경하고 냉담하든 간에 어쨌든 결혼을 한 것이다.

가치는 서쪽을 향해 달리는 것과 같다. 서쪽을 향해 아무리 멀리 여행을 간다 하더라도 더 먼 서쪽이 있는 것처럼.

목표는 서쪽으로 여행하면서 마주치는 산이나 강과 같다. 일단 넘어서거나 건넜다면 그 목표는 이루어진 것이다.

더 나은 직업을 원한다면 그것이 목표가 된다. 일단 그 일을 해냈다면 목표는 달성된 것이다. 하지만 직장에서 일에 전념하여 세심한 부분까지 신경을 쓰고 동료들을 격려하고 지금 하고 있는 일에 종사하기를 원한다면 그런 것들이 가치가 된다.

왜 가치가 그토록 중요한가

아우슈비츠는 나치 죽음의 수용소 가운데 가장 악랄한 곳이었다. 그곳에서 일어난 일은 상상을 초월하는 것이었다. 아우슈비츠는 끔찍한 학대와 고문, 극단적인 인간성 모독, 질병과 폭력, 굶주림, 악명 높은 대량 가스 학살로 무수한 생명을 앗아간 현장이었다. 아우슈비츠를 비롯한 나치 수용소에서 이루 말할 수 없는 공포의 세월을 견디고 살아남은 유대인 정신과 의사 빅토르 프랭클Viktor Frankl은 자신이 겪은 소름끼치는 경험을 『죽음의 수용소에서Man's Search for Meaning』라는 감동적인 저서에서 자세히 묘사하고 있다.

이 책에서 폭로된 내용 중 가장 놀라운 것은 그런 죽음의 수용소에서 생존한 사람들은 예상과 달리 신체적으로 건장한 사람이 아니라 삶의 목표와 연결되어 있는 사람들이었다는 점이다. 자녀들과의 사랑이나 저술하고자 하는 중요한 책과 같이 가치를 두는 일에 연결되어 있는 수감자들의 경우, 그런 연결이 그들을 살도록 하는 동기가 되었던 것이다. 말하자면 온갖 고통을 견뎌내는 일을 가치 있게 만드는 어떤 것이 삶의 의지로 작용했던 것이다. 심오한 가치와 연결할 수 없었던 사람들은 삶의 의지를 잃었고 곧 생명을 잃게 되었다.

당시 프랭클의 삶을 지탱해 준 몇 가지가 있었다. 그는 아내와의 사랑에 깊은 가치를 두었기 때문에 반드시 살아남아서 아내를 다시 보아야겠다고 결심했다. 동상에 걸린 발이 견딜 수 없이 아프고 잔인한 매질로 인해 엄청난 고통을 받고 눈보라 속에서 지독한 노역에 시달리면서도 아내의 모습을 머릿속에 떠올리고는 그녀를 얼마나 사랑했던가를 생각했다. 그런 연결의 느낌이 그가 살아남도록 하는 힘이 되었다.

또 한 가지 프랭클이 가치를 둔 것은 남을 돕는 일이었다. 수용소 생활 중에 그는 줄곧 다른 사람들이 고통을 잘 이겨낼 수 있도록 도왔다. 그들의 고통에 진심으로 귀를 기울였고 그들에게 친절하고 힘이 되는 말을 해주었으며 아픈 사람들과 죽어가는 사람들을 돌보았다. 그가 한 가장 중요한 일은 사람들이 가장 귀한 가치와 연결해서 삶의 의미, 즉 목적을 발견하도록 도운 일이었다. 이 일은 문자 그대로 그들에게 생존 의지를 갖게 해주는 일이었다. 위대한 철학자 프리드리히 니체Friedrich Nietzsche는 이렇게 말했다. "살아야 할 이유를 가진 자는 어떤 경우라도 견딜 수 있다."

가치는 삶을 살 만한 가치가 있는 것으로 만든다

삶은 고달프다. 아이를 키우든 집수리를 하든 쿵푸를 배우든 사업을 시작하든 모든 의미 있는 계획은 수고를 필요로 한다. 이런 일들은 도전이다. 하지만 안타깝게도 우리는 흔히 도전으로 여겨지는 일을 만나게 될 때 그 일이 우리가 가치를 둔 일임에도 불구하고 너무나 자주 "이건 어려워" 하면서 포기하거나 피해버린다.

자신의 가치와 연결되면 아무리 어려운 일이라도 노력할 만한 가치가 있다는 사실을 깨닫게 된다. 가령 만약 자연과 연결되는 일에 가치를 둔다면 시골 여행을 계획하는 일은 수고할 만한 가치가 있는 일이다. 자상한 부모가 되는 것에 가치를 둔다면 아이들과 노는 시간을 갖는 것은 가치 있는 일이다. 건강에 가치를 둔다면 번거롭고 힘들지만 기꺼이 규칙적으로 운동을 한다. 이런 식으로 가치는 동기로 작용한다. 운동하고 싶지 않더라도 건강에 가치를 두고 있으면 운동을 그냥 해버릴 수 있는 의지를 갖게 되는 것이다.

똑같은 원칙이 대부분의 사람들에게 적용된다. 나를 찾는 의뢰인들 중에 "삶의 목적이 뭘까요?", "이게 전부인가요?", "왜 흥분할 일이 없을까요?"라고 묻는 사람들이 많다. 또 다른 사람들은 "아마도 내가 없으면 세상이 더 잘 돌아갈 것 같아요"라든가 "내놓을 만한 것이 아무것도 없어요", "이따금 잠든 채로 영원히 깨어나지 않았으면 좋겠다는 생각이 들어요"라는 말을 하기도 한다.

생애 중 어느 시기에 우울증을 겪게 되는 성인의 10퍼센트만이 아니라 나머지 사람들 역시 흔히 이런 생각을 한다. 가치는 당신에게 삶의 목적과 의미와 열정을 갖게 하는 효과적인 수단을 제시한다.

여든 살이 된 자신을 상상해 보라

다음은 자신의 가치를 명확히 알 수 있는 간단한 연습이다. 몇 분만 시간을 내서 아래의 질문에 대해 답을 써보거나 생각해 보라 (답을 써보는 편이 더 많은 것을 얻게 될 것이다).

여든 살이 되었을 때를 생각해 보고 지금 여든 살이 된 것처럼 인생을 돌아보라. 그리고 다음의 문장을 완성하라.

- 나는 …을 걱정하느라 시간을 너무 허비했다.
- 나는 …을 하는 데 시간을 너무 적게 썼다.
- 다시 그때로 돌아간다면 …을 할 것이다.

어떻게 됐는가? 많은 사람들에게 이 연습은 놀랄 만한 것이다. 이 연습은 우리가 가치를 두고 있는 일과 실제로 하고 있는 일 사이에 커다란 차이가 있음을 지적하고 있다. 다음 장에서는 가치에 대해 더욱 자세하게 살펴보려고 한다. 그 전에 자주 인용되는 『죽음의 수용소에서』의 한 구절을 음미해 보자.

> 강제수용소에서 살았던 우리는 자신에게 남은 마지막 빵조각을 나누어주면서 동료들을 위로하던 사람들을 기억한다. 드물긴 했지만 그 사람들이야말로 인간에게서 한 가지, 마지막 자유만은 빼앗을 수 없다는 것을 온몸으로 증명하고 있다. 말하자면 인간은 어떤 상황에서도 자신의 태도를 선택할 수 있고 자신만의 길을 선택할 수 있다는 것이다.

25

중대한 질문

"당신이 마음속 깊이 진실로 원하는 것은 무엇인가?" 이런 질문을 받으면 사람들은 대체로 다음과 같은 피상적인 대답을 한다.

- "그냥 행복해지고 싶어."
- "부자가 되고 싶어."
- "성공하고 싶어."
- "누군가를 사랑하고 싶어."
- "좋은 직업을 갖고 싶어."
- "결혼해서 아기를 낳고 싶어."

자, 이런 말이 모두 진실한 답일지는 모르겠지만 심사숙고하거나 신중하게 생각한 심오한 답은 아니다. 그래서 이 장에서는 가슴과 영혼과 소통하기 위해 더 깊이 들어가 보자. 다음 페이지는 자신이 진실로 원하는 것이 무엇인지를 찾는 데 도움이 되는 설문지로서 동료 연구자 윌슨Wilson의 가치 있는 삶에 대한 설문지Valued Living Questionnaire에서 영향을 받은 것이다.

많은 사람이 비슷한 가치를 가지고 있기는 하지만 똑같은 가치를 가진 사람은 없으며, 이것은 옳은 가치를 갖고 있는가를 알아보는 테스트가 아니다. 가치에 관해서라면 옳고 그른 것도 없고 좋고 나쁜 것도 없다. 각자가 가치를 두는 것이 바로 가치 있는 것이니까. 특별히 좋아하는 맛의 아이스크림을 지지하거나 정당화할 필요가 없는 것과 마찬가지로 가치를 지지하거나 정당화할 필요는 없다. 내가 좋아하는 아이스크림은 메이플 월넛이다. 왜냐고? 나도 모른다. 내 입맛에 맞을 뿐이다. 이런 걸 증명해야 하는가? 누군가가 바닐라 아이스크림을 더 좋아한다고 할 때, 그들의 미각은 옳고, 내 미각은 틀렸다는 말인가? 물론 아니다. 가치의 경우에도 마찬가지다. 누군가가 당신과 다른 가치를 가질 수 있지만 그렇다고 해서 그들의 가치가 더 좋거나 나쁜 것은 아니다. 그것은 단지 그들의 가치와 나의 가치가 서로 다르다는 의미일 뿐이다.

앞 장에서 우리는 가치와 목표의 차이에 대해 이야기한 바 있다. 이 장에서는 인생의 특별한 목표에 관해서가 아니라 당신이 원하는 일반적인 삶의 방향에 대해 생각해 보기로 하자. 삶의 목표를 정하는 것에 대해서는 뒤에서 알아보기로 하고, 우선 당신의 가치가 무엇인지부터 알아보자.

이 장에는 당신에게 그다지 중요하지 않은 부분이 있을지도 모르겠다. 그렇다고 해도 괜찮다. 누구나 다 똑같은 것을 소중하게 여기지 않으니까. 그렇다면 다음 장으로 넘어가도록 하라. 다음 장 역시 겹치는 부분이 많이 있을 것이다. 가령 당신이 친절하고 남에게 도움이 되고 남을 보살피는 일에 가치를 둔다면, 우정, 가족, 육아와 같은 몇몇 영역에서 그런 가치를 찾을 수 있을 것이다.

읽어가다가 마음이 지껄이는 온갖 이야기에 홀려 옆길로 빠지지 않는 것이 중요하다. 이 질문에 대한 답을 할 때 꿈 같은 이야기를 할 수도 있다. 말하자면 절대적인 확실성이 아니라 가능성을 찾는 것이다. 그러므로 마치 아무런 방해물이 없는 것처럼 대답하라. 당신이 원하는 변화를 가져오지 못하게 하는 것이 아무것도 없는 것처럼 대답하라.

마지막으로, 가능하면 대답을 실제로 적어보도록 하라. 쓰는 것은 생각을 집중하게 하고 대답하는 내용을 자각하여 기억하게 하는 데 도움이 된다(당신이 직접 쓰지 않는다 하더라도 적어도 오랫동안 열심히 대답을 생각하라).

이 설문지에 대답하면서 감정은 가치가 아니라는 사실을 명심하는 것이 중요하다. 만약 "자신감을 느끼고 싶어" 혹은 "행복감을 느끼고 싶어"라고 말한다면 그런 것은 가치가 아니라 목표다. 왜냐고? 자신감이나 행복감은 성취될 수 있고 이루어질 수 있으며 달성될 수 있는 것이기 때문이다. 감정은 진행되는 과정이 아니라 TV 프로그램처럼 일시적인 사건이다. 일단 그 프로그램을 보면 목표가 달성된 것이다. 마찬가지로 일단 행복감을 느꼈다면 목표는 달성된 것이다. 그래서 이 설문지에 대답하는 동안 어떤 감정을 느끼고 싶은지에 관해 계속 쓰고 있다면 자신에게 물어보라. "이런 감정을 느낀다면 무엇을 다르게 할 것인가? 어떻게 다르게 행동할 것인가? 타인들과의 관계에서 어떻게 행동할 것인가?" 그 답은 당신의 중요한 가치를 보여준다. 각설하고 다음 설문지를 보자.

삶의 가치 설문지

● **첫 번째 가치 : 가족**

① 당신은 어떤 형제/자매, 아들/딸, 아버지/어머니가 되고 싶은가?
② 당신은 가족 관계 속에서 어떤 사람이 되고 싶은가?
③ 만약 당신이 이상적인 사람이라면 가족을 어떻게 대할 것인가?
④ 당신의 가족들과 어떤 활동을 지속적으로 하고 싶은가?
⑤ 어떤 가족 관계를 구축하고 싶은가?

이 질문들이 모두 당신에 관한 것이라는 사실을 깨닫도록 하라. 당신은 어떤 모습이 되고 싶은지, 어떤 식으로 가족 관계에 기여하고 싶은지를 인식하도록 하라. 관계에서 유일하게 통제할 수 있는 것은 자신의 행동 방식뿐이기 때문이다. 타인이 생각하고 느끼고 행동하는 것에 대해서는 통제할 수 없다. 그러면 그들에게 영향을 주기 위해 가장 좋은 방법은 무엇인가? 당신의 행동이다. 행동이 가치와 부합할 때 그 행동은 가장 효과적인 것이 될 것이다.
가령 가족이 당신을 소홀하게 대접한다면 그들에게 행동을 바꿔달라고 부탁할 수 있다. 만약 당신이 이상적인 사람, 즉 다정하고 수용적이고 남을 잘 배려하고 도울 줄 아는 사람이라면 그들은 기꺼이 당신의 부탁을 들어주려고 할 것이다. 만약 당신이 분노와 슬픔, 원한에 사로잡혀 있는 사람이라면 타인들로부터 긍정적인 반응을 기대하지 않는 것이 좋다. 같은 맥락에서 만약 당신이 가치에 따라 진실하게 살고 있는데 가족들이 줄곧 당신을 하찮은 사람으로 대접한다면 그들과 함께 보내는 시간을 줄이는 것이 좋다. 당신은 자신의 건강과 행복에도 가치를 두고 있기 때문에 그런 것도 고려해야 한다. 그들이 계속해서 냉담하거나 당신을 매도할 경우에는 아예 관계를 끊어야 할 수도 있다. 다정하고 배려심 많은 사람이라고 해서 남에게 이용당해도 된다는 뜻은 아니라는 사실을 기억하라. 위의 마지막 질문은 중요한 것이다. 과거에 가족 관계가 나빴을지라도 바로 지금 더 나은 관계를 시작할 수 있기 때문이다.

● 두 번째 가치 : 결혼과 그 밖의 친밀한 관계

① 당신은 어떤 배우자와 함께 하고 싶은가?

② 당신은 그 관계 속에서 어떤 인격(개성)을 발전시키고 싶은가?

③ 결혼/친밀한 관계에서 당신이 이상적인 사람이라면 배우자를 어떻게 대할 것인가?

④ 어떤 관계를 구축하고 싶은가?

⑤ 당신의 배우자와 어떤 활동을 지속적으로 하고 싶은가?

이 질문들이 첫 번째 가치의 질문과 동일하다는 사실을 알아차렸을 것이다. 다시 말해서 위의 질문들은 전부 배우자가 아니라 바로 당신이 어떻게 하기를 바라는가에 관한 것이다. 어떤 관계에서든 통제할 수 있는 사람은 오직 한 사람, 바로 자기 자신뿐이기 때문이다. 배우자가 어떻게 행동하느냐는 그 사람에게 달린 문제다. 물론 배우자에게 변화를 요구하는 것과 당신이 수용할 것인지 말 것인지 한계를 정하는 것은 당신이 통제하게 되겠지만 말이다. 이미 말했듯, 만약 당신이 이상적인 사람으로 행동한다면 상대방은 당신의 부탁을 무시하기 어려울 것이다. 친구와 가족, 동료, 고용인을 비롯해서 앞으로 만나게 될 모든 사람과의 관계에서도 똑같은 원칙이 적용된다. "남에게 대접받고자 하는 대로 남을 대접하라"는 황금률을 기억하라.

나의 의뢰인들 중에는 위의 질문에 대한 대답으로 배우자에게 바라는 특성을 끝없이 적는 사람들도 있다. 하지만 당신은 원하는 배우자를 묘사하면서 실은 자신의 목표를 말하고 있는 셈이다. 결혼과 친밀한 관계에서 당신의 가치를 찾기 위해 이런 질문을 해보라. "만약 내가 원하는 배우자를 찾는다면 그 관계에서 어떻게 하고 싶은가? 어떤 개성을 가지고 그 관계에 임하고 싶은가?"(물론 당신이 좋아하는 배우자의 유형에 관해 생각하는 것도 매우 유용하겠지만 그것이 이 연습의 목적은 아니다.)

● 세 번째 가치 : 우정

① 좋은 친구 사이란 어떤 것을 의미하는가?

② 만약 당신이 이상적인 사람이라면 친구에게 어떻게 행동할 것인가?

③ 당신은 친구 관계 속에서 어떤 사람이 되고 싶은가?

④ 어떤 종류의 우정을 구축하고 싶은가?

⑤ 친구와 어떤 활동을 지속적으로 하고 싶은가?

다시 말하지만, 이 질문들은 일단 당신이 통제할 수 있는 문제, 즉 친구로서 어떻게 행동할 것인지에 초점을 두고 있다. 만약 좋아하는 친구의 유형에 대해 적어보았다면 그것이 도움이 될 것이다. 그런 사람들을 만나는 목표를 세울 수 있으니까 말이다. 하지만 우정에 대한 자신의 가치를 명확히 하기 위해 자신에게 물어보라. "나는 어떤 유형의 친구가 되고 싶은가?"

● **네 번째 가치 : 직업**

① 당신은 어떤 노동자 혹은 고용주가 되고 싶은가?
② 당신은 직장에서 어떤 사람이 되고 싶은가?
③ 만약 당신이 이상적인 사람이라면 당신의 협력자/동료/고용인을 어떻게 대할 것인가?
④ 당신의 직원/동료/고용인들과 어떤 관계를 구축하고 싶은가?
⑤ 당신의 직원/동료/고용인들과 어떤 활동을 지속적으로 하고 싶은가?
⑥ 그 일을 좋아하는가와 무관하게 당신의 일을 더욱 의미 있게 만드는 것은 무엇인가?

나의 의뢰인은 흔히 자신이 원하는 이상적인 직업에 대해 길게 적어놓곤 한다. 하지만 이상적인 직업을 묘사하면서 실은 스스로의 목표를 말하고 있는 셈이다. "만약 내가 원하는 직업을 얻는다면 직장에서 어떻게 다르게 행동할까? 직장에서 어떤 사람이 되고 싶은가?"라고 자신에게 물어볼 필요가 있다. 만약 현재의 직업을 좋아하지 않는다면 당연히 다시 직업 훈련을 받거나 더 의미 있고 만족스러운 직업을 찾는 것이 좋다. 이상적인 직업에 대해 길게 적어놓았다면 잘한 일이다. 그 직업을 얻기 위해 목표를 세울 수 있으니까 말이다. 직장생활에서도 자신의 가치를 고려한다면 어떤 직업에 종사하든 간에 최고가 될 수 있다(앞 장에서 소개한 프레드를 기억해 보라).

● **다섯 번째 가치 : 교육과 개인적인 발전**

① 배움과 교육, 훈련에 관해 중요하게 생각하는 것은 무엇인가?
② 어떤 새로운 기술과 지식을 습득하고 싶은가?
③ 어떤 교육과 훈련을 더 받고 싶은가?
④ 어떤 유형의 학생/훈련생이 되기를 원하는가?
⑤ 당신은 교육과 훈련에서 어떤 사람이 되고 싶은가?

⑥ 다른 학생/훈련생들과 어떤 관계를 구축하고 싶은가?

● 여섯 번째 가치 : 레크리에이션, 취미, 레저

① 어떤 취미, 스포츠, 여가 활동에 참여하기를 원하는가?

② 지속적으로 어떤 활동을 하면서 휴식을 취하고 긴장을 풀기를 원하는가?

③ 지속적으로 어떤 활동을 취미로 삼고 싶은가?

④ 어떻게 창조적이고 싶은가?

⑤ 어떤 새로운 활동을 시도해 보고 싶은가?

⑥ 어떤 활동을 다시 시작하거나 더 하고 싶은가?

● 일곱 번째 가치 : 영성

① 영성이라는 삶의 가치에서 당신에게 중요한 것은 무엇인가?

② 지속적으로 어떤 영성적인 활동을 하기를 원하는가?

영성적인 활동이라는 말은 사람에 다라 다른 의미를 지닌다. 그것은 야외로 나가 자연을 접하는 것과 춤추기, 명상, 요가, 종교 활동에 참여하는 것 등을 의미한다. 무엇이든 간에 영성적인 활동을 하는 것은 좋은 일이다.

● 여덟 번째 가치 : 지역사회 생활

① 당신이 속한 사회에 어떻게 기여하고 싶은가?

② 어떤 이익 집단이나 자선 단체, 정당을 지지하거나 적극적으로 참여하고 싶은가?

● 아홉 번째 가치 : 환경과 자연

① 당신은 어떤 유형의 자연과 연결되고 싶은가?

② 어떤 환경에서 더 많은 시간을 보내고 싶은가?

③ 자연에서나 직장에서나 집에서 어떻게 주변 환경을 보호하고 변화시키고 거기에 기여하고 싶은가?
④ 자연 속에서 어떤 활동을 하고 싶은가?
⑤ 직장이나 집에서 환경을 창조적이고 유익하고 즐겁게 바꾸기 위해 어떤 활동을 하고 싶은가?

● **열 번째 가치 : 건강과 신체**

① 당신의 신체를 어떻게 관리하고 싶은가?
② 어떤 유형의 신체적 건강을 구축하고 싶은가?
③ 자기 몸과 연결되고 잘 관리하기 위해 지속적으로 어떤 활동을 하고 싶은가?
④ 수면과 식사, 운동, 흡연, 음주와 관련해서 어떻게 건강을 돌보고 싶은가?

이 연습을 하는 동안 혹시 어려운 점이 있었는가? 불쾌한 생각이나 감정이 떠올랐는가? 가치와 연결하려고 할 때 흔히 오랫동안 가치를 잊어버리고 지내온 것을 깨닫게 되고, 그 사실이 매우 괴롭게 느껴지기도 한다. 그렇다고 "난 위선자야! 이 일을 하는 것에 가치를 두고 있다고 말하면서 실은 아무것도 소중하게 생각하고 있지 않아! 난 아주 웃기는 놈이라구!"라며 자책할 필요는 없다. 누구나 때로는 자신의 가치와 단절되기도 한다. 과거를 바꿀 수 있는 것은 아무것도 없기 때문에 과거에 사로잡혀 있는 것은 의미 없는 일이다. 중요한 것은 지금 이 순간, 바로 여기서 자신의 가치와 연결되는 것이며 현재의 행동을 자극하고 이끌어가는 동기로 가치를 이용하는 것이다. 그러니 마음이 당신을 괴롭히려 들거든 "알려줘서 고맙다, 마음아"라고 말하고 넘어가라.

"이것이 진정한 나의 가치인지 모르겠다" 혹은 "그래봤자 실망만 할 텐데" 같은 쓸데없는 생각에 사로잡혀 이 연습을 피하거나 이 장의 어떤 부분을 건너뛰었을지도 모르겠다. 만약 그런 경우라면 다음 장을 읽어보도록 하라. 일단 그렇게 한 다음 돌아와서 이 장을 다시 읽도록 하라. 이 장의 연습을 완벽하게 했다면 다음 장을 건너뛰고 바로 27장으로 넘어가도 좋다.

반성의 시간

이제 질문에 대한 자신의 답을 살펴보고 그 답에 대해 반성해 보자. 스스로에게 다음 질문을 해보도록 하라.

- 나에게 가장 중요한 가치는 어느 것인가?
- 바로 지금, 나는 실제로 어느 가치에 따라 살고 있나?
- 내가 제일 소홀히 하는 가치는 어느 것인가?
- 당장 일을 하기 위해서는 어느 가치가 가장 중요한가?

답을 쓰고 곰곰이 생각해 보도록 하라. 이어지는 몇 장의 연습을 하는 동안 이 답이 필요할 것이다.

가치와 관계

일반적으로 관계라고 이야기할 땐 사람들 간의 관계를 뜻한다. 하지만 이 장에서는 다음과 같은 다양한 종류의 관계를 말한다.

- 신체와의 관계
- 일과의 관계
- 자연과의 관계

우리는 자신과의 관계, 타인과의 관계를 비롯해서 우리를 둘러싼 세상 모든 존재와 관계를 맺으며 살아간다. 자신의 가치에 부합하는 행동을 할수록 관계의 질은 향상될 것이고, 나아가 더욱 즐겁고 보람된 삶을 살아가게 될 것이다.

다음 장에서는 중대한 목표를 세우고 의미 있고 만족스러운 삶을 일구기 위해 어떻게 가치를 이용할 수 있는지에 대해 알아보려고 한다. 그러기 위해 다시 한번 이 장을 반성해 보자. 친구나 사랑하는 사람과 더불어 자신의 가치에 대해 이야기를 나누어보라. 자신의 가치에 대해 더 자세히 적어보고 삶에서 그 가치에 바탕을 두고 행동할 기회를 찾아보도록 하라.

26

문제를 해결하는 가치

악마들은 쉴 새가 없다. 당신이 새로운 항로를 구상하고 배가 육지로 올라갈 계획을 하고 있을 때 당신이 무슨 일을 하려는지 악마들은 알고 있다. 당연히 악마들은 당신을 멈추게 하고 싶어 한다. 앞 장에서 연습을 하는 중에 온갖 악마들의 도전을 받았을 것이다. 다음과 같은 악마들이 단골로 등장한다.

<이게 나의 진정한 가치인지 모르겠다> 악마

굉장히 비열한 악마인 이 녀석은 당신의 답을 의심하게 하고 자신감을 갉아먹는다.

1. 기적이 일어나서 당신에게 중요한 모든 사람들의 인정을 받게 된다면(따라서 당신이 누군가를 기쁘게 하거나 감동시키려고 애쓰지

않아도 된다면) 인생에서 어떤 종류의 일을 하고 싶고 어떤 사람이 되고 싶은가?

2. 다른 사람들의 판단과 의견에 따라 살지 않는다면 어떤 식으로 다른 삶을 살 것인가?

위의 질문은 당신이 정말로 원하는 것을 명확히 알고 타인의 가치가 아니라 자신의 가치에 따라 살아가는 데 도움이 된다. 다음 세 가지 질문은 삶에서 무엇이 중요한지를 명확히 하는 것과 마찬가지 방식으로 죽음에 관해 생각해 보게 하는 질문이다.

1. 만약 자신의 장례식에서 사람들의 말을 들을 수 있고 당신이 가장 관심을 갖고 있는 사람들이 거기에 있다면, 그들이 당신에 관해 어떤 말을 하기를 바라는가? 그 사람들의 삶에서 당신이 한 역할에 관해 그들이 어떻게 생각하기를 바라는가?
2. 만약 앞으로 1년밖에 살지 못한다는 사실을 안다면 그 1년 동안 당신은 어떤 사람이 되고 싶으며 무엇을 하고 싶은가?
3. 만약 붕괴되고 있는 빌딩 안에 갇혀 몇 분 안에 죽게 되었다면 당신은 누구에게 전화할 것이며 그들에게 무슨 말을 하고 싶은가? 그 대답은 당신에게 무엇이 중요하다고 말하고 있는가?

<내가 원하는 것이 무엇인지 모르겠다> 악마

만약 원하는 것이 무엇인지 모르겠다면 이렇게 자신에게 물어보라. "무엇이든 내가 원하는 어떤 가치를 가질 수 있다면 나는 어떤 것을 선택할 것인가?"

어떤 가치를 선택하든 간에 그것은 이미 당신의 가치다! 왜냐하면 그 가치를 선택했다는 사실은 이미 그것을 중요하게 생각하고 있다는 걸 말하고 있기 때문이다.

<그것에 대해 생각하고 싶지 않아> 악마

만약 살아오면서 여러 번 실패와 좌절, 실망을 경험했다면 또 실패하게 되지나 않을까 하는 두려움 때문에 진정으로 원하는 것을 인정하기가 두려울 수도 있다. 만약 그렇다면 과거는 과거일 뿐이라는 말을 명심하라. 과거는 이미 지난 일이고 바뀔 수가 없다. 하지만 과거에 무슨 일이 일어났든 지금 다시 새로운 미래를 창조할 수 있는 변화를 꾀할 수 있다. 그러므로 연습을 하라. 만약 불쾌한 느낌이 떠오르면 호흡을 불어넣어 주고 방을 만들어주고 설문지에 집중하라.

<그래봤자 실망할걸> 악마

이 비열한 녀석은 보통 여럿이 함께 나타난다. 〈하려고 해봤자 실패할 거야〉 또는 〈인생에서 더 나은 것을 누릴 자격이 없어〉, 〈나는 바뀔 수 없어〉 같은 악마들은 떼 지어 나타난다. 이것들은 그냥 떠오르는 생각에 지나지 않는다는 사실을 명심하라. 그러므로 그런 생각이 왔다가 가게 내버려 두고 다시 설문지에 대답하는 데 집중하도록 하라.

<귀찮게 하지 마, 나중에 할게> 악마

이 녀석이 하는 말을 그대로 믿기에는 당신은 녀석을 너무 잘 알고 있다. 나중에라는 것은 결코 지금이 될 수 없다. 그러므로 "그렇게 말해줘서 고마워"라고 마음에게 말하고 지금 이 질문에 답하라.

<이건 구식이야> 악마

마음은 당신의 가치가 구식이고 진부하다는 판단을 하고 있다. 좋다. 마음이 어떤 판단을 내리든 그렇게 하게 내버려 둬라. 마음속으로 원하는 일을 명확히 아는 것은 인생에서 할 가장 중요하고 심오한 일이다. 그러므로 "충고해 줘서 고맙다, 마음아"라고 말하고 하던 일을 계속하도록 하라.

<나의 가치들이 충돌하면 어쩌나?> 악마

이 악마는 타당한 이야기를 하고 있다. 때때로 당신의 가치들이 당신을 양쪽에서 잡아당길 것이다. 하지만 가치에 따라 행동하는 것 자체를 그만두지 마라. 단지 다른 가치보다 어느 한 가지 가치에 집중하려면 가끔씩은 타협할 필요가 있다는 의미일 뿐이다. 이를테면 몇 년 전 나의 형은 고소득 직종에 종사하게 되었는데 그

때부터 집을 떠나 있는 시간이 많았다. 당시에 중요한 가치 충돌이 있었다. 그는 자상한 아버지가 되는 것에 아주 큰 가치를 두고 있었고 어린 아들과 가능한 한 많은 시간을 보내기를 원했다. 하지만 다른 한편으로는 그 일이 그에게 중요한 것이었고 가계에 보탬이 되는 경제적인 면도 무시할 수 없었다. 대부분의 부모들이 흔히 이런 충돌되는 가치를 경험하지만 완벽한 해결책을 찾기는 어렵다. 중요한 것은 가능한 한 최대한의 균형을 찾는 일이다. 이를테면 형은 해외 출장을 가면 예외 없이 매일 저녁마다 집에 전화를 해서 아들에게 잠들기 전에 이야기를 들려주었다. 바로 옆에서 직접 들려주는 이야기보다 못하겠지만 형이 한 행동은 아들을 걱정하고 아들과 소통하고 있다는 깊은 느낌을 가지게 하는 사랑이 담긴 행동임은 말할 필요도 없다.

실제로 가치에 우선순위를 매겨야 할 때가 있을 것이다. 다른 영역보다 더 많은 관심을 기울여야 할 삶의 영역이 있을 것이다. 이런 이유로 사람들은 영적 추구에 관심을 가지고 "삶에서 서로 상반되는 관심사 중에서 지금 이 순간에 가장 중요한 것은 무엇인가?"라고 자문하게 된다. 그때 당신이 포기하거나 실패할 수도 있는 가치를 쓸데없이 걱정하느라 시간 낭비하지 말고 당신이 선택한 가치에 따라 행동하도록 하라.

방해하는 악마들이 많이 있겠지만 이미 그것들은 단어 꾸러미에 지나지 않는다는 사실을 알고 있다. 그러니 그런 것들은 그대로 두고 가장 유익한 일에 집중하도록 하라. 항로를 계획하고 마음을 다해 항해를 음미하면서 배가 앞으로 나아가도록 조종하는 데 집중하라. 그러므로 앞 장에 있는 연습을 다 하지 않았다면 돌아가서 지금 바로 하도록 하라. 그 연습이 다 되었다면 앞으로 나아가라.

27

수천 마일의 여행

이제 당신은 자신의 가치를 깨닫게 되었고 마음속으로 진정으로 소중하게 생각하는 것이 무엇인지 알고 있다. 이제는 무엇을 해야 할까?

자, 이제 행동을 해야 할 시간이다. 가치가 정립되었다고 해서 풍요롭고 의미 있고 만족스러운 삶이 저절로 이루어지는 것은 아니다. 그런 삶은 오로지 행동으로 옮기고 가치에 따라 살 때 얻어지는 것이다. 그러니 당신에게 중요한 것이 무엇인지 다시 한번 생각해 보자. 다음의 항목들을 읽고 당신은 각각의 영역에 대해 얼마나 가치를 두고 있는지 마음속으로 되새겨 보라.

1. 가족
2. 결혼과 친밀한 관계
3. 우정
4. 직업

5. 교육과 개인적인 발전 6. 레크리에이션, 취미와 여가 활동
7. 영성 8. 지역사회 생활
9. 환경과 자연 10. 건강과 몸

이제 자신에게 물어보라. "위의 영역들 중 나의 가치와 가장 연결되지 않는 것은 어느 영역인가?" 여러 개의 영역이 생각난다면 "지금 이 순간에 어느 영역이 가장 중요한가?"를 생각해 보라.

한 번에 한 개의 영역으로 시작하는 것이 중요하다. 왜냐하면 한꺼번에 너무 많은 변화를 꾀하고자 하면 질린 나머지 그만두게 될지도 모르기 때문이다(자연히 시간이 지나면 이 생각은 삶의 모든 중요한 영역에 작용하게 된다. 한 가지 영역에서 변화가 시작되면 흔히 다른 영역까지 영향을 준다. 도미노 효과 같은 것이다). 그러니 일단 어느 영역부터 시작할 것인가를 정했으면 이제 의미 있는 목표를 세우도록 하라.

의미 있는 목표 세우기

자꾸 잔소리를 하게 되어 미안하지만 다시 한번 이 연습에 대한 답을 종이에 적는 것이 중요하다는 사실을 강조해야겠다. 연구 결과 목표를 머릿속으로만 생각하는 것보다 직접 적었을 때 행동으로 옮길 가능성이 훨씬 큰 것으로 밝혀졌다. 그러니 더 충만하고 가치 있는 삶을 살려면 제발 책을 내려놓고 가서 펜과 종이를 가져오도록 하자.

1단계 : 가치 요약하기

앞으로 다루게 될 영역과 가치에 대해 간략하게 적어보자. 이를테면 "가족이라는 영역에서 나는 개방과 정직, 사랑, 지지에 가치를 둔다"와 같이 적으면 된다.

2단계 : 당면한 목표 세우기

"이 가치와 일치하는 일 중 쉽게 할 수 있는 일이 무엇일까?"라고 자신에게 물어보라. 바로 해낼 수 있는 쉽고 작은 목표로 시작하는 것이 자신감을 키우는 데 좋은 방법이다. 이를테면 당신의 가치가 자상한 남편이 되는 것이라면 목표는 "점심시간에 아내에게 전화해서 사랑한다고 말해야지"가 될 것이다.

목표를 세울 때는 할 일을 구체적으로 정하는 것이 중요하다. 이를테면 "막연하게 운동을 좀 더 해야지"보다는 "일주일에 두 번씩 30분간 수영을 할 거야"와 같은 식으로 정하는 것이 좋다. 또 언제 어디서 할지도 정하라. 가령 "수요일 퇴근 후에 바로 공원에 가서 뛰어야지"라는 식으로 말이다.

뭔가를 하려고만 하면 번번이 머리를 치켜들곤 하는 〈이건 너무 어려워〉 악마를 물리치는 데는 이렇게 작고 쉬운 목표로 시작하는 것이 도움이 될 것이다. 고대 중국의 철학자 노자가 말한 "천릿길도 한 걸음부터"(노자 도덕경 64장)라는 격언을 상기하는 것이 도움이 될 것이다.

3단계 : 단기 목표 세우기

"앞으로 며칠, 혹은 몇 주 동안 이 목표와 일치하는 어떤 작은 일을 할 수 있을까?"라고 자신에게 물어보라. 반드시 구체적인 목표를 세우도록 하라. 어떤 행동을 취할 것인가? 언제, 어디서 할 것인가? 이를테면 직업 영역에서 다른 사람을 돕는 일을 중요하게 생각하는데 현재의 직업이 그런 기회를 거의 주지 않는다면 "이번 주 매일 밤 9시에서 10시 사이에 인터넷으로 좀 더 의미 있는 일을 찾아봐야지" 혹은 "내일 아침 직업상담사와 약속을 잡아야겠다" 같은 단기 목표를 세울 수 있을 것이다.

4단계 : 중기 목표 세우기

"다음 며칠, 혹은 몇 개월 동안 나를 가치 있는 방향으로 이끌어줄 더 큰 일은 무엇일까?"라고 자신에게 물어보라. 이번에도 반드시 구체적인 목표를 세우도록 하라. 가령 건강에 가치를 두고 있다면 중기 목표는 "이달 말에는 체육관에 등록해야지" 혹은 "일주일에 다섯 번은 웰빙 요리책의 식단으로 저녁식사를 준비해 봐야지", "매일 아침 30분씩 산책해야지", 혹은 "점심시간마다 10분씩 스트레칭을 할 거야"라는 식으로 하라.

5단계 : 장기 목표 세우기

"앞으로 수년간 나를 가치 있는 방향으로 이끌어줄 중요한 일은 무엇일까?"라고 자신에게 물어보라. 장기 목표에 대해서는 크게 생각해 봐야 한다. 향후 수년 내에 무엇을 이루고 싶은가? 지금부터 5년 후에는 어떤 모습이 되고 싶은가? 장기 목표란 직업 전환부터 아이 갖기, 세계일주 항해하기 등이 될 것이다. 스스로에게 꿈꿀 수 있는 자유를 허용하라.

죽은 자의 목표를 세우지 마라

죽은 자가 더 잘 할 수 있는 목표는 정하지 마라. 이를테면 초콜릿 그만 먹기 같은 것이야말로 죽은 사람이 더 잘할 수 있는 일이다. 죽은 사람은 결코 다시는 초콜릿을 먹을 수 없을 테니까 말이다. 우울해지지 않기도 죽은 사람이 더 잘할 수 있는 일이다. 죽은 사람은 결코 다시 우울해질 수가 없기 때문이다. 어떤 일을 하지 않기나 그만두기 같은 목표는 죽은 사람들의 목표다.

죽은 사람의 목표를 산 사람의 목표로 바꾸기 위해(말하자면 산 사람이 죽은 사람보다 더 잘하는 것) 자신에게 "이런 행동을 더 이상 하지 않는다면(이런 식으로 느끼지 않기, 생각하지 않기) 그 대신에 나는 무엇을 하고 있을까? 어떻게 다르게 행동하고 있을까?"라고 자신에게 물어보라. 가령 "만약 내가 담배를 피우지 않는다면 식사 후에 산책을 하겠지. 담배 연기를 내뿜는 대신 신선한 공기를 마시고 있겠지"라고 대답했다고 가정해 보자. 그렇다면 "점심식사 후에 담배를 피우는 대신 자리에서 일어나 산책을 하며 신선한 공기를 마신다"는 것을 목표로 정하라. 혹은 "내가 불안해하지 않는다면 친구들과 어울리는 데 더 많은 시간을 보낼 텐데…"라고 대답했다고 가정해 보자. 이제 당신은 '더 많은 시간 동안 친구들과 어울리기'라는 살아 있는 사람의 목표를 정할 수 있다. 죽은 사람은 살아 있는 사람보다 불안을 덜 느끼지만 친구들과 어울릴 수는 없는 법이니까.

효과적인 행동을 하고 있는 자신을 상상하라

이 책에서 우리는 인지적 융합의 어두운 면, 즉 쓸데없는 생각과 이미지를 융합할 때 일어나는 문제들을 무수히 보아왔다. 하지만 인지적 융합을 좋은 방향으로 이용할 수도 있다. 엘리트 스포츠 세계에서 최고의 선수들은 더 나은 기록을 내기 위해 시각화라는 기법을 사용한다. 그들은 정신을 바짝 차리고 집중해서 기량을 최고로 발휘하고 있는 자신의 모습을 생생하게 상상한다. 실제로 이런 정신적인 훈련 과정은 경기력을 향상시킨다.

이제 이 선수들과 똑같은 훈련을 해보자. 일단 목표를 정했으면 눈을 감고 몇 분 동안 효과적인 행동을 하고 있는 자신의 모습을 생생하게 상상해 보라. 자연스럽게 떠오르는 모습을 상상하도록 하라. 선명한 마음속 영상을 쉽사리 상상할 수 있는 사람들도 있지만 더 많은 말과 소리, 촉감을 동원해야 상상할 수 있는 사람들도 있다. 그렇다고 해도 이런 그림을 상상하는 것은 바람직한 일이다. 목표를 달성하기 위해 효과적인 행동을 하면서 자신의 모습을 보고 자신을 느끼고 자기 목소리를 듣도록 하라. 당신이 말하는 것,

당신이 하고 있는 행동을 깨달아라. 계속 연습하라. 자신이 어떤 행동을 하고 있는지 분명히 알아차릴 때까지 연습하라(만약 마음이 "못하겠어", "이건 너무 어려워", "내가 지금 뭐하고 있는 거지?" 따위로 방해하려 든다면 "마음아, 말해줘서 고마워"라고 말해주고 다시 연습하라).

시각화나 정신적인 훈련에 관한 책은 대체로 행동을 할 때 긴장을 풀고 자신감 있게 행동하는 자신의 모습을 상상하는 데 도움이 될 것이다. 하지만 이런 책은 도움이 되지 않는다고 강조하고 싶다. 당신이 거의 통제할 수 없는 감정이기 때문이다. 특히 어려운 목표라면 편안하고 자신만만한 느낌을 가지기 어렵기 때문이다. 아마도 훨씬 더 불안해지고 자신을 믿지 못하게 될 것이다. 그러니 정신적인 훈련을 할 때는 행동에 집중하라고 충고한다. 당신이 직접 통제할 수 있는 것은 행동뿐이니까 말이다. 당신이 가진 최고의 능력을 발휘하고 있는 모습과 가장 효과적인 것을 말하고 행동하는 자신의 모습을 상상해 보라. 또 무엇이든 그 순간 떠오르는 생각과 감정을 위한 방을 만들어주고 효과적인 행동을 계속하는 자신의 모습을 상상해 보라.

새로운 목표에 도전하게 될 때마다 되풀이해서 이 연습을 하는 것이 중요하다. 물론 그렇게 하면 목표를 달성할 것이라고 장담할 수는 없지만 그럴 가능성이 많다. 지금 책을 내려놓고 눈을 감고 효과적인 행동을 취하는 자신의 모습을 상상해 보도록 하라.

술라를 기억하는가? 그녀는 막 33세가 되었다. 친구들은 오래된 관계를 유지하고 있는데 그녀는 여전히 혼자여서 외롭고 슬프다.

친밀한 관계 영역에서 술라는 다정하고 친절하며 개방적이고 감각적이고 재미있는 것을 추구하는 데 가치를 두었다. 하지만 현재 배우자가 없기 때문에 그녀의 중대한 장기 목표는 배우자를 찾는 것이다. 그러므로 단기 목표는 결혼 정보 회사와 사교 클럽을 찾아다니고 친구들에게 소개팅을 주선해 달라고 부탁하는 것이다. 더 나아가서 중기 목표는 데이트 주선 회사에 가입해서 실제로 미팅을 하는 것이다.

일단 남편과 자식의 죽음을 받아들이고 술을 끊게 되자 도나는 차츰 자신의 삶을 회복하는 일에 눈을 돌리게 되었다. 살이 빠져 비참한 몰골이 된 그녀는 건강한 신체 영역에 초점을 두기 시작했다. 작지만 쉬운 단기 목표는 점심으로 웰빙 샌드위치를 먹고 적절한 수면을 취하고 밤에 온욕을 해서 피로를 푸는 것이었다. 더 도전적인 중기 목표는 요가 센터에 등록하고 주말에 하이킹을 하는 것이었다.

미셸은 자신이 가족과 더 보람 있는 시간을 보내고 싶어 한다는 사실을 깨달았다. 그녀는 더 이상 시간외 업무를 하지 않겠다고 말하고 시간이 되면 정확하게 퇴근했다. 그녀의 가치는 다정하고 친절한 엄마, 지금 이 순간에 살며 아이들과 소통하는 엄마가 되는 것이었다. 단순히 아이들의 손발이 되어주는 것만이 아니라 같은 활동에 전념함으로써 자녀들과 의미 있는 시간을 더 많이 보내는 것에 있었다. 그녀의 작은 목표는 아이들이 자신에게 이야기할 때 자기만의 생각에 사로잡혀 있지 않고 그들의 말을 진심으로 들어주는 것, 일주일에 한두 시간은 가족들과 모노폴리나 스크래블 게임을 하는 데 할애하는 것이었다. 더 큰 중기 목표는 주말마다 외출이나 가족 소풍을 계획하는 것이었다. 장기 목표는 아이들을 데리고 스페인으로 캠핑을 가는 것이었다.

행동 계획

일단 목표를 정했으면 행동 계획을 세울 필요가 있다. 다음과 같이 자신에게 물어보라.

- 이 목표를 완성하기 위해 요구되는 세부 행동은 무엇인가?
- 세부 행동을 취하기 위해 필요한 자원은 무엇인가?
- 언제 이 행동을 실행할 것인가?

가령 운동하는 것에 가치를 두었고 일주일에 세 번 체육관에 가는 것을 목표로 정했다면 행동 계획은 체육관에 등록하는 것, 운동복을 준비하는 것, 갈 시간을 정하는 것, 이 활동을 할 수 있도록 스케줄을 조정하는 것이 될 거다. 필요로 하는 자원은 체육관에 낼 등록비, 운동화, 반바지, 티셔츠, 수건, 가방 등 운동 장비다. 다음에는 이 행동을 언제 실행할 것인지 구체적으로 계획을 세워라. 이를테면 오늘 저녁에 가방을 싼다. 그리고 내일 퇴근 후에 체육관에 등록하고 바로 그곳에서 운동을 시작할 것이다.

만약 목표를 달성하기 위한 필요한 자원이 모자란다면, 두 가지의 방법이 있다.

1. 목표를 바꾸어라. 이를테면 체육관에 등록할 돈이 충분하지 않다면 그 대신에 달리기를 하거나 팔굽혀 펴기를 하는 등 알뜰 프로그램을 짜라.
2. 필요한 자원을 구하기 위한 행동 계획을 짜라. 이를테면 돈을 빌리거나 신용카드로 결제하라(언제 어떻게 갚을 것인지를 정확히 정한 다음에 하라).

필요한 자원이란 것이 때로는 실제적인 기술이다. 가령 관계를 향상시키는 것이 목표라면 대화 기법을 배우거나 자기 표현 훈련을 할 필요가 있을 것이다. 만약 재정을 향상시키는 것이 목표라면 투자 기법을 배울 필요가 있다. 이런 경우에는 어떤 책을 읽을 것인지, 어떤 강좌를 수강할 것인지 등의 계획을 세우도록 하라.

자, 필기구를 가져와서(아니면 컴퓨터를 이용해서) 이런 연습을 해보도록 하자. 지금 당장 연습을 전부 할 수는 없더라도 5분이나 10분 동안 맛보기는 할 수 있을 것이다. 일단 시작해 보면 그토록 짧은 시간 동안 어떻게 그런 일들이 일어날 수 있는지 놀라워하게 될 것이다. 다음을 적어보라.

- 당신의 가치

- 당신의 목표(당면한 목표, 단기 목표, 중기 목표, 장기 목표)
- 목표를 위한 당신의 행동 계획

지금 당장은 어려운 일인 것처럼 보이지만 이런 식으로 가치에서 목표로, 목표에서 특정한 행동으로 생각하는 연습을 하면 할수록 나중에는 이런 계획을 세울 필요도 없이 자연스럽게 될 것이다.

다소 인위적으로 들리는가

가치, 목표, 행동 계획이라고? 이 모든 것들이 다소 인위적으로 들리는가? 말하자면 너무 체계적이고 세밀하고 정돈된 것처럼 들리는가? 삶을 있는 그대로 맞이하라는 자연스러운 삶에 관한 경구는 다 어디로 갔는가?

안타깝게도 이런 것들이 우리의 삶을 지탱하고 움직이는 필수 요소다. 배가 일단 옳은 방향으로 항해를 시작하면 자연스럽게 나아갈 여력이 있겠지만 우선 방향을 정하고 지도와 나침반을 가지고 항로를 계획해야 한다. 물론 항해를 음미하는 것도 잊어서는 안 된다.

변화는 순간적으로 일어난다. 배가 해변으로 향하도록 키를 돌리는 순간, 당신은 성공적으로 의미 있는 삶을 일구게 된 것이다. 마음은 가장 중요한 것이 해변에 닿는 것이라고 말하겠지만 꼭 그런 것은 아니다. 가장 중요한 것은 해변을 향해 나아가는 것이다.

바다에서 정처 없이 표류하고 있을 때는 몹시 지쳐 있다. 하지만 해변으로 향하고 있을 때는 살아 있음을 느낀다. 유명한 저술가이자 교육자인 헬렌 켈러Helen Keller는 "인생은 과감한 모험이다. 모험을 뺀다면 인생은 아무것도 아니다"라고 역설하지 않았던가.

물론 가고자 하는 해변이 너무 멀리 떨어져 있을 수도 있고 그곳에 닿기까지 몇 주나 몇 달, 몇 년이 걸릴지도 모른다. 어쩌면 그곳에 닿았을 때 그곳이 마음에 들지 않을 수도 있다. 따라서 항해를 최대한 즐기는 것이 현명하다. 주위를 둘러보고 마음을 다해 맞이하도록 하라. 보고 듣고 냄새 맡고 만지고 맛보는 모든 것을 깨닫도록 하라. 우리가 가치 있는 방향으로 나아갈 때 매 순간마다 여행은 의미 있는 것이 된다. 그러니 여행을 하는 동안 모든 일에 전념하라. 마음 챙김 기법을 연습하라. 지금 이 순간의 경험에 마음을 열고 흥미를 가져보라. 이런 태도로 임한다면 상황이 힘들 때라도 여정이 흥미진진하고 만족스럽고 활기차게 될 것이다.

28

성취감 찾기

현대인들은 목표 지향적인 삶을 살도록 요구받는 경향이 있다. 삶은 오로지 성취로만 설명되며 성공은 보통 지위와 부와 권력으로 정의된다. 대체로 우리는 자신의 가치와 연결되어 있지 못하고, 그로 인해 그다지 의미 없는 목표에 쉽게 사로잡히곤 한다. 가령 돈을 벌고 경력을 쌓는 일에 너무 열중한 나머지, 가족과 함께 시간을 보내는 것을 소홀히 하는 수도 있는데 이것이 바로 전형적인 일 중독 증상이다.

특히 괴로운 생각이나 감정을 회피하는 데 목표를 둘 때 목표 지향적인 삶은 더욱 끔찍한 것이 된다. 앞에서 보았듯 이런 태도는 갖가지 중독과 자기 패배적인 행동 등 더 큰 문제를 초래하고 결국 진정으로 원하는 것에서부터 더 멀어지게 만든다.

이런 이유로 ACT에서는 가치 지향적인 삶을 강조한다. 물론 목표를 정하는 것은 만족스럽고 보람 있는 삶을 일구기 위해 꼭 필요한 것이기 때문이다. 우리는 자신의 가치에 따라 목표를 정한다. 말하자면 우리가 추구하는 목표는 개인적으로 훨씬 더 의미 있는 목표다. 그러면 삶이 더욱 풍요로워진다. 더 자주 지금 이 순간을 살게 되고 지금 가진 것에 감사하게 된다. 목표를 향해 나아가는 동안에도 지금 있는 그대로의 삶에 깊은 만족감을 느끼게 된다.

좀 더 명확히 구분하기 위해 다음 이야기를 들어보자. 어머니가 두 아이들을 데리고 동물원에 가려는데 자동차로 두 시간은 족히 걸리는 거리다. 한 아이는 오직 한 가지 목표, 가능한 한 빨리 도착하는 데만 집중하고 있다. 가는 내내 그 아이는 시트 끝에 엉덩이를 겨우 걸치고 앉아서 몇 분마다 "아직 멀었어요? 지루해. 얼마나 더 가야 돼요?"라며 보채고 있다. 반면에 다른 아이는 두 가지의 목표를 가지고 있다. 동물원에 빨리 가야 되기도 하지만 여행도 즐겨야 하는 것이다. 그래서 이 아이는 창밖을 내다보며 들판 가득 뛰어노는 양떼와 소떼를 구경하고 엄청나게 큰 트럭이 지나가는 것을 보고 감탄하기도 하고 행인들에게 손을 흔들어주기도 한다. 그는 불안해하거나 징징대지도 않고 보채지도 않는다. 이 아이는 지금 이 순간에 살고 있으며 다른 곳에 주의를 기울이기보다 지금 있는 곳을 즐기는 것이다.

도중에 차가 고장이 나서 동물원에 도착하지 못했다고 하자. 이때 어느 아이가 보람 있는 여행을 했을까? 무사히 동물원에 도착했다면 당연히 두 아이 모두 보상을 받았겠지만 그렇지 않았다면 오직 한 아이만 여행을 즐긴 것이다.

가치 지향적인 삶은 목표 지향적인 삶보다 항상 더 만족스럽다. 목표를 향해 노력하는 동안에도 그 과정을 즐길 수 있기 때문이다. 더 중요한 것은 가치 지향적인 삶을 살 때 목표를 달성하기가 더 쉽다는 점이다. 왜냐하면 목표가 자신의 가치와 일치한다는 확신이 들면 더욱 동기 부여가 되기 때문이다.

풍요로움

자신의 가치와 연결하고 그 가치에 따라 행동할 때 보람 있고 만족스럽고 풍요로운 삶을 살게 된다. 가치에 따라 살면 매 순간 만족을 얻을 수 있기 때문이다. 예를 들어 주택을 구입하기를 간절히 원한다고 가정해 보자. 주택 구입은 바로 목표가 된다(그 말은 그것을 성취할 수 있고 성취한 뒤에는 목록에서 지울 수 있다는 의미이다). 하지만 현재의 재정 상태로는 주택을 구입하기까지 오랜 세월이 걸린다고 생각해 보자. 목표를 이루기 전에는 행복할 수 없다고 생각한다면 삶은 참담해질 것이다.

"이런 목표가 다 무슨 소용이지? 이 목표를 이루어야만 진짜로 의미 있는 어떤 일을 할 수 있게 된단 말인가?"라고 자신에게 물어보라. 만약 답이 "가족에게 안정을 주는 것"이라면 가족을 잘 돌보는 것을 핵심 가치로 인정한 것이다. 그런데 가족을 잘 돌보는 일에는 지금 당장 할 수 있는 방법이 수없이 많다. 이를테면 가족을 위해 건강한 저녁식사를 준비할 수도 있고 아이들에게 책을 읽어줄 수도 있으며 배우자를 안아주고 힘이 되는 말을 해줄 수도 있다.

그런다고 목표를 포기하는 것은 아니다. 집을 사고 싶다면 저축을 시작하자! 하지만 가족을 돌보는 데서 만족감을 얻기 위해 집을 살 때까지 기다릴 필요는 없다.

또 다른 예를 들어보자. 의사가 되겠다는 장기적 목표를 가졌다고 가정해 보자. 수련 기간이 꽤 오래 걸릴 것이다. 만약 당신이 의사가 되기 전에는 행복할 일이 없다고 생각하면서 목표에만 매달려 10년 세월을 보낸다면 어떻겠는가? 자, 이제 자신에게 물어보라. "이런 목표가 다 무슨 소용이지? 이 목표를 이루어야만 진짜로 의미 있는 어떤 일을 할 수 있게 된단 말인가?"

"나는 사람들을 돕고 싶어"라고 대답했다고 해보자. 이제 당신은 다른 사람들을 돕는 일을 핵심 가치로 인정한 것이다. 다른 사람들을 돕는 일은 지금 당장 할 수 있는 일이다. 나이 든 친척 방문하기, 훌륭한 명분이 있는 일에 기부하기, 동료 학생의 숙제 도와주기, 자원봉사 등 수많은 방법이 있다.

그런다고 의사가 되겠다는 목표를 포기하는 건 아니다. 말하자면 앞으로 10년 동안 목표를 향해 뛰는 동안에도 당신은 자신의 가치에 따라 살고 있다는 지속적인 만족감을 갖게 되는데, 이때 당신의 가치는 사람들을 돕는 것이다.

하지만 사람들을 돕는 것이 동기가 아니고 그저 부자가 되기를 원할 뿐이라고 가정해 볼 수도 있다. 다시 말하지만 부자 되기는 가치가 아니라 목표다. 그것은 성취할 수 있는 일이고 성취한 뒤에는 목록에서 지워버릴 수 있는 일이기 때문이다. 하지만 이 질문에 좀 더 구체적으로 답하기 위해 다음에 나오는 제프와의 상담 기록을 보자. 제프는 30대 중반의 제법 잘나가는 사업가였지만 강박적으로 돈 버는 일에 사로잡혀 있었다. 그는 끊임없이 부유한 모든 사람들과 자신을 비교함으로써 스스로를 비참하게 만들고 있었다. 나는 "정말로 당신이 원하는 게 뭐죠?"라고 제프에게 물었다.

제프 진짜 솔직하게 말하면 굉장한 부자가 됐으면 좋겠어요.

러스 좋아요. 그럼 굉장한 부자가 된다면 무슨 일을 할 수 있게 될까요?

제프 많은 일들이요.

러스 예를 들면?

제프 세계 일주요.

러스 여행하면서 하고 싶은 게 뭐죠?

제프 해변에서 빈둥대며 시간 보내기, 낯선 나라 방문하기, 세계의 불가사의 방문하기… 그런 거죠.

러스 그렇군요. 해변에서 빈둥대는 데 어떤 가치를 두고 있죠?

제프 푹 쉬는 거죠. 빈둥대며 시간을 보내다 보면 스트레스가 확 풀리거든요.

러스 그럼 낯선 나라를 방문하는 건 무슨 가치가 있을까요?

제프 새로운 사람들을 만나고 색다른 음식을 먹어보고 이국적인 미술품과 도자기 같은 것을 구경하는 거죠.

러스 좋아요. 이제 이 부분에서 분명히 하고 싶은데요. 당신의 목표를 포기하라고 말하는 것은 절대 아닙니다. 부자가 되고 싶다면 반드시 그렇게 되도록 노력하세요. 하지만 당신이 앞으로 10년 동안 "부자가 되기 전에 성취감이란 없다"고 생각하면서 비참하게 지내는 모습은 보고 싶지 않군요. 자, 푹 쉬는 것과 빈둥대며 시간 보내기에 가치를 두셨지요. 지금 당장 그렇게 될 수 있는 방법이 헤아릴 수 없이 많이 있고 부자가 되지 않아도 할 수 있는 일들이에요. 온욕하기, 음악 듣기, 요가하기 등 수많은 방법이 있어요.

제프 맞아요. 그렇지만 난 해변에서 빈둥거리고 싶어요.

러스 물론이죠. 돈을 모아서 휴일에 해변에 갈 계획을 세울 수 있어요. 하지만 휴식이라는 만족을 느끼기 위해 부자가 될 때까지 기다릴 필요는 없어요. 그건 날마다 할 수 있는 일이니까요. 다른 가치에 있어서도 마찬가지예요. 가령 다른 나라 음식이 먹고 싶으면 지금 어떻게 하면 될까요?

제프 이국적인 레스토랑에 가면 되겠지요.

러스 맞아요. 아니면 이국 음식 요리책을 보든지요.

제프 그렇지만 직접 그 나라에서 그 지방 음식을 먹는 것과는 다르지요.

러스 그 두 가지가 같다고 말하는 것은 아닙니다. 진짜로 이국 음식을 먹어보는 데 가치를 두고 있다면 세계여행을 할 수 있을 정도로 부자가 될 때까지 기다릴 필요는 없다는 것이지요. 희귀한 미술품이나 도자기도 마찬가지입니다. 지금 당장 그걸 구경하고 싶다면 어떻게 하면 될까요?

제프 화랑에 가는 거요?

러스 바로 그겁니다. 박물관이나 지역 미술 공예품 축제에 가보는 거지요. 그런 것에 관한 책을 읽거나 인터넷에서 정보를 찾아볼 수도 있겠지요.

제프 예, 하지만 그건 다르지요.

러스 압니다. 다시 말하지만 당신이 해외여행을 하고 싶다면 돈을 모으고 계획을 세우는 것은 좋습니다. 내가 하고 싶은 이야기는 그냥 쉬기, 색다른 음식 먹어보기, 희귀한 미술품이나 도자기 구경하기 등에 가치를 둔다면 지금 당장 할 수 있는 일이라는 것입니다. 간절히 원하면서 삶을 견뎌내기만 할 필요는 없다는 거지요. 자, 부자가 되고 싶다는 목표로 돌아갑시다. 그게 왜 그렇게 중요하지요?

제프 부자라면 사람들이 존경하기 때문이죠.

러스 음, 항상 그런지는 잘 모르겠지만 일단 그렇다고 가정합시다. 다른 사람들한테 존경을 받는 것이 왜 그렇게 중요하지요?

제프 대접이 달라지죠. 사람들이 존경하게 됩니다.

러스 그럼, 사람들이 당신을 잘 대접하고 존경하며 우러러본다고 가정합시다. 그러면 당신은 뭘 할 수 있게 되나요?

제프 그러면 좀 더 편할 거 같아요. 다른 사람에게 인상을 남기려고 애쓸 필요가 없고 그냥 나 자신이 될 수 있을 거 같아요.

러스 그럼 진정으로 가치를 두는 건 자신이 되는 것인가요? 진정한 자신?

제프 예, 나는 단지 나 자신이고 싶을 뿐입니다.

러스 그렇군요. 그러면 지금 당장 그렇게 될 수 있지 않나요? 부자가 될 때까지 기다려야 할까요?

제프 부자라면 더 쉽게 되겠지요.

러스 그럴지도 모르겠군요. 하지만 진정한 자신이 되는 만족을 얻기 위해 부자가 될 때까지 기다릴 건가요?

제프 아니요.

러스 어떤 친구 관계를 구축하기를 원합니까?

제프 나 자신으로 있을 수 있는 관계, 즉 있는 그대로의 내가 받아들여질 수 있는 그런 관계요.

러스 그렇군요. 당신은 진정한 자신에 가치를 두고 있습니다. 이미 가지고 있는 관계 속에서 지금 시작해 보는 것은 어떨까요? 자신에게 물어보세요. "작은 것이라도 진정한 나의 모습에 가까운 것이라고 말하거나 직접 해볼 수 있는 일은 어떤 것이 있을까?"라고요.

제프는 삶에서 만족을 얻으려면 부자가 될 필요가 있다고 확신하고 있다. 하지만 시간이 지나면서 제프는 점차 가치에 따라 사는 것을 선택할수록 마음 깊은 곳에서 만족감을 발견하게 되었다. 금전적인 면에서나 사업적인 면에서 목표를 추구하면서도 말이다.

부, 명예, 성공

제프의 경우가 특별한 것은 아니다. 많은 사람이 부와 명예와 성공을 원한다. 하지만 이런 것들은 목표일 뿐 가치는 아니다. 목표 아래 숨어 있는 가치를 찾으려면 자신에게 물어야 한다. "이런 목표가 다 무슨 소용이지? 이 목표를 이루어야만 진짜로 의미 있는 어떤 일을 할 수 있게 된단 말인가?"

제프의 경우처럼 중요한 가치를 발견하기 위해 이런 질문을 몇 번이고 되풀이할 필요가 있을지도 모른다. 부와 명예와 성공을 향한 갈망에는 많은 동기 부여 요소가 있는데 특히 흔한 동기가 다른 사람들이 당신을 존경하고 우러러보고 인정하는 것이다. 대체 이게 왜 중요한가? 제프가 말했듯, 다른 사람들에게 인상을 남기려고 애쓸 필요가 없기 때문이다. 그러면 거절당할까 봐 두려워할 일이 훨씬 적어진다. 그렇게 하는 것이 당신을 당신 자신일 수 있게 해준다.

우리 대부분은 두려운 나머지 자신의 진짜 모습을 다른 사람에게 숨기고 평생을 살아간다. 우리는 "내 진짜 모습을 알게 되면 사람들이 나를 좋아하지 않을 거야"라는 생각을 따르고 있다. 그 대가는 엄청나다. 결국 우리는 주위 사람들과 단절되고 그들과의 관계에서 친밀감, 깊이, 개방성이 부족하게 된다. 자신의 진짜 모습을 숨기려고 애를 쓰면서 마스크를 쓴 채로 평생을 살아가게 된다. 인정과 사랑, 우정을 얻으려고 쇼를 하면서 말이다. 왜 이런 일이 일어날까? 이유는 간단하다. 〈나는 충분히 착하지 않다〉 이야기에 융합되어 지내왔기 때문이다. 우리의 마음은 결점을 보상하기 위해 부와 명예와 성공이 반드시 필요하다고 속삭인다. 그래야만 인정받고 사랑받고 받아들여질 거라고 말한다. 어리석게도 우리는 이 말을 믿고 있는 것이다.

진정한 자신이 되고 개방적이 되는 것에 가치를 두고 있다면 부자가 되고 유명해지고 성공할 때까지 기다릴 이유가 무엇인가? 왜 오늘 좀 더 진정한 자신이 되기를 시작하지 않는가? 사람들에게 진정한 자신을 알리도록 하라. 진실해지자. 진짜가 되자. 마음을 열자. 자신에게 물어보라. "작은 것이라도 진정한 나의 모습에 가까운 것이라고 말하거나 직접 해볼 수 있는 일은 어떤 것이 있을까?"

어떤 가치를 행동으로 옮기든 항상 작고 쉬운 단기 목표에서 시작하라. 이를테면 당신은 대화나 그룹 토론에서 단지 동의를 얻기 위해 진지하지 않은 의견을 말하기보다는 진심 어린 의견을 표현하게 될 것이다. 모든 일이 잘 되어가고 있는 척하는 대신에 삶에서 일어나고 있는 일을 조금 더 털어놓게 될 것이다(물론 〈사람들이 나를 좋아하지 않을 거야〉, 〈나를 존경하지 않을 거야〉, 〈내 이야기를 인정하지 않을걸〉 따위의 이야기를 멀리 해야만 한다).

다른 동기들

말할 필요도 없이 부와 명예와 성공을 추구하는 데는 다른 동기도 많다. 하지만 제프와 상담할 때처럼 찬찬히 따져보면 결국 지금 당장 그 가치에 따라 살 수 있는 핵심 가치에 다다르게 될 것이다.

가령 "내가 부자라면 헬기를 사서 조종법을 배울 텐데"라고 말할 수도 있다. 이 말에 숨어 있는 가치는 새로운 기술 배우기, 자기계발, 즐기기, 두려움에 맞서기 등일 것이다. 이 모든 가치는 부자가 되어 헬기를 사지 않더라도 지금 이 순간에 바로 할 수 있는 것들이다.

자신의 중요한 목표를 자상한 배우자 구하기에 둔 술라 이야기로 돌아가 보자. 그녀가 정한 작은 목표가 데이트 주선 회사에 가입해서 미팅을 하는 것이라는 걸 기억할 것이다. 이런 일이 중요한 첫걸음인 것은 분명하다. 하지만 술라가 인생이란 배우자 없이는 만족할 수 없다고 믿는 한, 쓸데없는 고통에 시달리게 된다. 그래서 나는 그 목표에 숨어 있는 가치와 연결해 보라고 했다. 술라는 다정하고 친절하며 개방적이고 감각적이고 재미있는 배우자가 되는 것에 가치를 두었다. 비록 지금은 배우자가 없지만 삶의 다른 영역에서 이런 가치를 행동으로 옮길 수는 있을 거라고 말해주었다.

"그건 배우자를 갖는 것과는 다르지요." 그녀가 말했다.

"물론입니다." 내가 대답했다. "하지만 지금 여기서 당신의 가치에 따라 사는 것과 줄곧 아직 이루어지지 않은 목표에 융합되어 당신을 비참하게 만드는 것 중에 어느 쪽이 좀 더 만족스러운 삶이 될까요?”

술라는 내 말을 알아들었다. 그녀는 가족들에게 더 다정하고 친절하게 대하기 시작했고 친구들이나 동료들과도 마음을 열고 재미있게 지내려고 노력했다. 자신에게도 관심을 기울여 규칙적으로 마사지를 받고 찜질방도 가고 때로는 연애소설도 즐겨 읽었다. 결과는 어떻게 되었을까? 여전히 핵심 목표는 이루어지지 않았지만 그녀의 삶은 훨씬 더 만족스럽게 되었다.

그 목표를 이루면 어떻게 될까

아무리 많은 목표를 이룬다 해도 당신이 바라는 다른 목표가 있게 마련이다. 그게 어떤 것인지 당신은 알고 있을 것이다. 흡족한 새로운 일자리를 구하면 몹시 흥분될 것이다. 그 짜릿함이 얼마나 가겠는가? 얼마 지나지 않아서 당신은 다른 새로운 것을 원하게 될 것이다. 월급이 오르고 더 많은 돈을 벌게 되어 행복해한다. 하지만 오래지 않아 그것이 당연해지고 좀 더 많은 것을 원하게 된다. 이상형의 상대를 만나 미친 듯이 사랑에 빠진다고 해보자. 하지만 그 연인이 코를 골거나 사흘 째 같은 양말을 신고 있다는 사실을 깨닫는 데 얼마나 걸릴까?

목표 지향적인 삶을 산다면 당신이 얼마를 갖고 있든 결코 충분하지 않을 것이다. 가치 지향적인 삶은 그렇지 않다. 당신이 어떤 상황에 처해 있든 가치는 항상 이용할 수 있는 것이기 때문이다(빅터

프랭클을 기억해 보라. 그는 나치 강제 수용소에서도 자신의 가치에 따라 살았다).

그래도 특정한 목표를 이루지 못해 참담한 기분이 든다면 이렇게 해보자. 우선 그 목표에 숨어 있는 가치를 찾고 나서 자신에게 물어보자. "작은 것이라도 이 가치와 일치하고, 당장 실천할 수 있는 행동은 무엇일까?" 그런 다음 마음을 다해 행동하라.

가치는 언제나 당신과 함께 있고 항상 이용할 수 있다. 게다가 가치에 따라 성실하게 행동하면 큰 보람을 느낄 수 있다. 따라서 자신의 가치를 깨달을수록 만족감은 커질 것이다. 다음 장에서는 이런 삶의 자세를 받아들이는 방법을 배우게 될 것이다.

29

풍요로운 삶

눈부신 일몰이나 커다란 보름달, 대양의 파도가 바위에 부서지는 장관을 넋을 잃고 바라본 적이 있는가? 아이들이나 배우자의 눈을 애정이 깃든 눈길로 들여다본 적이 있는가? 파이 굽는 냄새나 재스민 향기, 또는 장미 향기에 젖어본 적이 있는가? 지저귀는 새소리나 가르릉거리는 고양이 소리, 아이의 웃음소리를 기쁘게 들어본 적이 있는가?

지금까지 이 책에서 쓸데없는 생각이나 감정을 처리하는 데 많은 시간을 보내면서 긍정적인 생각을 강화하는 데는 소홀했다. 일부러 그렇게 했다. 우리 사회는, 특히 자기 계발 분야에서는 대체로 긍정적인 감정을 만드는 데만 집중하고 있는데, 그 자체가 오히려 우리를 함정에 빠뜨리는 주요인이 되어 왔다. 유쾌한 감정을 갖는 데 열중할수록 불쾌한 감정과 싸우게 되고 갈등과 고통의 악순환을 강화하게 된다.

하지만 의미 있는 삶을 일구어가다 보면 유익한 부산물로 온갖 종류의 긍정적인 경험과 감정이 생긴다. 그러니 긍정적인 경험과 감정을 삶의 목표로 삼는 함정에 빠지기보다는 감정을 있는 그대로 인정하는 것이 좋다. 삶을 살아가면서 우리는 세상을 있는 그대로 음미할 수 있는 기회를 수없이 마주치게 된다. 마음 챙김 훈련은 지금 당장 최고의 삶을 살아가는 데 도움을 줄 것이며 더 나은 삶을 위해 변화를 꾀하는 행동을 하는 데도 도움이 될 것이다. "가진 것에 감사하라", "잠시 멈춰 서서 장미 향기를 맡아보라" 같은 경구를 수없이 들었을 것이다. 이런 경구들은 삶의 풍요로움을 가르치고 있다. 우리는 아름다운 것들에 둘러싸여 있으면서도 안타깝게도 그런 것들을 당연하게 여기고 있다. 다음은 당신을 둘러싸고 있는 세상의 풍요로움을 깨닫고 경험하는 데 도움이 되는 몇 가지 제안이다.

- 음식을 먹을 때 그 음식을 온전히 맛보고 음미할 수 있는 기회로 삼아라. 생각은 왔다가 가게 놔두고 입 속 느낌에 주의를 기울여라. 먹고 마시는 동안 우리는 거의 자신이 하고 있는 일에 주의를 기울이지 않는다. 먹는 것이 즐거운 행위라면 왜 여유를 가지고 온전히 즐기지 않는가? 게걸스럽게 씹어 넘기지 말고 천천히 먹어라. 제대로 씹어 먹도록 하라(빨리 감기로는 비디오를 감상할 수 없는데 음식은 왜 그런 식으로 먹으려 하는가?).

- 비 오는 날이면 빗소리에 귀를 기울여 보라. 빗소리의 리듬, 높낮이, 볼륨의 변화를 느껴보라. 유리창에 미끄러지는 빗방울을 바라보라. 빗물이 만든 무늬가 빛에 반사되는 모양을 보라. 비가 멈추거든 산책을 나가 상쾌한 공기를 느껴보라. 비에 젖은 나뭇잎이 어떻게 반짝이는지, 보도가 얼마나 말끔하게 빛나는지를 눈여겨보라. 더 나아가 비가 오는 동안에도 비옷을 입거나 우산을 들고 산책을 나가보라. 차갑고 축축한 빗속에 서서 떠올려 보라. 따뜻하고 습기 없는 안전한 곳에 있는 느낌이 어떤 것인지를.
- 화창한 날이면 잠시 멈추어 햇빛의 온기와 빛을 음미해 보라. 세상만물이 얼마나 환하게 빛나는지 느껴보라. 집들과 꽃들과 나무들과 하늘과 사람들이 얼마나 반짝이는가. 산책을 하라. 새소리에 귀를 기울이고 살갗에 쏟아지는 햇살을 느껴보라. 누군가를 안을 때나 키스할 때, 악수할 때도 온전히 그 행위에 몰입해 보라. 활짝 깨어 느껴보라. 당신의 온기와 열린 마음이 그 접촉을 통해 흘러가도록 하라.
- 행복하거나 고요하거나 신나거나 만족스럽거나 즐거운 기분이 들 때, 그 감정이 어떤 것인지 온전히 느껴보는 기회로 삼아라. 몸이 어떻게 느끼는지 보라. 어떻게 호흡하고 말하고 반응하는지 지켜보라. 어떤 생각이나 충동, 기억, 감각, 이미지를 느껴보라. 잠시 그 느낌에 깊이 빠져보고 그런 경험을 할 수 있다는 사실에 경외감을 느껴보라.

- 전에 만난 적이 없었던 것처럼 소중한 사람들을 새로운 눈으로 바라보라. 배우자나 파트너에게, 친구, 가족 ,아이들, 동료들에게 그렇게 해보라. 그들이 걷고 말하고 먹고 마시는 모습을, 얼굴과 몸과 손으로 하는 제스처를 지켜보라. 그들의 얼굴에 나타나는 표정을 보라. 얼굴의 선과 눈 색깔을 보라. 그들이 미소 짓는 것을 보라. 입을 어떻게 움직이는지, 눈이 어떻게 깜박거리는지를 보라. 어떻게 웃는지 보라. 그들이 내는 웃음소리와 얼굴 표정의 변화, 어깨의 움직임을 살펴보라.
- 애완동물이든 벽 위의 고양이든 나무의 새든 간에 동물을 만나게 되면 잠시 멈춰 서서 유심히 관찰해 보라. 그 동물의 이름과 특성을 전혀 모르는 어린이가 된 것처럼 동물을 바라보라. 그 골격과 움직임을, 색깔과 몸의 곡선을, 얼굴과 몸을 바라보라.
- 주머니칼, 컵, 펜, 책, 셔츠, 신발, 진공청소기, 반지, 창틀 등 무엇이든 평소 당연히 여겼던 익숙한 물체들을 관찰해 보라. 방금 UFO에서 떨어진 외계 물체인 것처럼 그 물건을 연구해 보라. 그 물건이 어떻게 보이는지, 어떻게 느껴지는지 깨닫도록 하라(가능하면 냄새 맡고 듣고 맛보라). 그 물건이 당신의 삶에서 하는 역할을 절실히 느껴보라.
- 아침에 침대에서 일어나기 전에 열 번 심호흡을 하고 폐의 움직임에 주의를 기울여 보라. 당신이 깊이 잠든 사이에도 폐가 산소를 공급하여 지금 살아 있다는 사실이 얼마나 놀라운지

느껴보라.

자신의 가치와 연결하고 가치에 따라 행동을 할 때 주변의 사람들에게서 변화를 느끼게 될 것이다. 당신의 배우자와 자녀들, 친구, 가족, 동료들에게 당신이 되기를 원하는 사람처럼 행동할수록 긍정적인 반응이 돌아올 것이다. 이런 반응을 즐겨라. 그 반응을 주의 깊게 바라보고 일어나는 일을 있는 그대로 느끼며 감사하라.

마음을 열고 호의적으로 받아들이면 그대로 돌려받을 것이다(그렇게 하지 않으면 어떤 사람들과 시간을 보내야 할지 선택해야 할 것이다). 관계가 발전할수록 그 관계를 최대한 즐겨라. 긍정적 상호작용을 음미하라. 당신의 존재를 확인하라. 상념 속으로 달아나려는 자신을 다잡아 누구든 같이 있는 사람에게 주의를 기울여라.

좋은 직업과 사랑하는 배우자, 나만의 집 등은 모두 목표다. 목표를 이루기 위해 노력하는 동안 그 목표에 숨어 있는 가치와 연결하라. 스스로 이런 가치에 따라 살고 있다는 사실을 깨닫고 거기서 오는 만족감을 즐겨라.

나눔과 연결이 당신의 가치라면 삶에서 느끼는 풍요로움을 타인들과 나누어보라. 우리들 대부분은 삶의 긍정적 면보다는 부정적인 면에 관해 훨씬 더 많이 이야기한다. 삶에 대해, 다른 사람들에 대해, 당신 자신에 대해 감사하는 마음을 사람들에게 전하라(항상 행복한 척하면서 거짓 웃음을 얼굴에 짓고 다니라는 말이 아니라 진지하고 열려 있으며 균형 잡힌 태도를 말한다. 삶에서 힘든 일을 함께 아파하고 보람 있는 부분도 더불어 나누라). 그들이 당신에게 얼마나 의미 있는 존재인지, 그들의 어떤 부분을 인정하고 있으며 어떤 부분에 감사하고 있는지를 분명히 말하라.

자신의 가치와 일치하는 목표를 이루게 되면 종종 즐거운 감정이 솟아난다. 그것이 어떤 느낌인지 깨닫고 그 느낌을 즐겨라. 아주 작고 쉬운 목표라도 성취되었을 때 큰 즐거움을 줄 수 있다. 이를테면 나는 책상을 정리하거나 건강한 저녁식사를 준비할 때, 해외의 친척에게 간단한 이메일을 보낼 때 엄청난 만족감을 느낀다. 이런 느낌을 즐기고 음미하라. 생각하는 자아가 〈별것도 아니잖아〉 이야기로 주의를 산만하게 만들면 이런 즐거움을 너무나 쉽사리 놓쳐버리게 된다.

모든 것은 연결의 문제다

눈을 크게 뜨고 여태 당연하게 생각해 왔던 일들을 더 많이 알아차릴수록, 지금 가진 것에 감사하면서 가치에 따라 살아갈수록 삶은 더욱 풍요롭고 의미 있고 만족스러운 것이 된다. 마음 챙김 기법은 마음을 열고 호기심과 이해심을 가지고 주변의 세상을 받아들이는 태도를 계발하는 데 도움을 준다. 이런 태도는 그 자체로 삶을 더 보람 있게 만든다. 기회가 더 많아질 것이고 더욱 자극받고 흥미를 느끼게 될 것이며 더 큰 만족을 얻게 되고 관계도 좋아질 것이다. 요컨대, 삶을 충실하게 사는 자만이 최고의 삶을 누릴 수 있다.

이제 긍정적 감정에 관해서는 이 정도로 해두고 다른 곳으로 주의를 돌려보자. 즐거운 느낌에 너무 매달리지 말라. 쾌감을 좇는 데 열중해서는 안 된다. 삶에서 지금까지 경험한 다른 느낌들과 마찬가지로 쾌감이라는 것도 왔다가 가는 법이다. 그러니 쾌감도 그냥 왔다가 가게 두고 가치에 따라 사는 데 집중하라. 쾌감이 다가오면 즐기되 집착하지 마라! 다른 모든 감정처럼 쾌감을 위한 공간을 만들어주고 마음대로 왔다가 가게 내버려 두어라.

마음 챙김이라는 게 때로는 쉬울 때도 있고 한없이 어려울 때도 있다. 마음 챙김에서 가장 힘든 부분은 늘 연습해야 한다는 사실을 기억해야 하는 점이다. 스티븐 헤이즈는 이를 자전거 타기에 비유하고 있다. 자전거 위에 올라가면 항상 한쪽으로 넘어지게 되어 있다. 항상 자신을 바로 잡아야 하고 균형을 맞추어야 한다. 자연히 활짝 깨어 있게 된다. 아무리 지금 여기의 경험에 깊게 연결하고 있더라도 생각은 끊임없이 우리를 혼란스럽게 한다. 마음이 우리를 잡아당겨 균형을 잡지 못하게 하고 있다는 사실을 인식하면서 우리는 계속해서 자신을 추슬러야 한다(처음 자전거 타기를 배울 때 균형 잡기가 무척 힘들었던 것을 기억해 보라. 시간이 지나면서 얼마나 쉬워졌는가?).

삶이란 등산과 같다. 편한 길이 있으면 험한 길도 있다. 하지만 마음을 열고 호기심을 갖고 경험을 받아들인다면 마주치는 방해물을 통해 배우고 성장하여 시간이 흐를수록 등산 기술은 향상될 것이다. 그렇지 않을 때보다 일이 잘 풀릴 때가 훨씬 깨어 있기 쉬운 것은 당연하다. 그렇더라도 깨어 있기 어려운 상황에 대처할수록 더 강하고 고요하고 현명해질 것이다. 말보다 실천이 어려운 법이긴 하지만 당신은 할 수 있다. 다음 장을 읽고 나면 당연히 그렇게 될 것이다.

30

두려움에 직면하기

어떻게 되어가고 있는가? 실행에 옮기고 있는가? 삶에서 의미 있는 변화를 도모하고 있는가? 그렇지 않다면 변화를 방해하는 네 가지 요인들 중 적어도 하나에 직면해 있을 것이다. 이 방해물들은 매우 흔한 것으로, 약어로 FEAR라고 부르기도 한다.

F = 쓸데없는 생각에 융합하기Fusion with Unhelpful Thoughts

E = 비현실적인 기대를 하기Expectations that are Unrealistic

A = 불쾌한 감정 피하기Avoidance of Uncomfortable Feelings

R = 자신의 가치에서 동떨어지기Remoteness from Your Values

자, 이 방해물들을 하나하나 살펴보도록 하자.

F : 쓸데없는 생각에 융합하기

지금쯤 인지적 융합을 알게 되었을 것이다. 목표를 정하자마자 〈되는 것도 없고 우울한 라디오 쇼〉가 방송을 시작한다, 〈못하겠어〉, 〈이건 너무 어려워〉, 〈시간 낭비잖아〉, 〈이런다고 무슨 소용이 있나〉 등의 케케묵은 이야기가 다 나온다.

해결책은 해제 기법을 사용하는 것이다. 이런 생각을 그냥 알아차리고, 왔다가 가게 두고, 효과적인 일에 집중하는 것이다.

E : 비현실적인 기대를 하기

비현실적인 기대는 심각한 방해물을 만들어낸다. 목표가 너무 원대하거나 기대가 지나치게 크면 압도되어 포기하게 된다(적어도 다음으로 미루게 된다).

이런 일이 일어난다면 그 해결책은 목표를 쪼개서 작은 조각으로 만드는 것이다. 자신에게 물어보라. "어느 것이 가장 쉽고 작은가?" 그런 다음 그 일을 하라. 일단 시작하고 나서 똑같은 질문을 하라. "그 다음으로 작고 쉬운 건 무엇인가?"(이건 구식 농담과 같다. 코끼리를 어떻게 먹지? 한 번에 한입씩!)

또 다른 흔한 비현실적 기대가 두 가지 있다.

- 빠른 시간에 결과 보기
- 완벽해야만 하고 실수하지 않기

어떤 비현실적 기대라도 해결책은 간단하다. 그 기대를 좀 더 현실적인 것으로 만들어라. 정한 기간이 너무 비현실적이라면 시간을 늘리고 목표를 작은 조각으로 나누어라. 실수하는 것에 관해서는, 원래 인간이라는 것이 실수를 하도록 되어 있다. 독서, 말하기, 걷기, 자전거 타기 같은 지금은 당연히 하고 있는 행동들도 한 때는 어려웠던 것들이다(아기가 걷는 것을 배우느라 얼마나 여러 번 바닥에 넘어졌던가를 생각해 보라). 요점은 실수를 하면서 배운다는 것이다. 무엇을 하지 말아야 한다는 것도 배우고 다르게 하는 법도 배우게 되며, 그래서 좀 더 효과적으로 행동하게 된다. 실수는 배우는 과정에서 필수적인 부분이니 실수를 껴안도록 하라. 완벽함을 추구하는 것은 잊어버려라. 인간적인 것이 훨씬 더 보람 있고 만족스럽지 않겠는가.

A : 불쾌한 감정 피하기

불쾌한 감정을 피하려고 하면 할수록 중요한 변화를 꾀하기는 어려워진다. 변화는 위험을 수반한다. 변화는 자신의 안전지대에서 벗어나 두려움과 맞설 것을 요구한다. 이 모든 것은 변화를 위해서는 항상 불쾌한 감정이 불가피하다는 사실을 지적하고 있다.

이제 불쾌함을 피하려 할 때 생기는 악순환을 잘 알고 있을 것이다. 효과적인 해결책은 인내하거나 견디는 것이 아니라 진정으로 수용하는 것뿐이다. 그러니 확장 기법을 연습하고 불쾌한 감정을 위한 공간을 만들고 효과적인 행동을 하는 데 집중하라.

물론 목표를 정하고 열심히 뛴다고 항상 불쾌한 일만 생기는 건 아니다. 마침내 목표를 이루었을 때는 종종 흥분, 호기심, 즐거움, 만족감 같은 유쾌한 감정도 생긴다. 먼저 불쾌한 감정을 직면하지 않으려 든다면 유쾌한 감정은 가질 수 없다.

R : 자신의 가치에서 멀어지기

자신의 가치를 명확히 아는 것만으로는 충분하지 않다. 그 가치와 연결할 필요가 있다. 진정으로 중요한 것이 무엇인지 알아야 하고 주기적으로 상기시킬 필요가 있다. 그리고 당신의 목표가 가치와 일치하고 있는지도 확인해 보아야 한다. 이렇게 함으로써 삶의 동기와 영감과 의미를 얻게 될 것이다.

하지만 자신의 가치와 동떨어지면 흔히 너무 쉽게 열정을 잃고 포기하거나 옆길로 새게 된다. 가장 중요한 가치와 멀어질수록 목표는 무의미하고 하찮은 것이 되고 만다. 당연히 동기 부여에도 도움이 되지 않는다.

해결책은 자신의 가치와 연결하는 것이다. 아직 그렇게 하지 않았다면 자신의 가치를 종이에 적어보라. 꼼꼼히 읽어보고 필요한 만큼 수정하라. 당신이 신뢰하는 사람과 그 가치에 대해 이야기를 나누어보라. 주기적으로 다시 읽어보라. 아침에 일어나서 맨 먼저 마음속으로 되풀이해라. 주말마다 잠시 돌아보고 자신에게 물어보

라. "나의 가치에 얼마나 충실했던가?"

융합으로 돌아가기

융합fusion, 기대expectations, 회피avoidance, 멀어지기remoteness가 바로 FEAR이다. 이 네 가지 방해물 가운데 융합이 가장 일반적일 것이다. 우리가 쓸데없는 생각에 융합되면 보트의 악마들은 더 커지고 사악해진다. 이 악마들 가운데 가장 무서운 놈은 〈너는 실패할 거야〉라는 놈인데 늘 〈이런다고 무슨 소용이 있나〉, 〈시간 낭비잖아〉, 〈실패한 게 몇 번인지나 아니?〉 같은 친구를 데리고 돌아다닌다.

악마들을 심각하게 받아들이고 거기에 주의를 빼앗기면 배는 망망대해에서 표류하게 된다. 그러니 악마들이 나타났을 때 헨리 제임스Henry James가 한 "시도해 보기 전에는 할 수 없는 일이 무엇인지 알 수 없다"라는 말을 기억하는 것이 도움이 될 것이다. 목표를 정할 때 우리는 확실한 것이 아니라 가능한 것을 이야기한다. 이 세상에서 확실한 것이란 드물다. 내일 살아 있을지도 확신할 수 없다. 따라서 아무도 목표를 달성할 수 있을지 확신할 수 없다. 확실하게 알 수 있는 건 "시도하지 않는다면 성공할 기회조차 없다"는 사실이다.

켈리 윌슨은 〈난 실패할 거야〉 악마에 맞서는 데 도움을 주기 위해 다음 표를 사용한다. 이것은 철학자 파스칼Pascal에게서 영감을 받은 것이다.

	성공이 가능하다	성공은 불가능하다
"그래, 난 이 목표를 이룰 수 있어!"라고 가정하고 가치를 두는 방향으로 나아가라.	1	2
"아니, 난 이 목표를 이룰 수 없어!"라고 가정하고 시작도 하지 마라.	3	4

이 표의 윗줄에는 "성공이 가능하다"와 "성공은 불가능하다"라는 제목이 있다. "성공이 가능하다"는 우주의 섭리가 그쪽으로 맞춰져 있어서 자신이 가치를 둔 목표에 전념한다면 성공할 것이라는 의미다. "성공은 불가능하다"는 우주의 섭리가 그쪽으로 맞춰져 있어서 가치를 둔 방향으로 아무리 노력한다고 해도 실패할 것이라는 의미다.

가치를 둔 방향으로 나아가는 동안 이 두 가지 중 어느 쪽이 적용될지 결코 알 수 없는 것은 미래를 정확히 예측하는 것이 불가능하기 때문이다(마음은 아는 것처럼 생각하지만 사실 그렇지 않다. 생각해 보라. 마음이 미래를 그토록 정확히 예측할 수 있다면 당신은 지금쯤 상당한 부와 권력을 갖고 있을 것이다).

표의 왼쪽에는 두 문장이 있다. "그래, 난 이 목표를 이룰 수 있어!"라고 가정하고 가치를 둔 방향으로 나아가라(다시 말하자면 성공이 가능하다고 가정하고 최선을 다해보라). "아니, 난 이 목표를 이룰 수 없어!"라고 가정하고 시작도 하지 마라(다시 말하자면 최악을 가정하고 시작도 하기 전에 포기하라).

여기서 다음과 같은 네 가지 가능한 결과가 나올 것이다.

	성공이 가능하다	성공은 불가능하다
"그래, 난 이 목표를 이룰 수 있어!"라고 가정하고 가치를 둔 방향으로 나아가라.	1 가치를 둔 방향으로 나아가는 신나는 여정. 그 과정에서 새로운 기술을 발전시키고 인간적인 성장을 경험한다. 그러면 목표를 이루고 정말로 굉장한 느낌을 갖게 된다.	2 가치를 둔 방향으로 나아가는 보람 있는 여정. 그 과정에서 새로운 기술을 발전시키고 인간적인 성장을 경험한다. 목표를 달성하지 못해서 실망하겠지만 스스로 최선을 다했다는 사실을 깨닫고 만족한다.
"아니, 난 이 목표를 이룰 수 없어!"라고 가정하고 시작도 하지 마라.	3 신나는 여정도 없고, 새로운 기술도 없다. 인간적인 성장도 없고 목표도 달성하지 못한다. 노력했다면 성공할 수도 있었다는 사실을 나중에 알게 된다면 얼마나 비참할까!	4 신나는 여정도 없고, 새로운 기술도 없다. 인간적인 성장도 없고 목표도 달성하지 못한다. 얻은 것이라곤 실패의 쓴맛을 보지 않았다는 꼴찌상(booby prize)뿐이다.

이런 결과는 당신의 선택에 따른 것이다. 구역 1에서는 모험으로 가득 찬 여행을 떠나 새로운 기술을 배우고 도전에 맞서며 그 과정에서 괄목할 만한 인간적인 성장을 할 것이고, 무엇보다 목표를 이루기 위해 도전하고 성공했다. 인생은 아름다운 것이다!

구역 2에서는 목표를 이루기 위해 도전했지만 실패로 끝났다.

당연히 실망하겠지만 적어도 시도는 해보았고 만족감이 있다. 세월이 흘러 "그때 시도해 보기만 했더라도…"라고 자신을 괴롭히지는 않을 것이다. 흐뭇하게 지난날을 돌아보고 "이봐, 난 그때 최선을 다했다구!"라고 말할 것이다. 게다가 도달하지는 못했더라도 여행을 즐길 수는 있었다. 가치에 연결되고 그에 따라 행동하는 과정을 즐길 수 있고 두려움에 맞섬으로써 인간적으로 성장할 것이다. 적어도 모험의 시간을 가졌다는 사실에 감사할 것이다. 정처 없이 바다에서 표류하는 대신 해변을 향해 헤엄쳤다는 사실이 뿌듯할 것이다.

구역 3에서는 목표에 도달하고자 하는 시도조차 하지 않는다. 따라서 모험으로 가득 찬 여정도, 새로운 기술도 없고 두려움에 맞섬으로써 얻어지는 인간적인 성장도 없다. 그때 시도했더라면 성공할 수 있었다는 사실을 나중에 알았다고 가정해 보자. 그런 생각을 할 때 얼마나 참담한 기분이 들지 상상해 보라. 고통스러운 상실감과 아쉬움뿐일 것이다. 시도만 해보았더라도!

구역 4는 시도해 보지도 않고 목표를 포기한다. 나중에 시도했더라도 실패했을 거라는 사실을 알게 된다. 마찬가지로 신나는 여정도 인간적인 성장도 없다. 가치 있는 목표를 이루지도 못한다. 한 가지 만족할 만한 것이 있다면 실패에서 오는 실망감은 없다는 것이다. 이것은 꼴찌에게 주는 상에 불과하다. 원하는 것을 얻지는 못했지만 실패는 하지 않았다는 꼴찌상 말이다. 또 하나의 꼴찌상은 자신이 옳았다는 것, 정말로 해낼 능력이 없다는 사실을 증명했다는 것이다! "쓸데없는 시도를 하느라 괜히 시간 낭비를 한 건 아니잖아"라는 말로 자신을 위로하려 들 것이다. 하지만 이것이야말로 공허한 위로에 불과하다. 왜냐고? 해변으로 향하면서 신나는 모험을 해야 할 시간에 비참하게 바다 위를 표류하느라 시간을 다 써버렸기 때문이다.

이 네 가지 가능한 결과 가운데 어느 것이 가장 좋을까? 목표를 이루기 위해 도전해 보는 게 나을까, 아니면 시도해 보지도 않고 포기하는 것이 나을까?

만약 시도해 본다면 최선의 시나리오는 환상적일 것이다. 최악의 시나리오는 실망은 하겠지만 시도는 해보았으며 의미 있는 여행을 했다는 사실에 만족감을 느끼고 인간적인 성장을 경험하는 것일 것이다.

시도조차 하지 않는다면 최선의 시나리오는 실망으로 끝나는 것, 최악의 시나리오는 그야말로 참담한 기분이 되는 것이다. 게다가 인간적인 성장도 없이 말이다.

물론 마음은 이런 논리에 오랫동안 흔들리지는 않는다. 이 〈포기해〉 이야기는 되풀이해서 나타난다. 그러므로 번번이 그 이야기를 알아채고 해제해야 한다. 마음은 〈만약에〉 이야기도 잔뜩 늘어놓을 것이다. 〈시도했다가 실패하면?〉, 〈창피를 당하면 어쩌지?〉 이런 이야기에 사로잡혀 자기 자신과 끝없는 논쟁을 벌이느라 엄청난 시간을 낭비하게 될 것이다. 그러니 이런 이야기가 나타나면 그 존재를 깨닫고, 왔다가 가게 내버려 두도록 하라. 대신 당신의 가치와 일치하는 행동을 선택하라. 악마들을 갑판 아래 놔두지 말고 진정으로 가치 있게 생각하는 선택을 하라. 특히 핑계 대기라는 쓸데없는 생각을 경계해야 한다.

핑계 대기

마음은 우리가 진정으로 원하는 일을 하지 않는 이유를 대는 데 천재다. 운동을 예로 들어보자. 서구 사회에서 대체로 성인 인구의 40퍼센트 이상이 과체중이거나 비만이고 미국에서는 50퍼센트가 넘는다. 그러면서도 대부분의 사람들은 자신의 건강을 진심으로 가치 있게 생각한다. 많은 사람이 건강을 소홀하게 생각하고 대체로 건강을 염려하지 않기는 하지만, 그렇다고 건강에 가치를 두지 않는 건 아니다. 단지 행동을 취하고 있지 않을 뿐이다. 이 점을 분명히 하기 위해 자신에게 물어보라. "나는 어느 쪽을 좋아하는가? 건강한 몸인가, 병든 몸인가?"

사실 대부분은 더 건강한 음식을 먹고 운동을 더 하는 쪽을 선호한다. 그런데 왜 하지 않을까? 마음은 하지 않으려는 이유를 대는 데 천재적이다. "너무 피곤해서", "귀찮아서", "나는 운동이 싫어", "밖이 너무 춥잖아" 등 온갖 핑계를 댄다.

우선 알아야 할 일은 이유라는 게 생각일 뿐이라는 것이다. 두 번째는 그 생각이라는 것도 행동을 통제하는 것은 아니라는 것이다. 이 말이 놀랍게 들리는가? 자신의 경험을 돌이켜 보라. "난 할 수 없어"라는 생각이 드는데도 밀고 나가 결국 해낸 일이 얼마나 많은가? "난 할 수 있어"라고 생각하면서도 실행하지 않은 일은 또 얼마나 많은가? 해롭거나 적대적이거나 자기 패배적인 행동을 하려고 했다가 실제로 행동으로 옮기지 않은 일은 얼마나 많은가? 이는 바로 생각이 행동을 통제하지 않기 때문이다. 그렇지 않다면 모두 감옥에 가 있거나 병원에 누워 있거나 죽었을 것이다.

생각이 행동을 통제하지 않는다는 사실을 확실히 증명하기 위해 다음 두 가지 연습을 해보라.

1. "내 머리를 긁을 수가 없어! 머리를 긁을 수가 없어!"라고 생각하면서 팔을 들어 머리를 긁어라.
2. "이 책을 덮어야 해! 이 책을 덮어야 해!"라고 생각하면서 책을 편 채로 두라.

…

어떻게 되었는가? 생각이 당신에게 그 행동을 할 수 없다고 말하고 있었음에도 실제로 당신은 그 행동을 할 수가 있었다는 것을 확실히 알았을 것이다. 물론 생각이 행동을 통제할 수는 없지만 행동에 영향을 미칠 수는 있다. 그리고 더 높은 수준에서 생각에 융합될수록 생각은 행동에 더 많은 영향을 끼치게 된다.

말하자면 핑계에 사로잡히지 않는 한, 핑계는 문제가 되지 않는다. 즉, 말 그대로 핑계를 진실로 받아들이거나 반드시 따라야 하는 명령으로 받아들인다면 문제가 된다. 그러므로 핑계는 사실이 아니라는 것을 깨닫는 것이 중요하다.

"난 너무 피곤해서 달리기를 할 수가 없어"라는 핑계를 예로 들어보자. 피곤하면 신체적으로 달리기하는 것이 불가능한가? 물론 그렇지 않다. 당신이 피곤함을 느낄지라도 달리기를 할 수 있다(어떤 운동선수에게나 물어보라. 피곤하고 컨디션이 좋지 않았을 때 오히려 최고 기록을 낸 적이 있다고 말할 것이다).

이제 사실을 예로 들어보자. "척추손상으로 다리가 완전히 마비되어서 나는 달리기를 할 수가 없어!" 다리의 척수마비는 신체적으로 달리기를 불가능하게 만드는가? 물론이다. 그래서 위의 문장은 사실이다.

핑계란 근본적으로 변명이며 하고 있는 일을 정당화하기 위해, 혹은 하지 않는 일을 정당화하기 위해 하는 말이다. 시간이 충분하지 않다 하더라도 운동할 수 있는가? 피곤하더라도 운동할 수 있는가? 귀찮더라도 운동할 수 있는가? 운동을 했는데도 또 운동할 수 있는가? 바깥 날씨가 추운데 운동할 수 있는가?

물론 이 질문에 대한 대답은 모두 "예"이다. 주어진 이유는 모두 운동을 하지 않으려고 하는 변명일 뿐이다.

어떤 도전이든 도전에 맞서게 되면 "너무 피곤해", "너무 힘들어", "실패하고 말걸", "돈이 너무 많이 들어", "오래 걸릴 거야", "오늘 우울해" 등 마음은 하지 않을 갖가지 이유를 달고 나설 것이다. 이 이유들은 자세히 살펴보면 모두 변명일 뿐이다.

사실과 변명을 어떻게 구분할까

종종 변명을 늘어놓고 있을 때 자신에게 정직해야 할 필요가 있다. 가치 있는 목표를 정해놓았는데 마음이 하지 않을 이유를 댈 때, 때로 그것이 단순히 변명에 불과한지 애매할 때가 있다. 그 생각이 단지 행동하지 않은 것에 대한 변명인지, 진짜 불가능한 사실을 말하는 것인지 도저히 모르겠을 때는 다음과 같이 자신에게 물어보라. "만약 당신이 세상에서 누구보다 사랑하는 사람이 납치되었다. 납치범들이 당신에게 특정 목표를 향해 행동을 취할 때까지 그 사람을 풀어주지 않을 거라고 협박한다면, 당신은 행동할 것인가?"라고 자신에게 물어보라. 만약 대답이 "예"라면, 행동을 취하지 않는 이유는 단지 변명일 뿐이다.

"웃기는 질문이네. 현실에서 내가 사랑하는 사람은 유괴당하지 않아"라고 말할지도 모른다.

맞다. 하지만 그 현실에서 똑같이 중요한 것이 위험에 처해 있다. 바로 당신의 인생 말이다! 정말로 의미 있는 일을 하면서 삶을 살아가기를 원하는가? 아니면 악마들이 배를 조종하게 놔두면서 정처 없이 표류하면서 살아가기를 원하는가?

"좋아. 목표를 시도할 수 있다는 데는 동의해. 하지만 그 목표가 내게 그다지 중요한 것도 아닌데"라고 말할 수도 있다.

문제는 이것이다. 자신에게 정직한가? 아니면 단지 다른 생각으로 도망치고 있는가? 만약 당신이 회피하고 있는 목표가 진실로 중요하지 않다면 하지 마라. 하지만 자신의 가치에 비추어 생각해 보

라. 그런 다음 만약 이 목표가 진실로 중요한 것이라면 가치에 따라 행동할 것인지, 생각에 사로잡힌 채 떠밀려 다니게 내버려 둘 것인지를 선택해야 할 것이다.

특별히 "만약 이것이 진짜로 나에게 중요하다면 나는 이미 그것을 하고 있을 거야!"라는 식의 비열한 생각을 잘 살펴볼 필요가 있다. 이 생각은 위장하고 있는 또 하나의 이유다. 핑계를 대는 것은 "나는 지금까지 행동을 취하지 않았어. 그것은 그만큼 중요하지 않다는 의미이며, 내가 진짜 가치를 두고 있는 일이 아니라는 뜻이지. 그런 것에 노력을 쏟을 필요가 없다는 뜻이야"라고 하는 것과 같다.

핑계 대기는 인간은 본래 자신의 가치에 따라 행동한다는 그릇된 가정에 기초하고 있다. 만약 이것이 사실이라면 이런 책이나 ACT와 같은 심리치료가 필요 없을 것이다. 실제로 대부분의 사람들은 몇 달이나 몇 년, 심지어 수십 년 동안 자신의 가치에 따라 행동하지 않는다. 하지만 자신의 가치로부터 아무리 동떨어져 있더라도 가치는 항상 우리 마음 깊숙한 곳에 자리 잡고 있다. 가치는 우리 몸과 같다. 몇 년 동안 그것을 완전히 잊고 있어도 여전히 거기 있고 삶의 중요한 부분이다. 따라서 가치와 연결되는 데 있어서 너무 늦은 때란 없는 법이다.

"그렇게 쉬운 일이 아니야. 이 핑계는 정말 설득력 있잖아"라고 말할 수 있다. 맞다! 만약 그런 생각에 빠지면 그것이 설득력 있게 보인다. 그럴 때는 그것이 단지 생각일 뿐이라는 사실을 기억할 필요가 있다. 다음 몇 가지 방법으로 그 핑계를 해제할 수 있다.

- 간단하게 핑계를 인지하고 그것에 이름을 붙여준다. 핑계가 머리에 떠오르는 순간마다 조용히 "핑계 대기"라고 말하면서 그것을 인정하라.
- 자신에게 "말해줘서 고마워, 마음아!"라고 말할 수 있다.
- "나는 '…라는 이유 때문에 이 일을 할 수 없어'라는 생각을 하고 있어"라고 인정할 수 있다.
- 앞에서 보았듯, "만약 사랑하는 사람의 목숨이 달려 있다면 할 수 없는 온갖 이유가 있더라도 나는 이 목표를 시도할 수 있는가?"라는 질문을 자신에게 해볼 수 있다.
- "아하, 〈너무 피곤해〉 이야기구나. 혹은 〈시간이 없어〉 이야기네"라는 식으로 핑곗거리가 되는 온갖 이야기에 이름을 붙여준다.
- 당신이 행동을 취하려고 집중하는 동안에 지나가는 자동차들처럼 이런 생각이 그냥 왔다 가게 놔둘 수 있다.

이제 어떻게 할 것인가

이제 이 책의 중요한 부분에 이르렀다. 당신은 자신의 가치를 알고 목표를 정했다. 이제 행동으로 옮길 차례다. 당신을 가로막는 것은 오로지 FEAR뿐이고, 이제 그것을 어떻게 다루어야 하는지도 안다. 그럼에도 아직 행동하는 것을 주저할지 모르겠다. 그래서 다음 장에서는 저항을 극복하는 강력한 협력자, 기꺼이 하는 마음에 대해 알아보려고 한다.

31

기꺼이 하는 마음

정상에서 멋진 경관을 볼 수 있는 산을 오르고 있다고 가정하자. 반쯤 오르자 좁고 깎아지른 바위투성이의 산길이 나타난다. 바로 그때 하늘에서 비가 쏟아지기 시작한다. 비에 젖어 춥고 떨리는데 가파르고 미끄러운 산길에서 헤매게 되니 다리는 점점 힘이 빠지고 숨이 턱턱 막힌다. 이제 "이렇게 힘이 들 거라고 왜 아무도 말해주지 않았을까?"라는 생각이 들기 시작한다.

이쯤에서 바로 하산할 것인지, 산행을 계속할 것인지 선택은 당신에게 달려 있다. 만약 계속 산을 오른다면 비에 젖어 춥고 떨리고 몸이 녹초가 되는 것이 좋아서가 아니라 정상에 올랐을 때의 만족감과 장엄한 경관을 경험하고 싶어서일 것이다. 불편을 기꺼이 감수하고자 하는 이유는 그런 불편을 원하거나 즐기려는 것이 아니라 가고자 하는 곳에 도달하려면 그런 불편을 감수해야 하기 때문이다.

기꺼이 하려는 의지가 부족했던 나

나는 2004년 7월에 이 책을 쓰는 것에 관해 스티븐 헤이즈로부터 허락을 받았다. 하지만 그로부터 넉 달이 지날 때까지 집필을 시작조차 못했다. 왜냐고? 매번 시작하려고 할 때마다 책을 쓴다는 일에 대해 극심한 불안을 느꼈다. 복부에서는 주먹만 한 덩어리가 느껴지고 가슴은 조여들었다. 될 수 있으면 컴퓨터로부터 멀리 떨어져 있으려는 충동이 일어났다. 머릿속으로 이런 생각이 마구 밀려들었다. "시간만 낭비하게 될 거야. 책이 출간되지도 않을 텐데", "책을 어떻게 쓰는지도 모르잖아", "부질없는 일이 되고 말걸!", "너무 고된 일이야", "시간이 너무 많이 걸릴 텐데", "지금 장난하고 있는 거야?"(실제로 특별히 문제가 되는 한 가지 생각은 사실이었다. 나는 이미 다섯 권의 책을 썼는데 번번이 엄청난 시간과 노력이 소요되었음에도 그 중 단 한 권도 출간되지 못했다). 불행히도 나는 이런 생각에 빠져들었고 이 모든 느낌으로부터 도망쳐 다녔다. 그러다 보니 결국 한 줄도 쓰지 못했다.

말할 것도 없이 쓰는 것을 뒤로 미루면 미룰수록 불만은 더욱 고조되었다. 독서, 영화 보기, 초콜릿 먹기 등 온갖 방법으로 주의를 다른 데로 돌리려고 했다. "서두를 것 없어. 책을 쓰기 위해 충분히 휴식을 취하고 있는 거야"라고 자위하기까지 했다. 하지만 불만은 점점 증폭되었고 내 속의 악마가 보트를 점령했다는 사실을 확실히 깨달았다. 나 자신이 완전히 위선자인 듯 느껴졌다.

결국 좌절감에 빠진 채 몇 달을 보낸 뒤에 이런 생각이 들었다. “너는 이렇게 훌륭한 도구와 기법들을 가지고 있잖아. 날마다 의뢰인들에게 그것을 사용했고 놀라운 결과를 보았어. 그러면 네가 설명하고 있는 것을 실제로 적용하는 것이 어때?” 그러고는 책상 앞에 앉아 쓰기 시작했다. “나의 목표는 무엇인가?” 그리고 대답했다. “ACT에 바탕을 둔 자기 계발서를 저술하는 것” 그 다음에 또 썼다. “내 목표의 근원이 되는 가치는 무엇인가?” 그리고 대답했다. “근원적인 가치는 나에게 도전하는 것, 내 앞의 두려움에 직면하여 인간적인 성장을 이루는 것, 다른 사람들을 돕는 것(결과적으로 이 책은 일대일 치료를 통해 할 수 있는 것보다 더 많은 사람들을 도울 수 있을 것이다), 가족을 지원하는 것(이 책으로 돈을 번다면 내 가족이 풍요로울 수 있기에), 내가 주장하는 ACT 원칙을 다른 사람들에게 보여주는 것(이를테면 내가 설명하는 ACT 원칙을 실천하는 것), 경력을 쌓는 것, 그리고 독창적인 저술 과정 그 자체다.”

글로 써보니 엄청나게 달랐다. 그러고 보니 이 책은 다른 사람들뿐 아니라 나 자신에게도 유익할 것이 분명했다. 게다가 만약 책이 출간되지 않는다고 해도 책을 써봄으로써 훨씬 많은 것을 배우고 성숙해질 것이라는 생각이 들었다.

그러고 나서 “이 목표를 완수하기 위해 어떤 생각과 느낌, 감정, 충동을 감수하겠는가?”라고 썼다. 이것은 매우 중요한 질문이었다.

삶의 도전에 직면하게 되었을 때 우리 자신에게 반복적으로 물어 볼 필요가 있는 질문인 것이다. 앞에서 다루었듯, 무엇인가를 감수한다는 것을 명확히 하는 것이 중요하다. 감수한다는 것은 무엇인가를 원하고 즐기고 열망하고 인정한다는 의미가 아니다. 가치를 두는 일을 하기 위해 쓸데없는 감정을 허락하는 것이며 그 감정에게 공간을 만들어주는 것이고 그대로 놔둔다는 의미다.

만약 "몇 달 동안 한없이 지치게 만들고 머리카락도 모조리 빠지고 쉴 새 없이 토하게 만드는 항암주사를 맞는다면 어떨까?"라는 질문을 받는다면 당신은 틀림없이 "말도 안 돼!"라고 반박할 것이다. 하지만 만약 당신이 암에 걸렸고 의사가 암을 완전히 물리칠 수 있는 화학요법 치료를 제안한다면 그때는 그 주사를, 그 부작용까지도 기꺼이 받아들일 것이다. 왜 그런 고초를 겪으려고 하는가? 그 이유는 그 주사를 좋아하고 희망하고 인정하기 때문이 아니라 가치를 둔 일, 즉 살아남는 일을 위해서다.

기꺼이 하는 마음은 의미 있는 삶을 창조하기 위해 불쾌한 생각이나 감정과 같은 부정적인 부작용을 위한 방을 만드는 것이다(다음에는 이것이 많은 긍정적인 효과를 우리에게 준다).

하지만 기꺼이 하는 마음이 그저 이를 악물고 참는 것만을 의미하지는 않는다. 그것은 비록 좋아하지는 않더라도 그 경험을 받아들인다는 것을 의미한다.

누군가를 헌신적으로 사랑하고 있다고 가정해 보자. 상대방이 자기 아버지를 저녁식사에 초대하고 싶어 하는데 당신은 그/그녀의 아버지를 몹시 싫어한다고 가정해 보자. 그의 패션 감각도 싫고 향수 냄새도 싫다. 또 그의 견해와 허풍과 오만함도 싫다. 하지만 그분을 식사에 초대하는 것은 상대방에게는 중요한 일이다. 만약 상대방을 지지하는 것이 정말로 중요한 일이라면 비록 그/그녀의 아버지를 매우 싫어할지라도 그를 저녁식사에 초대해서 따뜻하게 인사하고 반갑게 집으로 맞아들여 그가 마음 편히 느낄 수 있도록 할 것이다. 이것이 바로 기꺼이 하는 마음이다.

일상에서의 기꺼이 하는 마음

일상의 삶을 살아가는 동안 우리는 작은 일에서부터 기꺼이 하는 마음을 훈련하고 있다. 이를테면 영화 보러 갈 때 우리는 표를 사기 위해 기꺼이 돈을 낸다. 돈을 내는 것을 진짜로 원해서가 아니다. 만약 누군가가 "공짜 표가 있어"라고 말하면 "감사하지만 열심히 일해서 번 돈으로 지불하고 싶어"라고 말하지는 않는다. 그러므로 표 값을 지불하는 것은 당신이 좋아서 하는 것이 아니다. 당신이 표 값을 지불하는 데 동의하는 것은 영화를 보는 즐거움 때문이다.

마찬가지로 휴가를 가기 위해 여행 가방을 꾸려야 한다면 누구든 그런 일을 귀찮아할 것이다. 가방을 꾸리는 일을 원하지는 않지만 여행의 즐거움 때문에 기꺼이 짐을 꾸리는 것이다. 또 운전면허 시험이라는 스트레스를 원하지는 않지만 면허증을 취득하기 위해서는 그 스트레스를 감수하는 데 동의했을 것이다.

기꺼이 하는 마음은 삶의 방해물을 처리하는 데 효과적인 방법이기 때문에 삶에서 필수적이다.

방해물이 나타날 때마다 "예" 혹은 "아니오"라고 말할 수 있다. 만약 "아니오"라고 말한다면 당신의 삶은 줄어들 것이고 만약 "예"라고 말한다면 삶은 커질 것이다.

계속해서 "예"라고 말한다고 해서 인생이 더 쉬워질 거라는 보장은 없다. 그 이유는 다음에 나타나는 방해물이 똑같이 어렵거나 심지어 더 힘들어질 수도 있기 때문이다. 하지만 "예"라고 말하는 것이 습관이 되고 그렇게 말함으로써 얻는 경험은 살아가는 데 힘이 된다.

"예"라고 말하고 싶지 않을 때라도 그렇게 하도록 선택할 수도 있다. 그리고 선택할 때마다 당신은 인간적으로 성숙한다.

한편 확장, 해제, 연결을 많이 연습하면 할수록 훨씬 덜 불쾌하게 된다. "넌 실패할 거야"라는 생각을 단지 언어로 여긴다면 받아들이는 것이 좀 쉬울 것이다. 그리고 투쟁 스위치를 꺼버린다면 쓸데없는 감정도 훨씬 견디기 쉬워질 것이다. 왜냐하면 더 이상 확대되지 않기 때문이다.

투쟁 스위치가 작동될 때는 불쾌한 감정을 피하거나 싸우거나 바꾸거나 없애버릴 수 있는 일이라면 무엇이든 한다. 그리고 그것이 꺼지면 단순히 수용한다. 그래서 우리는 이 스위치를 기꺼이 하는 마음 스위치로 부를 수도 있다. 기꺼이 하는 마음 스위치가 켜지면 감정을 그대로인 채로 머물게 허락하고, 스위치가 꺼지면 그 것과 싸우거나 피한다.

기꺼이 하려는 마음은 임신했다거나 살아 있다처럼 전부가 아니면 아무것도 아닌 경험이다. 기꺼이 하든가, 그렇지 않든가이다. 스위치가 켜지거나 꺼지는 것 사이에 다른 지대는 없다(사이의 다른 지대란 인내 혹은 체념, 포기 등 다양한 이름으로 불린다). 기꺼이 하려는 마음의 전부가 아니면 아무것도 아닌 것에 대해 "이 바위에서 저 바위로 두 번에 나누어 건너뛸 수는 없다"는 고대 동양의 격언이 있다.

술라는 배우자를 구하려는 목표를 추구하기 위해 상업적인 데이트 주선 회사에 등록했다. 그녀는 "쓸데없이 돈을 낭비하고 있구나", "괴팍한 사람이나 멍청이를 만나게 될 거야", "괜찮은 사람을 만난다 해도 그 사람이 날 좋아하지 않을걸!" 같은 생각과 자신의 약점과 불확실성, 불안한 감정에게 기꺼이 방을 내주었다. 그런 마음은 데이트를 하러 나가게 만들었고 좋은 사람을 만나게 했다.

자신의 아이들과 의미 있는 시간을 보내기를 원했던 미셸은 시간 외 업무를 요구하는 직장 상사에게 "싫어요"라고 대답하는 것에 대한 불안감을 기꺼이 감수했다.

인생을 되찾고 알코올 중독에서 벗어난 도나는 죽은 남편과 아이 때문에 기꺼이 슬퍼하고 술로 이겨내려 하지 않고 슬픔을 있는 그대로 두었다.

상업 전문 변호사인 커크는 자신의 가치와 연결되자 자기 일이 의미가 없다는 사실을 깨달았다. 그는 원래 사회적인 지위와 부를 위해 변호사가 되었고 부모의 인정을 얻고 싶었다(양친 모두 변호사이다). 하지만 그가 진심으로 원하는 일은 사람들을 돕고 돌봐주는 일이다. 특별히 그들이 성장해 나가고 배우고 발전하는 것을 돕고 싶었다. 결국 그는 심리학자로 재교육을 받기로 결정했다. 이렇게 하기 위해 그는 수입에서의 손해와 몇 년을 다시 공부해야 하는 점, 부모로부터의 비난, 자신이 제대로 행동하고 있는지에 대한 불안감, 결과적으로 낭비하게 된 시간에 대한 생각 등 불편한 감정을 위해 기꺼이 방을 만들었다. 마지막으로 커크를 만났을 때 그는 심리학 학위를 받았고 자기 직업을 너무나 좋아했다. 하지만 그가 그런 온갖 불편을 기꺼이 감수하지 않았다면 그렇게 서지 못했을 것이다.

기꺼이 하는 마음

이제 다시 내가 이 책을 어떻게 쓰게 되었는지 돌아가 보자. 앞에서 말했듯, 내면 극복의 다음 단계는 목표를 달성하기 위해 기꺼이 감수하려는 쓸데없는 생각과 감정, 감각, 충동을 모두 적어보는 것이었다. 이를테면 나는 "그것은 너무 힘들어", "난 쓸 수가 없어", "내 시간을 낭비하고 있어", "출판되지 않을 거야" 같은 생각에 사로잡혔고 불안감, 귀찮음, 좌절감 같은 감정에 휩싸였으며 턱이 뻣뻣해지고 신물이 올라오고 손바닥에 땀이 차고 심장이 뛰는 감각을 느꼈다. 달아나서 애완견과 놀거나 잠을 자거나 뭔가를 먹거나 마시거나 책을 읽거나 사전을 뒤적이거나 인터넷 서핑을 하거나 TV를 시청하는 등 책 쓰는 것을 제외한 다른 모든 것을 하고 싶은 강렬한 충동을 느꼈다. 이런 것들을 적어보는 것은 엄청나게 유용하다. 왜냐하면 상황을 현실적으로 보게 해주기 때문이다. 항해 도중 만나게 될 악마들에 대비하게 해준다. 그래서 악마를 만나도 놀라지 않게 해준다.

그런 다음에 "확장, 해제, 연결 연습을 한다면 다루지 못할 감정, 감각, 충동, 생각이 있는가?"라고 써보았다. "아니야. 이런 쓸데없는 생각에서 벗어나고 이런 감정에게 방을 만들어주고 지금 하고 있는 행동과 연결된다면 이 모든 것들을 다 다룰 수 있어"가 나의 답이었다.

그 다음에는 "나 자신을 격려하는 데 유용한 것은 무엇일까?"라고 물었다. 그리고 메모지에 고무적인 문구들을 적었다.

천릿길도 한 걸음부터 - 노자老子

초고는 쓰레기다! - 어니스트 헤밍웨이Ernest Hemingway

궁지에 몰리는 것을 두려워하지 말라. 결실은 그곳에 있다. - 잭슨 브라운Jackson Browne

20년이 지나면 네가 한 일보다도 하지 않은 일 때문에 실망하게 될 것이다. 그러므로 밧줄을 풀어 던져라. 안전한 항구를 떠나 항해를 시작하라. 무역풍을 타고 항해하라. 탐험하라. 꿈을 가져라. 발견하라. - 마크 트웨인Mark Twain

물론 이런 문구들은 저술만이 아니라 다른 의미 있는 사업에도 적용된다. 나는 이런 문구가 용기와 영감을 준다는 사실을 알아차렸다. 그래서 그날 이후 그 메모지를 컴퓨터 옆에 붙여두고 자주 읽어보았다.

그 다음에는 "이 목표를 작은 단계로 나누어볼까?"라고 적어보았다. "한 번에 한 장씩 써야지. 사실은 한 번에 한 문단씩 쓰면 되는 거야. 아니, 생각해 봐. 한 번에 한 문장씩만 쓰면 되겠네"라는 것이 나의 답이었다. 한 번에 한 문장만 쓰면 된다는 사실을 깨닫자 불안이 상당히 줄어들었다. 책 한 권을 쓰는 것은 어마어마한 일이다. 하지만 한 문장을 쓰는 건 아주 쉬운 일이다.

다음에 "시작할 수 있는 가장 작고 쉬운 단계는 무엇인가?"라고 쓰고 "한 문장을 쓰라"라는 답을 했다. 드디어 "언제 그 첫 발을 내디딜 것인가?"라고 물었고 그 대답은 "바로 지금!"이었다.

그래서 곧장 쓰기 시작했다. 복부의 덩어리는 컸다. 그래서 마치 과학자처럼 그것을 연구했다. 그것은 허리 위에서 시작해서 흉곽의 아랫부분까지 닿는 혹같이 느껴졌다. 그 안에서 마치 젖은 땅을 밟는 듯한 푹신한 움직임이 있었다. 또 약간의 메스꺼움도 느껴졌다. 잠시 동안 그 감각을 관찰하고 숨을 불어넣고 그 감각을 위해 방을 만들어주었다. 스스로 "이것은 도망치려는 충동과 더불어 나타나는 불쾌한 감각에 지나지 않아"라고 상기시켰다. 그리고 자신에게 물어보았다. "나의 목표를 추구하기 위해 이 감각을 기꺼이 감수하겠는가?" 크고 분명하게 "예!"라는 답이 돌아왔다.

그리고 머릿속을 날아다니고 있는 생각, 최고의 음량으로 방송되고 있는 〈되는 것도 없고 우울한 라디오 쇼〉에 집중했다. 이 생각을 텔레비전 화면에 비친 단어라고 상상했다. 그것을 있는 그대로 바라보았다. 그것은 단어와 영상이었다. 그러고 나서 쓰는 일에 집중하는 동안 그것이 왔다가 가게 놔두었다.

그때가 2004년이었다. 지금 이 문장을 쓰고 있는 지금은 시작한 지 18개월이 흘렀고 거의 끝나간다. 책을 쓰는 일에는 엄청나게 많은 시간이 걸렸고 그 시간 동안 수많은 불쾌한 생각과 감정을 가졌다. 동시에 가치와 일치하는 행동을 함으로써 상당한 만족감도 느꼈다. 한 문장을 완성할 때마다, 한 장을 완성할 때마다, 심지어 별로 그러고 싶지 않을 때에도 일단 앉아서 집필할 때마다 매우 즐거운 생각과 감정을 느꼈다.

물론 이 책이 성공할지 어떨지는 모르지만 그런 것과 무관하게 책을 쓰는 동안 많은 것을 얻었다. 글 쓰는 솜씨도 늘었고 좀 더 효과적으로 가르치기 위해 개념을 단순화하는 것도 배웠고 일을 촉진시키는 새로운 아이디어를 개발하게 되었고 ACT가 나 자신에게 실제로 도움이 된다는 사실을 깨달았으며(어쨌든 내가 그 일에 전념했을 때), 자신의 가치에 따라 사는 만족감도 가질 수 있었다. 글쓰기를 회피하던 때에 비하면 비교할 수 없이 만족스러운 느낌이었다.

이제 만약 이 책을 쓰는 목적이 부자가 되고 유명해지는 것이었다면 어떻게 달라졌을까를 생각해 보자. 그랬다면 그 목적이 달성될 때까지는 어떤 보람도 만족감도 느끼지 못했을 것이다. 게다가 그런 특별한 결과는 얻기 어려운 것이기 때문에 만약 그것이 유일한 동기였다면 아마도 오래 전에 포기하고 말았을 것이다.

글의 힘

생각을 글로 적어보는 것의 중요성은 이 책을 통해 거듭해서 강조해 왔다. 적는 것은 생각을 명확히 해주고 의식의 기억을 돕고 동기에 박차를 가한다. 가치와 목표를 종이 위에 써보면 그것을 해내기가 훨씬 쉬워진다. 그런 이유로 다음 형식에 따라 현재 질질 끌고 있는 어떤 목표를 달성하는 데 도움을 줄 행동 계획을 적어볼 것을 적극 추천한다.

기꺼이 하려는 마음과 행동 계획

나의 목표는

____

____

목표의 근원인 가치는

____

____

____

이 목표를 성취하기 위해 내가 기꺼이 감수하려는 생각과 감정, 감각, 충동은

나 자신에게 상기시키는 것이 도움이 되는 것은

이 목표를 다음과 같이 작은 단계로 나눌 수 있다.

시작할 수 있는 가장 작고 쉬운 단계는

이 첫 단계를 시작할 시간과 날짜는

기꺼이 하려는 마음이 충분한가

보다시피 기꺼이 하려는 마음은 중요하다. 하지만 의미 있는 삶을 살기 위해 그것만으로는 충분하지 않다. 퍼즐의 전체 그림을 완성시킬 마지막 조각이 있다. 계속 읽어보자.

32
위로 그리고 앞으로

아무리 걷는 것을 배운 뒤라 하더라도 조만간 비틀거리게 된다. 때로는 급히 멈추기도 하고 때로는 벌렁 나자빠지기도 한다. 때로는 다치기도 할 것이다. 사실 우리는 첫발을 내디딘 그날부터 수도 없이 넘어졌지만 한 번도 걷는 것을 포기하지 않았다! 항상 다시 일어나서 경험으로부터 배우고 계속해 나갔다. 바로 수용 전념 치료Acceptance and Commitment Therapy에서 전념하기Commitment라는 말이 가리키는 것이 바로 이와 같은 태도다. 당신이 내면의 경험을 수용할 수 있고 심리적으로 현재에 존재하며 자신이 좋아하는 가치와 연결되어 있다 하더라도 효과적인 행동을 취하는 전념하기가 빠져 있다면 풍요롭고 의미 있는 삶을 일구지 못할 것이다. 이것이 전체 그림을 완성하는 마지막 퍼즐 조각이다.

수용과 마찬가지로 전념하기는 종종 잘못 이해되어 왔다. 전념하기는 항상 완벽하다거나 절대 옆길로 새지 않고 똑바로 나아가는 것만을 의미하는 것이 아니다. 전념하기는 넘어지거나 벗어나더라도 다시 일어나 자기 처지를 알고, 가고자 하는 방향으로 계속 나아가는 것을 의미한다.

스코틀랜드의 위대한 영웅 로버트 브루스Robert the Bruce의 전설에서 훌륭한 예를 볼 수 있다. 700년 전, 잉글랜드 왕이 스코틀랜드를 통치하던 시기에 있었던 실화다. 난폭하고 잔인한 잉글랜드 왕이 여러 해 동안 스코틀랜드를 탄압했다. 1306년 로버트 브루스가 스코틀랜드의 왕이 되었을 때 그는 조국의 해방을 첫 번째 목표로 삼았다. 왕위에 오른 직후에 그는 군대를 소집해서 영국과의 전쟁에 돌입하여 피비린내 나는 스트래스-필란Strath-Fillan 전투를 치르게 되었다. 하지만 안타깝게도 우수한 무기와 병력을 앞세운 잉글랜드 군에게 무참히 패하고 말았다.

로버트 브루스는 도망쳐 동굴에 숨게 되었다. 춥고 기진맥진한 데다가 부상으로 피를 흘리면서 그는 완전히 절망하게 되었다. 너무나 수치스럽고 자포자기한 나머지, 그는 국외로 탈출하여 다시는 돌아오지 말까 하는 생각까지 들었다. 하지만 동굴에 누워서 천장을 보다가 동굴 벽의 갈라진 틈에 거미줄을 치고 있는 거미를 보게 되었다. 그것은 쉬운 일이 아니었다. 거미는 실을 자아내서는 틈의 한쪽 끝에서 저쪽 끝까지 줄을 쳤다. 그리곤 계속해서 또 다른 실을 자아내고는 왔다 갔다 하면서 거미줄을 짜고 있었다. 하지만 벽 틈으로 수시로 바람이 불어 들어와 거미줄을 망가뜨렸고 거미는 끊어진 줄에 대롱대롱 매달리곤 하는 것이었다.

하지만 거미는 포기하지 않았다. 바람이 잦아들자 거미는 틈새 가장자리로 기어올라가 부서진 부분에서부터 거미줄을 짜기 시작했다. 바람이 불어와 거미줄을 망칠 때마다 번번이 거미는 다시 시작했다. 마침내 튼튼한 기초를 다지기에 충분한 시간 동안 바람이 잦아들었다. 다시 바람이 불어왔지만 이번에는 거미줄이 바람을 이겨낼 만큼 강했고 마침내 거미는 거미줄을 완성할 수 있었다.

로버트 브루스는 거미의 집요함에 감동했다. 그는 생각했다. "거미도 온갖 역경을 이겨내는데 나라고 못할 이유가 없잖아!" 거미는 그에게 영감을 준 상징적 존재가 되었고 그는 "처음에 실패하더라도 도전하고 또 도전하라"는 유명한 격언을 남겼다. 다시 군대를 모은 그는 그 후 8년 동안 잉글랜드를 맞아 싸웠고, 마침내 1314년 배넉번 전투Battle of Bannockburn에서 잉글랜드군을 물리쳤다. 수적으로는 10대 1의 열세였다.

물론 로버트 브루스는 자기가 목표를 이룰 것인지를 알지 못했다. 그에게는 자유가 모든 것이라는 사실을 알고 있었다. 그러한 자유를 추구하는 한, 그는 가치 있는 삶을 산 것이었다(따라서 자유에 따르는 역경도 기꺼이 견딜 수 있었던 것이다). 이런 것이 전념하기의 본질이다. 당신이 성공할지 어떨지를 미리 알 수 없다. 당신이 할 수 있는 일은 가치를 둔 방향으로 나아가는 것뿐이다. 미래는 통제할 수 없다. 통제할 수 있는 것은 여행을 계속하는 능력뿐이다. 한 걸음씩 배우고 성장하고 발전하면서, 길을 잃을 때마다 되돌아오는 능력

뿐이다. 위대한 지도자 윈스턴 처칠Winston Churchill이 이런 말을 했다. "성공은 끝이 아니며 실패가 치명적인 것도 아니다. 중요한 것은 계속하려는 용기다."

실수

앞에서 보았듯, 보트 위의 악마 가운데 가장 비열한 녀석은 아마 〈실수해선 안 돼〉 악마일 것이다. 이 녀석은 〈하려면 제대로 하는 게 좋을걸〉, 〈멋지게 해내지 못할 바에는 안 하는 게 나을 거야〉 등 갖가지 다른 모습으로도 나타난다. 이런 생각에 융합되면 새로운 기술을 배우거나 의미 있는 도전에 직면하지 못하게 될 것이다. 하지만 그런 생각을 해제한다면 그 생각이 단지 그림이나 단어일 뿐이라는 사실을 깨닫게 된다. 그러면 당신을 더 이상 방해하지 않을 것이다. 생각은 단지 마음의 장난일 뿐이다.

전념한다고 해서 결코 일을 망치지 않는다는 말은 아니다. 최선을 다하고도 때로는 일이 잘못될 때도 있는 법이다(게다가 항상 모든 면에서 최선을 다하는 사람이 이 지구상에 존재하기나 할까?). 실수야말로 인간의 일부이며 배우는 과정에서 불가피한 부분이다. 실수를 피하는 유일한 방법은 아무것도 하지 않는 것인데 그것이야말로 최대의 실수가 될 것이다. 전념하기란 효과적인 행동을 한다는 의미이며 실수할 자유를 허용하며 일을 망쳤을 때라도 따뜻하게 자신을 안아주고 다시 가치 있는 방향으로 나아가는 것을 말한다.

불확실함을 껴안기

얼마 전 멜 깁슨Mel Gibson이 연출한 영화《패션 오브 크라이스트The Passion of the Christ》 제작 과정을 찍은 다큐멘터리를 보았다. 수많은 논란을 불러일으킨 이 영화는 예수의 생애 중 마지막 12시간을 폭력적인 영상으로 담은 것이었다. 멜이 이 계획을 할리우드의 대형 영화사에 가져갔을 때 모두 거절했다. 영화사들은 이 영화가 틀림없이 실패할 거라고 봤다. 고대 언어인 아람어(옛 시리아·팔레스타인 등의 셈계 언어)와 라틴어로 영화의 대사를 쓰겠다고 한 멜의 아이디어도 중요한 거부 이유 중 하나였다. 할리우드의 이런 냉담한 반응에도 아랑곳하지 않고 멜은 이 계획을 밀어붙여 제작비 전액을 자신이 부담했다.

촬영이 시작되자 불안감은 하늘을 찔렀다. 그 영화는 멜 깁슨이 감독한 세 번째 영화에 불과했고 할리우드의 모든 제작자들은 손해는 불 보듯 뻔하다고 예견했다. 매일 아침 그는 자신이 끔찍한 실수를 하고 있으며 미쳐서 뭘 하고 있는지 자기도 모르겠다는 생각을 하며 눈을 떴다.

하지만 그런 생각 때문에 그만두지는 않았다. 의심이 늘어갔지만 그는 날마다 촬영장소로 가서 감독을 계속했다. "내가 뭐하고 있는 거지? 이 영화를 찍는 건 재앙이 될 거야. 돈을 다 잃고 웃음거리가 되겠지" 같은 생각에 종일 시달렸다.

그래도 계속해서 영화를 찍었다. 매일 촬영장에 나타나 할 수 있는 한 열심히 일했다. 결과를 알 수 없는 데다가 그것은 자신이 통제할 수 있는 일이 아니었다. 의심과 두려움, 불안감을 떨쳐버리지 못했는데 그것 역시 그가 어떻게 할 수 있는 일이 아니었다. 그래서 자신이 할 수 있는 일에만 집중했다. 최선을 다해 영화를 찍고 나머지는 역사에 맡기는 것이다. 멜 깁슨의 영화는 실패로 끝날 것이라는 세간의 예측을 비웃듯 개봉 초기에만 무려 2억 달러를 벌어들이는 공전의 성공을 거두었다.

여기서 요점은 계속하기만 하면 항상 꿈이 이루어진다는 이야기가 아니다. 동기 부여와 관련된 많은 책들은 물러서지 않는다면 무엇이든 원하는 것이 이루어진다고 말한다. 사실은 성공할 때도 있고 실패할 때도 있다. 물론 끈질기게 버티면 목표를 이룰 가능성이 더 많아지기는 하지만 반드시 그런 것은 아니다. 대박이 나는 영화가 있는 반면, 쪽박 차는 영화도 있는 법이다. 불안하고 불확실하며 자기 회의에 사로잡힐 수도 있다. 하지만 그런 느낌이 들더라도 여전히 행동할 수 있다! 생각과 감정은 통제할 수 없지만 손과 발로 하는 행동은 통제할 수 있다! 어떤 생각과 감정이 일어나더라도 자신의 가치에 따라 행동을 계속해 나가는 것, 이것이야말로 ACT에서 전념하기가 의미하는 바다.

성공에 대한 새로운 정의

로버트 브루스가 잉글랜드로부터 스코틀랜드를 해방시킨 것이나 멜 깁슨이 모두의 예측을 깨고 히트작을 만든 것과 같은 고무적인 이야기를 하는 데는 잠재적인 위험이 따른다. 그 위험은 우리가 성공을 정의하는 방식에 있다. 예술가, 의사, 운동선수, 사업가, 록스타, 정치가, 경찰관 등 어느 분야든 성공한 사람들이란 대체로 그들이 성취한 목표에 의해 정의되고 있다. 이처럼 형편없는 정의를 받아들이게 되면 우리는 목표 지향적 삶에 빠지게 된다. 말하자면 덧없는 만족의 순간에 의해 부각되는 만성적 불만과 좌절로 가득한 삶에 빠지게 된다. 그래서 새로운 정의를 소개하자면, 성공이란 자신의 가치에 따라 사는 삶을 의미한다.

이 정의를 받아들인다면 당신은 중대한 목표를 성취했는지 여부를 떠나서 바로 지금 성공적일 수 있다. 성취란 바로 여기, 지금 이 순간에 자신의 가치에 맞게 행동하는 매 순간마다 있다. 게다가 당신은 타인들의 인정을 받아야 할 필요가 없게 된다. 당신이 해냈다고 말할 다른 사람을 필요로 하지 않는다는 말이다. 당신이 올바른 일을 하고 있다는 것을 증명할 다른 사람이 필요하지 않다. 자신의 가치에 따라 행동할 때 당신은 알고 있다. 그것으로 충분하다.

술라와 도나를 비롯해서 이 책에서 만난 사람들은 모두 영화에서 보는 그런 영웅들이 아니다. 눈부신 위업을 이룬 것도 아니고 압도적인 적군에 대항하여 눈부신 승리를 쟁취한 것도 아니다. 하지만 그들은 자신의 마음과 연결되고 자신의 삶에 획기적인 변화를 가져왔다는 점에서 모두 성공했다(물론 앞에서 보았듯, 가치에 따라 산다고 해서 목표를 포기하는 것은 아니다. 이는 단지 비중을 다른 곳에 두는 것을 의미한다. 그러면 삶은 갖고 있지 않은 것에 집중하기보다 현재 가지고 있는 것에 감사하는 것이 된다).

내가 말한 모든 의뢰인들의 경우에 자주 옆길로 벗어났다는 사실도 언급할 만한 가치가 있다. 그들은 모두 번번이 자신의 가치와 자신을 연결하지 않았고 쓸데없는 생각에 사로잡혀 고통스러운 감정과 싸우고 자기 패배적인 방식으로 행동했다. 하지만 그들은 전념했기 때문에 곧 다시 제 궤도로 돌아왔다.

도나의 경우를 예로 들어보자. 그녀는 알코올 중독으로부터 완전히 회복되어 최고의 시기를 맞이하게 되었다. 그녀가 몇 주 동안이나 술을 멀리했던 시간도 꽤 있었다. 하지만 그러면 교통사고가 났던 날짜, 장례식을 했던 날짜, 남편과 딸이 없는 첫 번째 크리스마스 등 뭔가 또다시 술을 마실 핑곗거리가 생겼다. 이런 날에는 엄청나게 고통스러운 기억이 떠오르기 때문에 술을 마시고 싶은 강한 충동을 느꼈다. 때때로 그녀는 치료를 받으면서 배웠던 모든 기법을 잊어버리고 고통을 피하려고 다시 술을 찾았다.

하지만 시간이 흐름에 따라 도나는 점차 자신을 추스를 수 있게 되었다. 처음 알코올 중독 증세가 재발한 것은 죽은 딸의 생일날이었다. 그녀는 그 후 일주일 내내 술독에 빠져 살았다. 두 번째 재발은 사흘이 걸렸고 세 번째 재발은 단지 하루였다.

슬픔에 빠지거나 배운 규칙을 지키지 못했다고 자신을 괴롭히는 것이 아무런 의미가 없다는 사실을 도나는 재빨리 깨달았다. 죄의식이나 자아 비판은 의미 있는 변화를 위한 동기 부여에 아무런 도움이 되지 않는다. 그런 것은 통제할 수 없는 과거에 사로잡히게 만들 뿐이다. 여러 차례 재발을 거친 끝에 도나는 기본적인 ACT 기법으로 돌아왔다.

A = 내면의 경험을 수용하고 있는 그대로를 받아들여라.

C = 가치 있는 방향을 선택하라.

T = 행동하라.

그러면 실제 연습에서 ACT는 무엇을 의미하는가? 첫 단계는 궤도에서 벗어나는 즉시 의식적으로 그 사실을 깨닫는 것이다. 말하자면 지금 일어나고 있는 일에 대해 온전히 깨어 있는 것이다. 동시에 일단 무슨 일이든 일어나면 그 일을 바꿀 수 없다는 사실을 받아들여야 한다. 지나간 과거를 바꿀 수는 없다. 과거를 돌아보고 다음번에는 다르게 행동할 수 있을 거라고 생각하는 것은 가치가 있겠지만 과거에 사로잡혀 있거나 자신이 불완전하다고 자학하는 것은 소용없는 일이다. 그러므로 스스로 궤도에서 벗어났다는 사실을 인정하고, 그 일은 과거일 뿐이고 지금 바꿀 수 없으며 당신은 인간이므로 불완전하다는 사실을 인정하라.

두 번째 단계는 "나는 지금 무엇을 하고 싶은가? 과거에 빠져 있기보다 현재 내가 할 수 있는 중요하고 의미 있는 일은 무엇일까?"라고 자신에게 물어보는 것이다.

세 번째 단계는 물론 그 가치와 일치하는 행동에 전념하는 것이다.

시도하고 또 해보자

"한 번에 성공하지 못한다 할지라도 계속해서 시도하라"는 유명한 격언이 있다. 하지만 이 말은 절반만 이야기한 것이다. 나머지 절반은 지금 하고 있는 일이 효과적인지 알려면 그 일에 주의를 기울여야 한다는 것이다. "한 번에 성공하지 못한다 할지라도 계속해서 시도하라. 그래도 효과가 없으면 다른 것을 시도해 보라"고 하는 것이 더 나은 격언이 될 수도 있겠다.

하지만 여기서 조심해야 한다. 심각한 도전에 부딪칠 때마다 〈너무 어려워〉 악마들이 등 뒤에 나타난다. 마음은 이렇게 말할 것이다. "넌 할 수 없어! 포기해!" 그러면 그만두고 다른 일을 하고 싶은 유혹이 일어난다. 하지만 대체로 버틸 필요가 있다. 말하자면 토머스 에디슨Thomas Edison이 말했듯 "살면서 대부분의 실패는 사람들이 포기하는 바로 그 시점이 얼마나 성공에 가까이 있는지를 모르는 데서 일어난다." 이때 특히 연결 기법이 유용하다. 하고 있는 일에 온전히 집중하고 그 효과를 인지하고 있다면 다음 질문에 대답하기에 최적의 시기다. "나의 가치에 따라 가장 효과적으로 살려면 내 행동을 계속해야 할까, 바꾸어야 할까?" 그 대답에 따라 헌신적으로 계속하든가 바꾸든가 하라.

낙관주의적인 자세

앞 장에서 보았듯, 술라는 데이트 주선 회사에 등록했고 많은 다른 남자들과 데이트를 하기 시작했다. 처음에는 어색하고 당황스럽고 몹시 신경 쓰이는 과정이었다. 마음은 반복해서 스스로 "멍청이"라고 말하면서 "나가봤자 또 다른 멍청이를 만날 뿐"이라고 말했다. 이런 쓸데없는 이야기에도 불구하고 술라는 계속 데이트를 했고 시간이 지나자 이 과정이 점차 편해졌다.

어떤 데이트는 끔찍했다. 남자들은 지루하고 거만하고 제멋대로거나 대체로 아무 재미도 없었다. 반면에 어떤 데이트는 무척 재미있었다. 남자들은 재미있고 위트 있고 지적이고 개방적이면서 매력적이었다. 항상 대박 아니면 쪽박이었다. 한 남자와 데이트한 지 7주가 지났을 무렵에 그녀는 사랑에 빠지게 되었는데 그가 바람을 피우고 있다는 사실을 알게 되었다. 자연히 그녀는 낙담했고 한동안 궤도에서 벗어나게 되었다. 한 달이 넘도록 옛날 습관으로 돌아갔다. 혼자 집에 틀어 박혀 친구들과 연락을 끊고 외로움을 곱씹으면서 기운 나게 한답시고 아이스크림을 통째로 퍼먹었다. 마침내 술라는 자신이 하고 있는 짓을 깨달았고 기본적인 ACT 기법을 적용했다.

제1단계, 그녀는 마음속에 슬픔과 외로움을 위한 방을 만들었다. 〈배우자 없는 삶은 무의미한 것〉 이야기에서부터 해제했고 헛되이 과거에 사로잡히기보다는 현재와 연결하기를 선택했다.

제2단계, 다정하고 의미 있는 관계를 구축한다는 자신의 가치와 연결했다.

제3단계, 효과적인 행동을 취했다. 그녀는 친구나 가족과 함께 시간을 보내기 시작했고 데이트도 계속했다.

얼마 후 술라는 다른 남자와 사랑에 빠지게 되었는데 그와는 7개월 이상 데이트를 했다. 불행히도 이번에도 깨졌다. 술라는 약혼하고 싶었지만 그 남자는 아직 준비가 되지 않았기 때문이었다.

지금까지 술라의 이야기는 동화처럼 끝나지 않는다. 마지막으로 보았을 때 그녀는 여전히 데이트를 하고 있었다. 하지만 또한 그녀는 친구나 가족들과 다정하고 의미 있는 관계를 가지는 데도 시간을 투자하고 있었다. 이런 행동이 배우자를 바라는 그녀의 욕망을 사라지게 하지는 않았지만 만족감과 충족감을 주었다. 게다가 그녀는 데이트하는 것을 즐기게 되었다. 데이트를 새로운 사람을 만나고 새로운 사회적 모임을 찾아내고 남자에 대해 더 많이 배우는 기회로 여기기 시작했다. 그녀는 또한 데이트를 미니 골프에서 승마에 이르기까지 갖가지 새로운 활동을 해보는 기회로 이용했다. 다시 말하자면 데이트 과정이 가치 있는 행동이 되었다. 말하자면 외로움에 지친 나머지 고달픈 시련을 감수하는 것이 아니라 인간적인 성장을 하는 기회가 된 것이다.

살아가면서 우리는 온갖 어려움과 방해물과 도전을 만나게 되는데 그때마다 선택하게 된다. 성장하고 배우고 발전하기 위한 기회로 삼고 그 상황을 끌어안을 수도 있고 아니면 싸우고 갈등하면서 무슨 수를 써서라도 그것을 피하려고 할 수도 있다. 스트레스가 많은 직업, 신체적 질병, 실패한 관계 등 모든 것은 개인적으로 성장하고 삶의 문제들을 다루는 새로운 기법을 개발하는 기회가 된다. 윈스턴 처칠이 말했듯, "비관론자는 모든 기회에서 어려움을 보고 낙관론자는 모든 어려움 속에서 기회를 본다."

ACT는 본래 낙관적인 접근이다. ACT는 어떤 문제를 만나더라도 거기서 성장하고 배울 수 있다고 가정한다. 상황이 아무리 나쁘더라도 자신의 가치에 맞게 살면 성취감을 느낄 수 있다. 아무리 자주 길에서 벗어나더라도 바로 그 자리에서 다시 시작할 수 있다.

기회

토머스 에디슨은 역사상 가장 위대한 발명가였을 것이다. 그는 가장 유명한 최초의 전구를 비롯해서 최초의 축음기, 최초의 상업적인 발전소 등 무려 1,000개가 넘는 특허를 냈다. 그는 어릴 때부터 과학 지식에 목말라했고 이런 열정으로 그는 전 생애 동안 발명을 계속했는데 유명해지고 엄청난 부자가 된 뒤에도 그러했다. 그는 "기회란 녀석은 작업복을 입고 있어서 허드렛일처럼 보이기 때문에 대부분의 사람들은 놓치게 된다"는 명언을 남겼다.

다시 말하자면, "많은 사람이 기회를 놓치는 이유는 그것이 지저분하고 위험해 보이는 일이기 때문이다." 아무리 가치 있는 방향을 추구하더라도 도전이 있게 마련이다. 도전은 언제나 불안, 불확실함, 연약함 등 갖가지 불편한 느낌을 일으킨다. 삶의 기회를 최대한 이용하게 만드는 것은 이런 불편함을 감수하고 앞으로 나아가고자 하는 의지이다.

상업적으로 쓸모 있는 전구를 발명하기 위해 에디슨과 그의 동료는 수년간 열심히 일해야만 했고 그 과정에서 수천 번 실패했다. 그들은 수백 가지의 재료로 전구의 필라멘트를 만들려고 했는데 그때마다 불타거나 녹아버리거나 전류가 통하지 않았다. 어느 날 수없이 실패한 후에 에디슨의 조수가 불평했다. "가망이 없어요! 우린 결코 전구를 만들지 못할 거예요." 에디슨이 대답했다. "말도 안 되는 소리! 이제 우리는 어떻게 하면 전구가 만들어지지 않는지에 대해 세상 누구보다 많이 알고 있어. 한 걸음씩 성공에 다가서고 있는 거라구!"

수백 번 더 실패한 뒤에 에디슨은 마침내 성공했고 오늘날과 같은 모습으로 세상을 변화시켰다. 이것이 바로 전념이다!

다시 말하자면 열심히 노력하기만 하면 부자가 되고 유명해진다는 이야기가 아니다. 목적지에서 아무리 멀리 떨어져 있더라도 삶의 여정을 즐길 수 있다는 말이다. 에디슨은 과학적 발견의 과정에 가치를 두었기 때문에 매번 결과에 상관없이 실험 자체가 과학적인 지식을 더욱 넓혀준다는 사실에 감사할 수 있었다. 당연히 결과가 좋았을 때에는 실험이 흥미진진했지만 결과가 전혀 보이지 않을 때에도 발견의 여정을 음미할 수 있었다.

즐긴다기보다 음미한다고 말하는 것에 주목하라. 생명을 구해준 수술에 대해 고마워할 수는 있으나 즐기지는 못할 것이다. 마찬가지로 상황이 여의치 않을 때에도 삶의 여정을 음미할 수는 있지만 그 여정이 항상 즐거울 것으로 기대하는 것은 비현실적이다. 스티븐 헤이즈가 지적했듯, 삶에는 즐거운 순간과 마찬가지로 고통의 순간도 있는 법이다. 연결을 연습할 때, 즉 마음을 열고 호기심을 가지고 지금 이 순간의 경험에 온전히 깨어 있을 때 진정으로 이런 사실을 알게 된다.

성장을 선택하라

이 책은 삶에는 고통이 따른다는 논거에서 출발하고 있다. 누구나 조만간 신체적, 감정적, 심리적으로 그 사실을 경험하게 되어 있다. 하지만 고통스러운 매 순간마다 우리가 성장할 기회가 있다. 앞에서 다발성 경화증을 진단받은 32세의 변호사 록시 이야기를 한 적이 있다. 병을 앓기 전에 록시의 인생은 오로지 일뿐이었다. 직장에서의 성공이 그녀의 전부였고 실제로 그녀는 혼자 열심히 일해서 주니어 파트너(미국 법률 회사의 변호사 직위 체계는 associate-senior, associate-junior, partner-senior, partner-managing partner순으로 올라간다)까지 승진했고 상당한 보수를 받았다. 하지만 그녀는 주당 80~90시간을 일했고 삶의 다른 부분을 등한시했다. 끼니는 패스트푸드로 때우고 살았으며 항상 너무 피곤해서 친구나 가족들과는 어울릴 수가 없었다. 남자는 성의 없이 잠깐씩 만나는 식이었다. 데이트에 투자할 시간과 에너지가 없었기 때문이었다. 그녀는 바람 쐬러 나갈 시간조차 없었다.

진단 후 록시는 자기 인생의 균형이 깨졌다는 사실을 알았다. 심각한 장애나 조기 사망의 가능성이 있다는 말을 듣고서야 그녀는 삶에는 일과 돈 이상의 것이 있다는 사실을 깨달았다. 그녀는 누구든 지구 위에서 보낼 수 있는 시간이 한정되어 있다는 사실을 깨닫게 되었고, 자기에게 진정으로 중요한 것이 무엇인지 마음속 깊이 깨우치기 시작했다. 경력이라는 것이 그렇게 중요한 것이 아니라는 사실을 깨닫고 그녀는 전율했다. 그래서 일하는 시간을 줄이고 사랑하는 사람들과 더 많은 시간을 보내면서 수영, 요가, 식이요법으로 자신의 건강을 돌보기 시작했다.

직장에서 사람들을 대하는 방식도 바꾸었다. 록시는 항상 남보다 앞서고 싶었던 나머지, 직장생활 매너에는 관심이 없었다. 그 결과 동료들은 그녀를 폐쇄적이고 냉담한 사람이라고 생각했다. 병 때문에 직장을 떠나야 할지도 모른다는 생각이 들자 이런 식으로 기억되고 싶지는 않다는 생각이 들었다. 그래서 동료들을 대하는 태도를 바꾸었다. 직장 밖에서 그들의 삶에도 관심을 보였으며 자신의 생활도 그들에게 보여주었다. 록시가 동료들을 따뜻하게 대할수록 그들도 그녀에게 따뜻하게 대했고 진정한 동료애를 느끼기 시작했다. 그녀는 점점 일 자체보다 사회적 관계를 더 중시하게 되었다.

고난 속에서 기회를 껴안음으로써 록시는 그녀의 삶을 더욱 풍요롭고 의미 있는 것으로 만들었다. 물론 애초에 병에 걸리지 않을 수도 있었겠지만 그것은 통제할 수 없는 일이었고 그녀는 인간적 성장의 길을 선택했다.

이런 이야기는 도처에 널려 있다. 암, 심장병, 뇌졸중 같은 심각한 병에 걸려 그로 인해 자신의 삶을 완전히 다시 평가하게 된 사람들을 많이 보았다. 죽음이 코앞에 다가올 때까지 기다릴 필요는 없다. 우리는 언제든지 의미 있는 변화를 선택할 수 있다. 그리고 줄곧 삶에 전념함으로써 의미 있는 인생을 창조할 수 있다.

33

의미 있는 삶

이제 이 책의 마지막 장에 이르렀다. 지금쯤 이미 풍요롭고 의미 있고 만족스러운 삶을 일구는 길에 들어섰기를 바란다. 그렇다면 계속 나아가라. 제대로 되어가고 있는 일을 더 열심히 하도록 하라. 하지만 아직 그렇게 하지 못했다면 이유가 무엇인지, 무엇을 할 수 있는지 살펴볼 필요가 있다. 하지만 더 나아가기 전에 ACT의 6대 원칙을 다시 살펴보자.

해제 생각과 이미지, 기억을 있는 그대로, 단어와 그림의 조합에 지나지 않는 것으로 인식하는 것. 그런 것과 싸우거나 도망치거나 그런 것에 지나친 주의를 기울이지 않고 마음대로 왔다가 가게 허용하는 것.

확장 느낌과 감각, 충동에게 방을 만들어주고 그런 것과 싸우거나 회피하거나 지나친 주의를 기울이지 않고 마음대로 왔다가 가게 허용하는 것.

연결 호기심과 감수성을 가지고 마음을 연 채 지금 여기의 경험에 온전히 깨어 있는 것. 무엇이든 지금 하고 있는 일에 완전히 몰두하고 집중하는 것.

관찰하는 자아 당신의 생각, 느낌, 기억, 충동, 감각, 이미지, 역할 또는 신체가 당신의 것이 아니라는 사실을 깨닫는 것. 이런 것들은 계속해서 변화하는 말초적인 부분이며 당신의 본질이 아니다. 변화하지 않으며 항상 존재하고 어떤 것에도 손상되지 않는 당신의 본성과 연결하는 시간을 규칙적으로 가져라.

가치 진심으로 자신에게 가장 중요한 것을 명확히 하는 것. 어떤 사람이 되고 싶은가, 무엇이 의미 있고 중요한 것인가, 살아가면서 지키고자 하는 것이 무엇인가?

전념하는 행동 수없이 옆길로 벗어나더라도 거듭해서 가치에 따라 효과적인 행동을 하는 것.

ACT의 6대 원칙에 따라 살아갈수록 더욱 보람 있고 만족스러운 삶을 살게 될 것이다. 하지만 단지 내가 그렇게 말했기 때문에 믿지는 마라. 당신이 시도해 보고 자신의 경험을 믿어라. ACT의 6대 원칙이 효과가 있어서 풍요롭고 만족스러운 삶을 살게 해준다면 이 원칙을 최대한 적용하는 것이 현명할 것이다.

동시에 이것은 어디까지나 개인적인 선택의 문제다. 이 원칙으로 살아가야 할 필요는 없다. 의무도 없고 옳거나 그른 것도 없으며 좋고 나쁜 것도 없다. ACT의 6대 원칙을 받아들인다고 해서 좋은 사람이 되거나 남보다 우월한 존재가 되는 것은 아니다. 이 원칙을 소홀히 한다고 해서 나쁜 사람이 되거나 열등해지는 것도 아니다. 이 원칙에 의해 살아야 한다는 생각으로 지낸다면 하기 싫은 일을 억지로 해야 하는 것처럼 강요받는 느낌이 들게 될 것이다. 그런 태도는 유쾌하지도 건설적이지도 않다. 그러다가는 압력과 스트레스, 불안, 갈등만 초래하고 결국에는 실패로 끝나게 된다.

어떻게 삶을 사는가는 개인의 선택이다. 누구든 ACT의 6대 원칙이 매우 긍정적인 방식으로 삶을 변화시킬 수 있겠지만 그것이 십계명은 아니라는 사실을 명심하도록 하라. 항상 풍요롭고 의미 있고 충만한 삶을 일구는 데 관심을 가지고 ACT의 6대 원칙을 선택한다면 거기 전념해 보도록 하라. 하지만 항상 절대 복종해야 하는 규칙으로 만들지는 마라.

앞으로 이 책에서 배운 내용을 종종 잊어버리게 될 것이다. 쓸데없는 생각에 사로잡히게 될 것이고 공연히 불편한 느낌과 싸우고 자기 패배적인 방식으로 행동할 것이다. 하지만 자신이 하고 있는 일을 깨닫는 순간, 원한다면 거기에 대해 어떤 일을 할 것인지 선택할 수 있다. 다시 말하지만 이것은 개인의 선택이다. 어떤 것도 할 필요가 없다. 이 책의 원칙을 일부러 사용하지 않을 때도 있을 것이라고 확신한다. 그런다고 해도 내게는 상관없는 일이고 당신에게도 그렇기를 바란다. 자신이 어떤 선택을 하는지 좀 더 자각하고 그런 선택이 삶에 미치는 영향에 주의를 기울여라. 자각 수준이 높아질수록 당신은 삶이 쪼그라들고 정체되는 방향이 아니라 삶을 향상시키는 방향으로 선택을 하게 된다.

곤경에 빠진 느낌이 드는가

이제 이 책을 끝맺을 때가 되었는데 아직도 뚜렷한 변화를, 혹은 조금이라도 변화를 느끼지 못했을지도 모르겠다. 만약 그런 경우라면 당신은 아마 하나 이상의 FEAR 요소에 직면해 있을 것이다.

F = 쓸데없는 생각에 융합하기

E = 비현실적인 기대를 하기

A = 불쾌한 감정 피하기

R = 자신의 가치에서 멀어지기

그러니 만약 곤경에 처해 있다고 느껴지거나 행동하기를 포기하고 싶다면 잠시 방해물이 있는지 확인해 보고 그것을 물리칠 방법을 생각해 보라.

만약 "이건 너무 어려워", "못하겠어", "제대로 되지 않아", "더 이상 할 수 없어", "나중에 할 거야" 같은 쓸데없는 생각에 빠져 있다면 해제 기법을 실행해 보도록 하라. 만약 기대가 너무 비현실적이라면 목표를 조금 낮추고 느긋하게 실수를 받아들여라. 만약 불안이나 두려움과 같은 불편한 감정을 피하려고 한다면 확장 기법을 실행해 보고 기꺼이 하려고 하는 마음을 발전시켜라. 만약 가치에서 멀어지려고 한다면 다음과 같이 자문해 보라. "진심으로 내가 염려하는 것은 무엇인가?", "내 마음속 깊이 진실로 관계하고 있는 것은 무엇인가?", "나는 어떤 사람이 되고 싶은가?", "가슴속 깊이 진짜로 내가 원하는 것은 무엇인가?"

그리고 이런 해결책을 어떻게 실행해야 할지 잘 모르겠다면 이 책의 관련 부분으로 돌아가라. 이 책은 한 번 읽고 마는 책이 아니라 당신의 삶으로 깊이 녹아드는 것을 목표로 하고 있다. 참고서로 사용할 의도로 쓴 책이다. 그러니 필요할 때마다 관련된 장으로 돌아가서 그 부분을 다시 읽어보도록 하라(만약 연습을 전혀 하지 않고 읽었다면 지금 바로 돌아가서 실제로 연습을 해보아야 한다).

다양한 영역에서 ACT 적용하기

삶의 어떤 영역에서 불만족을 느끼든 그것이 건강, 일, 친구, 가족 관계 또는 다른 것이든 ACT의 기본 원칙이 그것을 변화할 수 있도록 도움을 줄 것이다. 무엇을 하든 간에 그것에 완전히 몰입하라. 누구와 함께 있든 그 자리에 있어라. 쓸데없는 생각이 떠오르거든 그 생각을 해제하라. 불쾌한 느낌이 들면 그것을 위해 방을 만들어주어라. 그리고 가치를 두는 것을 끝까지 지켜라.

ACT의 6대 원칙을 이용하면 묵언수행에 도움이 될 것이다.

해결할 수 있는 문제를 해결하는 용기와 해결할 수 없는 문제를 수용하는 고요함, 그 둘을 구별할 줄 아는 지혜를 개발하라.

만약 해결될 수 있는 문제라면 그것을 해결하기 위해 가치에 따라 효과적인 행동을 하라. 만약 해결할 수 없는 문제라면 그것을 받아들이는 데 도움이 되는 해제와 확장, 연결을 사용하라. 연결을 많이 연습할수록, 즉 지금 이 순간의 경험에 더 깨어 있을수록 문제가 무엇인지를 더 잘 알게 될 것이다.

문제가 되는 상황에 직면하게 되더라도 취할 수 있는 현명한 행동은 다음 두 가지뿐이다.

1. 문제를 수용하고
2. 개선하기 위해 효과적인 행동을 하라.

통제할 수 있는 것에 집중하라

어떤 시도를 하든 간에 통제할 수 있는 것에 집중할 때 최고의 결과를 얻게 된다. 반대로 통제할 수 없는 것에 집중할 때 최악의 결과가 나온다.

그러면 무엇이 통제할 수 있는 것인가? 주로 행동과 주의력, 두 가지다. 생각과 감정이 무슨 이야기를 하건 당신은 지금 하고 있는 행동을 통제할 수 있다. 내면의 경험을 자각하고 현재 하고 있는 일에 집중하는 한 자신의 행동을 통제할 수 있다. 또 주의력을 돌리는 것을 통제할 수 있다. 말하자면 어디에 집중할 것인지, 얼마나 마음을 열고 호기심과 이해심을 가지고 받아들일 것인지를 통제할 수 있다.

행동과 주의력 외에는 우리가 통제할 수 있는 것이 그리 많지 않다.

- 느낌, 생각, 기억, 충동, 감각에 대한 통제력은 거의 없다. 그리고 통제하려고 하면 할수록 더 통제되지 않는다.
- 타인에 대한 통제력도 없다. 다른 사람들에게 영향을 미칠 수도 있지만 오직 행동을 통해서 그렇게 할 수 있을 뿐이다. 그러므로 다른 사람들을 직접적으로 통제할 수 있는 것은 아니다. 오직 행동만 통제할 수 있을 뿐이다. 만약 누군가의 머리에 총을 겨누고 있다고 해도 그를 통제할 수는 없다. 그는 복종하느니 차라리 죽는 것을 택할 수도 있으니까.
- 주변 세상에 대한 통제력도 없다. 주변 세상과 서로 영향을 주고받을 수 있고 세상을 변화시킬 수도 있지만 그것은 오직 당신의 행동을 통해서 그렇게 할 수 있을 뿐이다. 통제할 수 있는 것은 세상이 아니라 자신의 행동뿐이다.

그러므로 주로 자신의 행동과 주의력에 삶의 에너지를 집중하는 것이 현명하다. 자신이 가치를 두고 있는 것을 행하라. 지금 하고 있는 일에 완전히 몰입하라. 그리고 행동이 가지고 있는 효과에 집중하라.

자신의 가치에 따라 행동하는 순간마다 아무리 작은 행동이라도 그것이 풍요롭고 의미 있는 삶에 기여하는 행동이라는 사실을 명심하자.

얼마나 왔는가

이 책의 주목적은 여러분이 행복의 함정이라는 악순환의 고리로부터 빠져나올 수 있도록 도움을 주는 것이다. 말하자면 좋은 느낌을 추구하고 나쁜 느낌을 회피하는 것에 인간 존재의 의미를 두기보다는 완전하고 의미 있는 삶을 살도록 하는 것이다. 물론 당신은 긴 인생을 살아가는 동안 온갖 인간적인 감정을 경험하게 될 것이다. 당신은 기쁨과 사랑에서 두려움과 분노에 이르기까지 갖가지 감정을 경험하게 될 것이고 기꺼이 그런 감정들이 깃들 방을 만들 것이다.

처음 이 책을 펼친 이후로 얼마나 달려왔는가? 부정적인 감정으로부터 도망치고 긍정적인 감정을 얻으려고 애쓰면서 얼마나 자주 행복의 함정에 갇혀 있었던가? 진정으로 알기를 원한다면 이렇게 해보라. 1장의 끝으로 돌아가서 생각과 감정의 통제 설문지를 다시 해보도록 하라. 그런 다음 지금의 점수와 처음 했을 때의 점수를 비교해 보라. 만약 더 낮은 점수를 얻었다면 당신은 제대로 하고 있는 것이다. 그렇지 않더라도 당신은 가치 있는 뭔가를 더 배운 것이다. 말하자면 이 책으로부터 유익한 내용을 배웠지만 아직 효과적으로 삶에 적용하지 못한 것이다. 그런 경우라면 걱정할 것 없다. 연습을 더 하면 되니까.

"어디로 갈 것인지를 결정하지 않는다면 결국 지금 가고 있는 방향의 끝에 도달할 것이다"라는 고대 동양의 격언이 있다. 의미 있게 살려면 방향이 있어야 하고 마음속 깊이 그 방향을 가리키는 가치를 가지고 있어야 한다. 그러니 자신의 가치와 연결하고 그 가치를 안내자로 이용하라. 목적의식을 계발하라. 의미 있는 목표를 세우고 열심히 추구하라. 동시에 지금 이 순간, 당신이 가지고 있는 것에 감사하라. 바로 지금이야말로 우리가 누릴 수 있는 유일한 시간이기 때문에 이것은 중요하다. 과거는 존재하지 않는다. 현재에 있어서 과거는 기억일 뿐이다. 미래 역시 존재하지 않는다. 미래는 현재에 가지는 생각이며 이미지일 뿐이다. 당신이 가진 유일한 시간은 지금 이 순간뿐이다. 그러니 지금 이 순간을 가장 소중한 것으로 여겨라. 지금 무슨 일이 일어나고 있는지를 깨닫고 온전히 이 순간을 즐겨라.

그리고 명심하라. 삶은 최대한 누리는 사람에게 가장 많은 것을 준다는 사실을.

추천 문헌

Viktor Emil Frankl, 2022, Man's Search for Meaning Efinito

Steven C. Hayes & Spencer Smith, 2005, Get Out of Your Mind and Into Your Life: The New Acceptance and Commitment Therapy Guide, New Harbinger Publications

Jon Kabat-Zinn, 1994, Wherever You Go, There You Are: Mindfulness Meditation In Everyday Life, Hyperion

참고 사이트

러스 해리스 박사는 이 책과 연결하여 마음 챙김 훈련을 하는 데 사용할 수 있도록 홈페이지를 정리해 두었다. 다음 사이트를 통해 확인할 수 있다.
: www.mindfulnessresources.com

러스 해리스 박사는 ACT에 근거한 다양한 워크숍을 개최한다. ACT 훈련을 원하는 의료 종사자나 치료자, 인생 코치라면 다음 사이트를 방문해 보기 바란다.
: www.actmindfully.com.au

옮긴이 | 김미옥

경북대학교 국어국문학과를 졸업하고 국어 교사로 활동하던 중 번역가의 길로 접어들었다. 현재는 전문번역가로 활동하고 있다. 옮긴 책으로는 『동물의 감정』, 『스몰토크』, 『아메리카의 역사』, 『지금 이 순간을 즐겨라』, 『800만 가지 죽는 방법』 등이 있다.

행복 전환 연습

초판 1쇄 발행 2023년 7월 25일

지은이 러스 해리스
옮긴이 김미옥
펴낸이 서재필
책임편집 김현서

펴낸곳 마인드빌딩
출판신고 2018년 1월 11일 제395-2018-000009호
전화 02)3153-1330
이메일 mindbuilders@naver.com

ISBN 979-11-92886-19-0 (03180)

- 책값은 뒤표지에 있습니다.
- 잘못된 책은 구입하신 곳에서 바꿔드립니다.